05

张远山作品集

数风流人物

北京出版集团
北京出版社

本书说明

　　《数风流人物》所收21篇人物论，写于1991年至2016年。中国人物论12篇，评论芈八子、李白、鲁迅、顾准、钱锺书、资耀华、吴清源、邱岳峰、王小波、姜文、胡兰成、刘小枫等。外国人物论9篇，评论西洋美术家、西洋神话家、西洋寓言家、西洋宗教家、西洋戏剧家、苏格拉底、尼采、叶芝、卡尔维诺等。9篇选自文集《永远的风花雪月，永远的附庸风雅》，6篇选自文集《告别五千年》，3篇选自文集《文化的迷宫》。芈八子、吴清源、胡兰成3篇，是未曾入集的集外文。

　　所收文章曾经发表于《书屋》《社会科学论坛》《阅读》《中国青年研究》《文汇报》《世纪周刊》《深圳风采周刊》等报刊。1篇被德国学者译为德文。

　　第四卷中的《齐人物论》是第一个写作十年的人物短论，第五卷《数风流人物》是第一个写作十年的人物长论，两者可以合观。第二个、第三个写作十年，另有伏羲、老子、庄子、蔺且、魏牟、枚乘、刘安、竹林七贤、陶渊明、苏轼等人物长论，见第八卷后的伏老庄专著。

　　本次收入《张远山作品集》，文字均有修订。另增一个相关附录。

目 录

下卷

外国人物论

中国人物论

芈八子论：大秦帝国之母

——兼谈《芈月传》的战国史大乱炖

近期热播的电视连续剧《芈月传》，主角芈月的原型，是秦始皇的高祖母芈八子。她不仅是奠定大秦帝国的女人，而且是对两千年中华帝国史影响力首屈一指的女人。

不过电视剧情节并非战国史真相。比如芈八子之子秦昭王并非正当继位，而是叛乱篡位。成者为王，败者为寇，秦国史书《秦记》把正当继位者"秦季君"嬴壮诬为叛乱篡位者，而把叛乱篡位的秦昭王嬴稷反转为正当继位者。司马迁已经轻信《秦记》，历代史家又轻信《史记》，两千年来未予澄清，于是这一贼喊捉贼的秦国伪史，误导了《芈月传》编导。本文根据《史记》、《战国策》、《战国纵横家书》等史料，厘清历史真相。

芈八子，大约生于楚宣王二十六年（前344）。

楚国宗室姓芈，楚国王室为熊氏，三大公族为昭氏、景氏、屈氏，所以芈八子并非楚王之女，亦非三大公族之女，仅是普通宗室之女。

楚威王十一年（前329），楚威王熊商去世，楚怀王熊槐继位，与秦联姻，16岁的芈八子入秦，为秦惠王嬴驷之妃，生一女三子：17岁（前328）生长女嬴氏，后为燕昭王后。20岁（前325）生长子嬴稷，后为秦昭王。次子嬴悝，后封高陵君。幼子嬴巿，后封泾阳君。

秦惠王死后（前311），王后魏氏所生嫡长子、太子嬴荡19岁继位，即秦武王。

秦武王四年（前307），右丞相樗里疾以兵车百乘进入周都洛邑。秦武王在东周太庙举龙文赤鼎，绝膑猝死，终年23岁，无子。

秦惠王后魏氏闻讯，即立魏氏次子嬴壮为秦王，左丞相甘茂拥立。右丞相樗里疾，尚在护送秦武王灵柩从洛邑返回咸阳的途中。

赵武灵王闻讯，为了引发秦国争位之乱，采纳乐毅之策，派遣赵固把在燕为质的芈八子长子嬴稷，火速送归秦国。

芈八子时年38岁，遂与异父弟魏冉和外甥向寿等人密谋，策反与左丞相甘茂争权的右丞相樗里疾，举兵叛乱，另立芈八子长子嬴稷为秦王。左丞相甘茂审时度势，率领拥立嬴壮的百官倒戈。嬴壮与同母弟嬴雍，率领死党逃出咸阳。

嬴稷篡位成功，即秦昭王，时年19岁，未行冠礼，不能亲政。芈八子执掌朝政，号称宣太后，追究左丞相甘茂拥立嬴壮之罪。甘茂惧诛，逃往魏国。由于秦乱未平，宣太后遂与各国休兵。为免义渠趁机捣乱，又在甘泉宫色诱义渠王，两年内生了二子。

两年以后，魏冉剿灭秦王嬴壮与其弟嬴雍。秦乱既平，宣太后赐死秦惠王后魏氏，把秦武王后魏氏驱逐归魏，又在甘泉宫杀死义渠王及所生二子，趁势伐灭义渠，设为北地郡。

此后的所有秦王，均为秦昭王子孙，所以秦国史书《秦记》贼喊捉贼地谎称："庶长壮（嬴壮）与大臣、诸公子（嬴雍等）为逆，皆诛。"

司马迁《史记·秦本纪》照抄《秦记》。唐代司马贞《史记·穰侯列传索隐》则引《竹书纪年》："秦内乱，杀其太后及公子雍、公子壮。"又说："季君即公子壮，僭立而号为季君。穰侯（魏冉）力能立昭王，为将军，卫咸阳，诛季君及惠文后。"其实真正的僭立者是后立的秦昭王嬴稷，而非先立的秦王嬴壮。秦王嬴壮的自号，只能是"王"，不可能是"君"。"季君"仅是掌握历史书写权的篡位成功者对被推翻者的贬号。

电视剧《芈月传》为使秦昭王嬴稷从叛乱篡位变成正当继位，又杜撰了秦惠王生前留下让嬴稷在秦武王死后继位的遗诏，既无史实依据，更无政治常识。秦惠王既不可能预知秦武王举鼎猝死，也不可能预知秦武王死后无子，作为秦国崛起的一代雄主，更不可能自乱国本，留下另立庶子嬴稷的遗诏。

为了增加后宫嫔妃争宠的戏剧性和观赏性，电视剧《芈月传》又对战国史实和战国人物进行了各种乱炖。

芈八子，被乱炖为楚威王熊商之女芈月，生于楚威王二年（前338），比史实晚六年。那样的话，她入秦时只有10岁，生长女嬴氏时只有11岁，生长子嬴稷时只有14岁，长女嬴氏嫁给燕昭王时只有11岁，均无可能。

春申君黄歇（前314—前238），比芈八子小30岁。电视剧却把二人乱炖为青梅竹马的恋人，成为穿越剧中的姐弟恋。

电视剧又让秦惠王后魏氏提前死掉，再虚构其妹魏琰做其替身，保留史实的部分影子。魏氏提前死掉空出的王后之位，留给了不存在的楚威王熊商之女芈姝。于是历史上的魏后、楚妃秦宫争宠，被电视剧乱炖为楚王二女秦宫争宠。

公子稷14岁往燕为质，原是秦惠王晚年（前312）助燕复国以后，采纳张仪的连横之策。电视剧却把时间移后，让公子稷在秦惠王死后往燕为质，又杜撰了其母芈月同往燕国为质的情节。其实战国时代只有质子和质臣，从无质妃和质妇。任何后宫嫔妃，都不可能出质异国。

电视剧又让并非秦惠王之子的公子华，张冠李戴地盗用公子壮死后的贬号"秦季君"，在秦昭王登基以后称王叛乱，然后莫名其妙死去。

芈八子为秦惠王生了三子，电视剧减为一子。芈八子为义渠王生了二子，电视剧也减为一子，再让此子盗用芈八子为秦惠王所生幼子泾阳君嬴市的姓名和封号。《史记》记载，秦昭王七年（前300），泾阳君嬴市质于齐国。而芈八子为义渠王生下第一子，是在秦昭王元年（前306）以后。五六岁的幼童不可能充当质子，所以泾阳君嬴市不可能是义渠王之子，只能是秦惠王之子。

所以《芈月传》是仅供娱乐的历史演义，不可视为历史真相。电视剧的所有主要情节，诸如芈月为楚王之女，芈月与黄歇青梅竹马，芈月与芈姝秦宫争宠，芈月出质燕国而被芈茵加害，秦惠王遗诏让庶子嬴稷继位，公子华不服嬴稷而称王叛乱，芈月为义渠王生子姓嬴并封泾阳君，均为子虚乌有之事。

《芈月传》的大量次要情节，也是大悖史实的乱炖。

楚将唐昧，死于齐相孟尝君发动、齐将匡章统帅的齐、魏、韩三国联军伐楚的沘水之役，事在楚怀王二十八年（前301）。他不可能像电视剧所述，在楚威王时预言芈月为"霸星"，先被楚威王刺瞎双眼，后被楚威后派人刺杀。

楚相昭阳，连相楚威王、楚怀王二朝，后被楚怀王罢相，昭鱼继任。

昭鱼后来也被楚怀王罢相，昭雎继任。楚怀王赴秦武关之约，被秦囚禁至死，把太子横立为楚王的正是楚相昭雎。电视剧中的楚相，却一直是昭阳。

魏人张仪，楚威王时曾为昭阳门客，因其才高，被其他门客诬为窃玉，但是所涉之玉不可能是和氏璧。和氏璧是楚国至宝，只可能在楚王宫中，不可能在楚相家里。后被赵国得到，又被秦国觊觎，另有缘故。

楚怀王的王后南后，楚怀王的宠姬郑袖，原是二人，电视剧却乱炖为一人，称为"南后郑袖"。郑袖若是"南后"，何必要求楚怀王废除南后所生嫡子熊横的太子之位，改立她所生庶子熊兰为太子？郑袖若是"南后"，熊横就是庶子，怎能立为太子？

为了剧情需要，电视剧对其他众多战国名人，诸如屈原、公孙衍、苏秦、白起、蒙骜、信陵君魏无忌等等，也都违背史实、不合年代地随意驱遣，充当无厘头的龙套角色，不再一一详言。

最后回到历史场景，说说宣太后的结局。

宣太后在异父弟魏冉、同父弟芈戎、外甥向寿等人支持下，长期驾空早已成年的秦昭王，把持秦政长达四十年（前306—前267）。

秦昭王四十一年（前266），魏人范雎向秦昭王进言："天下仅知秦有太后、穰侯、华阳君、高陵君、泾阳君，不知有大王。"60岁的秦昭王终于忍无可忍，不许宣太后继续干政，把魏冉、芈戎、嬴悝、嬴巿逐出咸阳，各归封邑。次年（前265）宣太后死去，终年约79岁。

《战国策》记载，宣太后死前，想让男宠魏丑夫殉葬。

庸芮进谏说："假如死者无知，太后不必让魏丑夫殉葬。假如死者有知，先王在地下积怒已久，太后恐怕无暇自救，何必再增先王之怒？"

宣太后只好放弃。

宣太后死后，秦昭王继续在位十五年，凭借战国第一屠夫白起，于秦昭王四十八年（前259）长平之战，坑杀四十五万赵国降卒，击溃秦国的最后劲敌赵国，为秦始皇吞并六国打下了基础。又于秦昭王五十一年（前256）伐灭东周王朝，为秦始皇代周为王、僭号称"帝"扫清了障碍。

没有宣太后，秦昭王就不可能继位，秦国也未必能够统一天下。

宣太后最为史家诟病的，不是助子篡位，不是私通义渠王和蓄养男宠，不是突破道德底线的以会盟为由诱骗楚怀王至秦囚禁至死，而是超出后世道学家心理承受力的一段外交奇语。

秦昭王七年，楚攻韩国雍氏，韩襄王派遣尚靳使秦求救。

宣太后说："我当年事奉先王，先王把双腿压在我身上，我已困顿不支；但是先王把全身压在我身上，我反而不觉沉重。是何缘故？因为对我有利！秦军如果救韩，必定耗费粮草，死伤士卒。韩王请我出兵救韩，能否让我有利可图？"[1]

2016年1月10日

（本文未曾入集。应《文汇报》"笔会"主编周毅女士之约，刊于《文汇报》2016年1月14日。）

---

[1]《战国策·韩策二》：宣太后谓尚子曰："妾事先王也，先王以其髀加妾之身，妾困不支也；尽置其身妾之上，而妾弗重也。何也？以其少有利焉。今佐韩，兵不众，粮不多，则不足以救韩。夫救韩之危，日费千金，独不可使妾少有利焉？"

李白论：生命的狂欢

读初一时（1976），我无意中从一个高年级同学的书包里挖出一本《唐宋词一百首》。这是我第一次接触伟大祖先的优秀文学遗产，除了震惊，无可形容。震惊的第一冲击波，来自书前的两首李白词《菩萨蛮》、《忆秦娥》。"西风残照，汉家陵阙"，立刻把我掀翻在地。

读高一时（1978），我高价买下同学从家里偷出来的一本旧书《李白诗选注》，这是我平生买的第一本书。读到《将进酒》："君不见，黄河之水天上来，奔流到海不复回。君不见，高堂明镜悲白发，朝如青丝暮成雪。"第二次把我重重击倒。

从此，李白成了我生为中国人的强烈自豪的重要组成部分。关于李白的故事，持久吸引着我的注意中心。然而从醉草吓蛮书到采石矶捉月仙逝，大部分李白故事都是美妙神奇却不可信的民间传说，这成了我的一大遗憾。我希望了解产生了李白的天籁之歌的真实信史，直到我读了曾月郁、周实合著的三卷本《李白》，这一遗憾才得到了大喜过望的弥补。

一

读罢《李白》，心情十分复杂。我既为李白毕生蹭蹬的不幸遭遇扼腕叹息，更为从李白个人命运中折射出的家国不幸夜不能寐。

李白一生（701—762），与唐玄宗李隆基的在位期（712—756）几乎完全重合。玄宗一朝，是华夏古典文明的顶峰。在这顶峰之上，双峰插云般屹立着两位诗歌巨人：李白与杜甫（712—770）。我曾说唐诗足以代表"中国之心"，因此似乎也可以说，杜甫代表着中国的良心，李白代表着中国的自信心。杜甫之后，中国人的道德操守和精神世界以加速度的方式萎缩阴暗；李白之后，中国人的文化自信也以雪崩的方式一落千丈。

李白一生困顿，但从来没有失去过冲天的自信。在李白的诗歌中，你可以一再听到壮志难酬的浩叹，但绝看不到一丝一毫的颓废。"五花马，千金裘，呼儿将出换美酒，与尔同销万古愁。"李白之后，身处中国历史下半时的诗人们"为赋新词强说愁"（辛弃疾）并不罕见，但没有人像李白那样把"愁"字唱得如此踌躇满志，更没有人像李白那样把"愁"字唱得如此欣喜若狂。李白之后的诗人，即便愁绪满怀，也是扶病赏花式的"载不动，许多愁"（李清照），"秋风秋雨愁煞人"（秋瑾）。后人的愁，是兵败如山倒的生命溃退。李白的愁，是永不言败的狂歌，是酒神精神的迸发，是巨灵般生命强力的挥霍。李白的愁，比"春风得意马蹄疾，一日看尽长安花"（孟郊）的轻狂之喜，更像真正的生命欣悦。这种不可遏制的生命欣悦，源于自性，源于生命自身，源于生命本根。外界的世俗得失，只影响生命的舞蹈方式，决不影响强健的个体与生俱来的舞蹈冲动。也就是说，得意固然必有得意的舞蹈，失意也不能没有失意的舞蹈，迥异于孟子"穷则独善其身，达则兼济天下"的得失观。也许得意的舞蹈更赏心悦目，但是失意的舞蹈更感人肺腑。而奴性的文人，即便仕途顺遂，得意忘形，也根本没有生命意志的张扬和舞蹈，只有生命意志的收敛和销蚀。因为在日益强大的皇权桎梏中，他们的意志已经臣服，他们的精神已经缴械，他们的灵魂已经丧失。因此奴才们的欢歌，只是感激涕零的呜咽；李太白的愁唱，则是穿云裂石的长啸。

说李白足以代表古典中国的文化自信心，除了他一生的不朽诗唱，还可从他决不走科举之路这一自主抉择中，找到更坚实的证据。胸怀济世大志的李白，从18岁告别父母走上游学之路起，就拒绝走大多数士人不得不走的科举之路，而是义无反顾地选择了干谒之路。这一毕生抉择既说明李白的自信，也说明李白已经直觉地意识到了科举制度对人格个性、独立思想、创造意志的束缚。

愿意走科举之路的士人，无论内心如何狂野不羁，无论功成名就后如何特立独行，攻读举业就是他生命意志的大挫折，步入考场就是他精神尊严的大失败。在读圣贤书的过程中，他们的灵魂已被"格式化"；在走进每人一间的囚笼般的考场时，他们身心两方面的傲气与自信已被皇权彻底压垮。而李白的最大特点，就是空前绝后的傲气和自信。所以隋唐确立科举取士以后，李白几乎是唯一一个欲入仕途却坚决不走科举之路的布衣。其他落魄才子，大抵都是"落第秀才"。李白虽然一生落魄，却非落第秀才，所以没有传统文人普遍具有的妾妇气，既不会谄媚地问"画眉深浅入时无"（朱庆余），也不会怨望地说"不才明主弃"（孟浩然）。不论境遇如何，李白从来没有怀才不遇的酸气。他坚信"天生我材必有用"，"我辈岂是蓬蒿人"，根本不在乎遇不遇。即便帝王对他有知遇之"恩"，比如钦点翰林，他也决不感恩，因为他认为这是自己的天才应得的礼遇，而非不该得的恩遇。这种超越时代的敢与帝王分庭抗礼的人格勇气，决定了李白在中国历史上的独一无二。正是独一无二的人格勇气，决定了李白诗歌独一无二的全部特质。

科举制的作用，就是唐太宗得意洋洋宣称的"天下英雄尽入吾彀中"，然而以现代人的眼光来看，不入"彀中"的李白，才真正无愧于卡莱尔的"英雄"二字。而且李白被点翰林后，很快发现自己实际上被帝王倡优蓄之，李白的奉旨为帝妃填写"清平调"（"云想衣裳花想容"），与柳永的奉旨为歌伎填写艳词没什么两样。然而柳永高悬"奉旨填词"，为自己断了科举之路解嘲，李白却毫不犹豫地断然放弃了好不容易得到的入朝机会，其潇洒之态可用徐志摩的名句"我挥一挥衣袖，不带走一片云彩"形容。李白唱道："安能摧眉折腰事权贵，使我不得开心颜？"如此豪气干云的潇洒，足以令那班贪禄恋栈的腐儒羞杀。

二

小说《李白》为我们重彩浓墨地塑造了一位中国历史上绝无仅有的诗人英雄。读此书时，我的眼前一再浮现出那位西班牙疯骑士堂吉诃德。

李白18岁告别四川绵州昌明县青莲乡，赴匡山拜赵蕤为师，学艺四年后回家省亲一次，从此一生漂泊，永不返家，而且终生未寄一封家书。李白一生，在形格势禁之下三次或被迫或无奈地娶妻，但几乎都是在新婚之后立刻出门漫游，不寄家书，不事养家，弃妻儿如敝屣，但我们很难据此谴责他，因为他被巨大的创造欲所劫持，而且他的创造确实能为日月增辉，令天地失色。我无法想象，如果李白终生枯坐屋檐下，也能够留下同样的不朽诗篇。在定居性极强的中国，李白是一个罕见的游吟诗人，以儒家的传统道德来看，李白既非孝子，也非慈父；既不是帝王的良臣，更不是妇女的良人。

李白完全是古典中国的一个异类，不在古典中国的格局之中。儒家主流文化对个性具有无比巨大的扼杀力，"引无数英雄竞折腰"，所以李白作为反抗这种扼杀的特别例外，具有非同一般的意义。不过在当时的文化视界内，他只能以寻仙求道的道教徒的方式来反抗。李白也完全不同于一般的道家隐士，道家隐士们只是自外于无远弗届的儒家势力，并不干涉儒家社会。然而李白并非出世的冷静哲人，而是入世的热烈诗人。小说《李白》的作者认为，李白是古代中国唯一一个终身以诗为业的诗人。他不可能做一个陶渊明式的隐士，因为只有具日神精神的人，才会"采菊东篱下，悠然见南山"，而李白是中国的酒神，"古来圣贤皆寂寞，唯有饮者留其名。"酒神式的巨大生命能量，使他不可能形同槁木地葆命全生，更不可能收视返听地静坐枯禅，所以李白是所有中国诗人中最远离禅宗的。这可以充分解释为什么禅味极浓的王维终生回避与李白交往。王维嗅到了李白身上强烈的异类气味，认为他"不雅驯"。想起李白对"大雅久不作"的浩叹，我不禁失笑。然而王维的判断决没有错，只不过王维心目中的"雅驯"是儒家的雅驯，是"温柔敦厚"，"怨而不怒"，这确实不是李白心目中的"大雅"。李白心目中的"大雅"之歌，是发自内心、张扬个性的真正天籁。这种天机勃发的天籁，远远高于皇权重压下文采斐然的呻吟，远远胜过戴着镣铐的舞蹈，无论是戴着诗律镣铐的精神舞蹈，还是戴着科举镣铐的肉体舞蹈。

李白的诗歌，更接近先秦那种充沛浑厚的天地罡气和解衣磅礴的文化元气，注定是不受儒家门风、禅悦宗风束缚的。用现代的说法，李白是伟大的异教徒，淳朴的自然之子。顺便一提，在王维之后，几乎没有一个诗人不受禅宗的影响。而禅宗恰是泯灭唐代以降的中国人的生命意志的最大利器，是百炼钢成绕指柔的杀人不见血的软兵器。李白具有创世英雄般的伟力，是诗人中的赫拉克勒斯。如果把李白的天籁之歌理解为盗取的天火，那么也不妨把李白视为中国的被缚的普罗米修斯，正如也不妨把被绑在高加索山上的普罗米修斯视为希腊的"谪仙"。李白为他不受皇权束缚的不朽天籁而一生受罚，被厄运的鹰鸷啄食心肝，然而他的心肝随啄随生，厄运无法阻止他呕心沥血地终生歌唱。

我一向喜欢李白的诗风，认为他诗如其名，直白而不掉书袋，不卖学问，不以文为诗，浑然天成，毫无匠气，脱口而出，毫不雕琢，是纯粹的诗人之诗，远胜于学人之诗、文人之诗乃至哲人之诗。"清水出芙蓉，天然去雕饰"正是夫子自道，也是李白诗歌的最大特色，几乎为中国诗史上仅见。诗中大胆写入朋友名字，如"岑夫子"，"丹丘生"，"孟夫子"，"汪伦"等等，甚至把自己的名字也直接写入，而其他诗人极少如此，他们的自况都要"托物言志"。李白的诗风如此直白，却没有淡而无味之弊，李白的语言如此朴素，却胜过一切华而不实的辞藻，我们就不得不承认他的诗歌魅力来源于他的生命强力、酒神精神和冲天自信，这就是真正的天籁。

李白的诗风一生无变化，诗作的艺术水准也一生无变化，从早期的"故人西辞黄鹤楼，烟花三月下扬州。孤帆远影碧空尽，唯见长江天际流"，到晚年的"朝辞白帝彩云间，千里江陵一日还。两岸猿声啼不住，轻舟已过万重山"，一样的直抒胸臆，一样的天籁空明，一样的明畅清丽，一样的大气磅礴，永远不受诗律拘束，永远不受他人影响。他的早期诗歌，没有成熟过程；他的晚期作品，也没有才尽迹象。这正是超级天才的标志。小才子也许能凭着青春激情的血气冲动而少年成名，但也会迅速地才尽和凋零，所以他们用世之心也更为急切，遭受些微挫折，就担心"时不再来"，就感叹"时不我待"，所以"出名要趁早呀！来得太晚的话，快乐也不那么痛快"（张爱玲），这是否意味着担心自己的才能随时会消退得春梦无痕，变为泯然众人？也许一般才士就是有潮涨潮落的，而李白式的超级天才一生都在涨潮，成功也涨潮，失败也涨潮。这种人的降生人世，就是造化的巨大成功。他们的存在本身，早已超越了世俗成败。

除了早年的学习阶段，李白刚刚开始进入社会，就是以一个完全成熟却与固有传统完全异质的另类形象进入的。一旦进入，他就再也不变了。如此特异的人，历史上极为罕见。可以说，李白这样的人，没有世俗成功是注定的。另一方面，如果他竟意外地得到世俗成功，那么他的特异性就失败了，或恰恰证明他不够特异。由于没有世俗成功，他一生都在努力表现自己的特异性，因为他对自己的特异性及其价值从不怀疑，他从来没有想过要换一副面孔出现，他从来就不曾有过"生存策略"，充分地展示自我，是这种超级天才的唯一生存方式。李白式的特异天才想要当世成功，必须融入既定的社会格局，与世俗规范妥协，向传统陋习屈服，这样一来他的特异性对文化的贡献就大大减弱了，甚至可能消于无形。因此恰恰是他的世俗失败，使这个伟大而特异的文化英雄，能够终生发挥自己的特异天才，为人类文化做出不可替代的贡献。

小说《李白》告诉我们，不仅王维视李白为异类，高适对李白也颇为不义。高适曾压下李白托他转交给哥舒翰的自荐信，最后李白误入永王幕府之后又见死不救。作者还告诉我们，李白曾作诗赞扬高适，而高适对李白却终生未留一字。这可以说是文人相轻的一个重要例证。然而"四明狂客"贺知章对李白的倾心结交，无私揄扬，称之为"谪仙人"，则令人感动，更不必说杜甫对李白的一往情深。

除了贺知章，恰恰是诗艺成就最高的杜甫（不少人认为杜诗胜于李诗），对李白做出了最高评价："白也诗无敌。"如果才情稍逊的贺知章、高适对李白一明赞、一暗妒，颇能看出两者的人品高下，那么才情相当的杜甫对李白的倾心推崇，则足以证明杜甫的人格高尚和天才卓越。杜诗"不见李生久，佯狂真可哀。世人皆欲杀，吾意独怜才"，充分显示了杜甫英雄识英雄的博大胸襟。不过我对"佯狂"问题有所保留。从楚狂接舆开始，中国古代确有"狂生"传统。狂生之狂，大抵都是佯狂。然而李白并非佯狂，而是真狂。放眼诗人之林，只有李白具有"天子呼来不上船，自称臣是酒中仙"的豪气，丝毫没把人间帝王放在眼里。这一狂傲，足以与第欧根尼让亚历山大大帝别挡住阳光的狂傲相映生辉。而其他隐士的"佯狂"，仅是自高身价的做戏，一旦得沐圣恩，立刻露出奴才嘴脸。

所以关于李白对出仕的"热中"，许多传统的批评，比如认为他不如陶渊明淡泊，应另做考校。我原本对此只是心里嘀咕，没有充分把握，读完小说《李白》，我意识到李白这样的人，生命能量太强大了，要他"宁静以致远，淡泊以明志"（诸葛亮），过于强人所难，也是无才无能之辈站着说话不腰疼。如果不做脱离时代的求全责备，就不得不承认，李白身上是最少奴性和媚骨的。

三

小说《李白》的作者参考了郭沫若、闻一多以及众多前人的研究成果，但都不知不觉化入其中，如盐之在水，得其味外味，而无迹可循。作者还以宏阔的历史视野和广博的文史知识，为读者描绘出了一幅斑斓华彩的大唐浮世盛景。随着李白遍及华夏大地的游踪，作者见缝插针地为李白履迹所至之地描摹山川史迹，钩稽文化典故。李白求仙访友到过极多的名山胜地，处处留下题咏，无论是成都、扬州、金陵、太原、洛阳，每到一处，作者都如数家珍地对该处的地理特点、历史名胜、沧桑变迁，做了引人入胜的巡礼。李白交游的盛唐著名诗人，如孟浩然、贺知章、高适、杜甫等，或未曾交游但同时代的诗人，如王维、孟郊等，作者也都一一加以简括的勾勒，所以一部《李白》，既是玄宗一朝的盛衰史，也是盛唐诗人的群芳谱，更是理解古典中国的切入点。

书中的议论虽然极少，但大抵能够发人深省。比如李白初入长安时，作者写道："精美的皇宫建筑提醒人们，高墙深院中另有一片天地。后代人能通过历史故事了解一些那里面发生的事情，同时代的人却不得打探皇家机密。"这一时空错位的灯下黑，可谓古今同慨。作者也不因偏爱李白而失去批判立场："历史留名，对于大人物自身没有什么特殊的意义，他的生命结束了。历史不予留名，小人物的生命也结束了。小人物对历史没有过多的奢求，生命之灯的熄灭恐怕比大人物轻松了许多。"

另外，在适度忠于史实的基础上，作者也没忘记用美妙的笔法增加阅读的趣味，比如："今日，太白酒楼内还存有各种李白的和后人纪念李白的墨迹、石刻。其中最为引人注目的，是相传为李白手书的'观'字刻石。它呈正方形，边长七十八厘米，正楷字体，潇洒豪放，左下角有'太白'署名。据说，此石刻出土于清朝嘉庆十年（1805）。"读到这里感觉很平常，但紧接的一句是："与它同时出土的还有'壮'字石刻，两块石刻连在一起，组成'壮观'二字。"运用掩映式的小说笔法，把一个平平无奇的事件，铺陈得跌宕起伏富有悬念，真可说是读者的意外收获。

小说《李白》把一个天才诗人从缥缈无踪的"谪仙"高位，还原为一个有血有肉的真实人物，活生生地站在读者面前，令我们心醉神迷又不胜唏嘘。因为，也许这种生命狂欢的千古风流已经一去不复返，正如作者所说："故事只能写在书里，留在纸上，现实中找不到它的身影。想要模仿，也是不可能的。"

1999年10月17日—26日

（本文刊于《世纪周刊》2001年5月11日。收入张远山文集《告别五千年》。）

鲁迅论：被逼成思想家的文学家

鲁迅研究方兴未艾，读了不少当代青年学者的有关论著，我奇怪地发现，尤为论者津津乐道的，是所谓"鲁迅的不宽容"，不仅时有微词，甚至常常直斥其非。这使我不禁想起鲁迅小说《在酒楼上》那个"苍蝇绕了一圈又回到原地"的著名比喻，仿佛时代又回到了"非骂鲁迅便不足以自救其没落的时候"（《我和〈语丝〉的始终》）。然而正如鲁迅所说：

> 苍蝇们所首先发现的是他的缺点和伤痕，嘬着，营营地叫着，以为得意，以为比死了的战士更英雄。但是战士已经战死了，不再来挥去他们。于是乎苍蝇们即更其营营地叫着，自以为倒是不朽的声音。……有缺点的战士毕竟是战士，完美的苍蝇也终竟不过是苍蝇。（《战士与苍蝇》）

不过我并非不平于高喊"宽容"的人们独独抓住鲁迅这一"缺点"不肯宽容，我的意见恰恰相反，"不宽容"正是鲁迅对中国思想史乃至世界思想史的最独特贡献。如果鲁迅是个奉行传统恕道的人，那么鲁迅就与那些饱读诗书的冬烘没什么两样。"不宽容"正是鲁迅最独特的思想精髓和前无古人的文化品格，鲁迅正是以此傲立于文化巨人之列。否定鲁迅的"不宽容"，是对鲁迅的根本否定，在此前提下对鲁迅的思想与成就的任何肯定，若非不得要领，就是别有用心。

一

鲁迅幼年（十三四岁以前）家境较好，使他对世道人心的想象偏于美好，所以现实对他的打击总是令他意外，由于意外就格外孤愤，表现也就难免激烈。在性情平和的犬儒主义者眼中，就是"反应过度"。然而一辈子"反应过度"，不仅不能说明鲁迅心胸狭窄、心理阴暗和睚眦必报，反而证明鲁迅天性淳厚、光明磊落，屡经惨痛教训而始终把人想象得太好，至少愿意先把人想象得较好。由于这种想象始终与实际经验相差太远，给他带来了太大的心理落差和精神刺激，于是"反应过度"也就不难理解了。

不妨先假设有三种人。第一种天性凉薄，对人阴毒猜忌，把人净往坏处想，那么一旦证实所料不差就不会震惊，他还会得意于自己有先见之明。第二种人天性虽淳，但牛性不重，很容易在现实面前学乖，几次吃亏上当以后，他就懂得了世故，服膺"防人之心不可无"的古训。这种人年轻时可能把人想得太好，吃亏上当后也时常"反应过度"；然而一旦屡经惨痛教训，对人也就有了相当戒心（此即世俗所谓"成熟"），此后他也会像第一种人那样常常"料到"他人的算计，即便被人算计也不再感到意外，同时不再"反应过度"，但由于天性老实，心情还是沮丧的。第三种人天性极淳厚，"老实到像火腿"（鲁迅论王国维语），永远信任别人，永远把他人往善良处想，上再多的当，吃再多的亏，都永远不会吸取教训，反而会激起其牛性来：我就不信世上没有一个好人！这种人终其一生，每次上当吃亏，都会震惊和意外，愤怒也格外强烈，然而终其一生学不会世故，永远像未谙世事的年轻人那样做出激烈反应，时不时地"反应过度"。

鲁迅正是最后一种人，他自然是"蔑弃古训"的（《北京通信》），而"防人之心不可无"恰是古训的镇山之宝。因此从早年家道中落遭亲属和乡人鄙弃开始，一直到中晚年遭同一营垒中"战友"的"背后一刀"，他虽自认为"我的思想太黑暗"（《两地书》），即对普遍人性的判断太不堪，实际上却自始至终对具体的论敌乃至朋友的卑劣与自私、蛮性和兽性严重估计不足，因此永远对他人的攻击暗算和践踏公理感到震惊和意外。其实尽管每遭遇一次惨痛的现实教训，其思想都会进一步"黑暗"化，但其"黑暗"化之极致，仍然远未抵达人性阴暗的边界。即便他对人性黑暗的认识已经足够充分，但他仍不愿对受过现代知识洗礼的论敌和同一营垒的战友进行蓄意防范，因此一旦期望落空，愤怒就格外强烈。

倘有同一营垒中人，化了装从背后给我一刀，则我对于他的憎恶和鄙视，是在明显的敌人之上的。(《〈阿Q正传〉的成因》)

死于敌手的锋刃，不足悲苦；死于不知何来的暗器，却是悲苦。但最悲苦的是死于慈母误进的毒药，战友乱发的流弹，病菌的并无恶意的侵入，不是我自己制定的死刑。(《杂感》)

因此，无论谁标榜传统的中庸，提倡公允和费厄泼赖，劝鲁迅"带住"，尤其是"损着别人的牙眼却反对报复"，都会成为鲁迅的论敌，包括他的老朋友如刘半农、钱玄同、林语堂、蔡元培等，无论谁表现出某种半途而废的软弱和动摇，都无法逃脱他的抨击。

所谓"反应过度"，恰是激进主义者的普遍特征。鲁迅深刻了解中国传统文化的阴暗面及其顽固性，因此他不愿下一代再遭其腐蚀，他的反对读经甚至主张不读一切中国古书，除了说明他对传统文化弊端的深恶痛绝，更说明了他奢望在自己这一代人手里就毕其功于一役的急躁心理。为了这一目标，他不惜以"眉间尺"式的态度与敌人同归于尽。《野草·死火》中的一段话，最能鲜明地体现鲁迅的激进主义和牺牲情结："有大石车驰来，我终于碾死在车轮底下，但我还来得及看见那车就坠入冰谷中。""来得及看见"传统文化之覆灭，是鲁迅毕生的最大奢望。鲁迅深怕"来不及"及身而见传统文化灭亡，以及唯恐其在"二十多岁的老先生"身上借尸还魂的急切心情，跃然纸上。而《过客》中的独行者以必死的决心毅然走向坟场，也充分体现了鲁迅的根本思想。那坟场，正是鲁迅心目中的传统文化埋葬之所。

路上有深坑，便用那个死填平了，让他们走去。……他们从我填平的深渊上走去。——远了远了。(《随感录·四十九》)

苟有阻碍这前途者，无论是古是今，是人是鬼，是《三坟》《五典》，百宋千元，天球河图，金人玉佛，祖传丸散，秘制膏丹，全都踏倒他。(《忽然想到·六》)

无论爱什么——饭，异性，国，民族，人类等等——只有纠缠如

毒蛇，执着如怨鬼，二六时中，没有已时者有望。(《杂感》)

可见鲁迅那"二六时中，没有已时"的不宽容，正是基于博大的爱：爱国，爱民族，爱人类，爱下一代。所以鲁迅的第一篇小说《狂人日记》，就迫不及待地喊出了"救救孩子"。

二

鲁迅那"我向来是不惮以最坏的恶意来推测中国人"(《纪念刘和珍君》)的自供，更是他对人性之恶估计不足的铁证，因为否则就无法解释他在"以最坏的恶意来推测"之后，为何终其一生对遭到的攻击和伤害还会震惊和意外。他自以为自己是个比他人更多"恶意"的人：

> 我的确时时解剖别人，然而更多的是更无情面地解剖我自己，发表一点，酷爱温暖的人物已经觉得冷酷了，如果全露出我的血肉来，末路正不知要到怎样。我有时也想就此驱除旁人，到那时还不唾弃我的，即使是枭蛇鬼怪，也是我的朋友，这才真是我的朋友。倘使并这个也没有，则就是我一个人也行。(《写在〈坟〉后面》)

以鲁迅的襟怀坦荡，竟把自己想象成了人天共厌的恶魔。这种自我厌弃，只能说明鲁迅具有文学家特有的情绪化的精神洁癖。

理性的思想家、哲学家也会自我解剖，但态度比感性的文学家、艺术家平静得多，犹如进行一项科学研究。他会因为对自我的解剖而知道人皆如此，每个人都有"恶"的全部因子。但有精神洁癖的感性文学家却会对自己内心闪出的"恶念"深恶痛绝，夸张为"世人皆善我独恶"。因此当他遭到具有明显恶意的攻击时，就会对攻击者施以激烈的报复。因为当其认定"世人皆善我独恶"时，不美好的仅仅是自己，并未破坏"世人皆善"的美好想象，然而恶意攻击者那无法视而不见的明显的恶，却破坏了"世人皆善"的想象，使他从"我独恶"的自责中惊醒，不得不面对事实上的"众皆恶"。因此被激怒的文学家反击他人之恶时总是不留余地，常常具有"反应过度"的彻底性，因为只有除恶务尽，世界才会干净。

每次交锋结束后，鲁迅依然对任何一个新对手、新朋友寄予绝对的信任，因为天性是难以改变的。终其一生，鲁迅一如既往地信任他人，上当上不怕。终其一生，鲁迅一如既往地尊重论敌，明知对手可能卑劣，也先把你当高尚者看待。正因如此，鲁迅对同一营垒的人显得"不近情理"地苛刻，这是浪漫主义文学家的典型反应方式。鲁迅说自己"思想上，也何尝不中些庄周韩非的毒，时而很随便，时而很峻急"（《写在〈坟〉后面》）。这正是文学家人格的自白。一个斯宾诺莎式的理智哲人，处世态度和世界观不会因为外在遭遇的偶然干扰而轻易动摇。然而另一方面，鲁迅并没有他自己所说的那么刻薄不近人情，他对恩将仇报的周作人以及诸多论敌，还是相当仁慈，不像遗嘱所言"一个都不宽恕"那样决绝，充分证明鲁迅是做出刻意为"恶"的姿态。正如鲁迅反对以暴易暴一样，事实上他不是真能硬起心肠以"恶"抗恶的人。在他身上，恰恰体现出一种"异常的残忍性和异常的慈悲性"（《〈幸福〉译者附记》）。

事先永不防范，事后不遗余力以儆效尤，正是鲁迅的独特"恕道"。传统的恕道是在后的：先防范，被伤害后无力反击，于是不得不"宽恕"。鲁迅的恕道却是在先的：先不防范，对方的言行证明他不配得到信任后就"不宽恕"了。传统的事后恕道，大多是弱者的虚假标榜，有能力反击却真正宽恕的人，少得几近于无。鲁迅的事先恕道却货真价实，是真正的大恕。当然事先不防范，也因为他是强者，有强大实力和充分自信在事后教训之。那种事先用疑神疑鬼的不信任逼得人人自危，个个小人，直到不可收拾才来抹稀泥，卖弄事不关己的"宽容"，正是鲁迅毕生视为死敌的传统毒素。"勇者愤怒，抽刃向更强者。"（《杂感》）鲁迅的"愤怒"，是对"更强者"即恃强凌弱者的愤怒；鲁迅的"不宽恕"，同样是对"更强者"即恃强凌弱者的"不宽恕"。对"更强者"的愤怒和不宽恕，是替更弱者打抱不平，是鲁迅身上的眉间尺式豪侠精神。然而令人意外的是，竟不断有更弱者仅仅因为鲁迅对"更强者"的不宽恕，而对鲁迅这个不恃强凌弱的强者"愤怒"

了。更弱者竟然来为"更强者"抱不平了！鲁迅能不吃惊吗？鲁迅能不这样想吗：这真是咄咄怪事，诚不知人间何世！然而答案却简单得出奇：更弱者替更强者打抱不平，是对更强者的献媚，以便得到更强者的保护，甚至接纳自己加入更强者集团，去欺凌其他的更弱者。

这么简单的道理，难道智者鲁迅会想不到吗？当然不是。那么鲁迅为什么好像永远不知世事、不通世故呢？因为仁者鲁迅从未真正"以最坏的恶意来推测中国人"，尽管他如此自称。在鲁迅身上，仁慈的成分最终压倒了智慧的成分。因此，仁者鲁迅大概也不会想到，以中庸来裁判鲁迅，"折中，公允，调和，平正之状可掬，悠悠然摆出别个无不偏激，唯独自己得了'中庸之道'似的脸来"（《论"费厄泼赖"应该缓行》）的事情，至今仍在上演。恰如鲁迅所说："自以为'公平'的时候，就已经有些醉意了。"（《并非闲话（二）》）因而也就难免有些"醉眼中的朦胧"，其研究和议论之大失准星，也就不难预料。

世界史上少有鲁迅式坦然自承的"不宽容"者，这正是鲁迅最独特的伟大人格所在，也正是鲁迅最了不起的地方。倘若有人认为鲁迅什么都不错，唯有这一点值得惋惜，那么这人就是恃强凌弱者、背信弃义者、践踏公理者的同伙，他对鲁迅的任何"肯定"都有点假惺惺。

鲁迅自称因"归纳了许多苦楚的经历"而导致自己"思想太黑暗"（《我还不能"带住"》），其实一如他对《鬼谷子》作者的评价：鬼谷先生传授给苏秦、张仪的那些诡计，"人们常用，不以为奇，作者知道了一点，便笔之于书，当作秘诀，可见禀性淳厚，不但手段，便是心里的机诈也并不多。如果是大富翁，他肯将十元钞票嵌在镜屏里当宝贝么？"（《补白》）这正可以用来反坐鲁迅自己：如果他真有那么黑暗，真有那么不宽容，那么他就不会对自己的正当防卫和偶尔的反应过度如此难以释怀。我相信鲁迅的内心无论已经"黑暗"化到何等程度，都决不可能想到在他死后一甲子，"将来的青年"对他的攻击，所泼的污水，并不比他当年的论敌为少，即此就可证明，其"青年必胜于老年"论是多么天真烂漫。

三

由于鲁迅对人性之恶严重估计不足，对人性善良的幻想一再被现实粉碎，所以，一，他扬言要"报复"，而他的报复仅仅停留于知识分子式的"口诛笔伐"。二，他再也不能平静，尽管他一再说要"沉静下去"，独自过活，再不管世事，但事实上直到生命终止，他都没有放弃对世界的无限关爱。他的"恨"，是恨铁不成钢之"恨"。三，"清醒"对他来说只有痛苦没有快乐。知识的快乐，主要是理性的愉悦，而文学家的精神立足点，主要是感性的丰沛。鲁迅的文学家天性，使他对看与被看过于敏感，他刻意要让看客们"无戏可看"（《娜拉走后怎样》），这使他拒绝表演。但拒绝表演而又不得不有所动作，包括"装点些欢容"（《〈呐喊〉自序》）之类，都使他的"姿态"常常有点不自然，因为他担心自己的拒绝表演也可能被人视为一种特殊表演。这正是感性文学家很难逃避的心理重负。立足于理性的人，走自己的路，根本不在乎有没有看客，以及看客怎么看。比如说，"幻灯事件"里中国人做俄国间谍而被日本人所杀，有众多麻木的中国看客；小说《药》描绘反抗暴政的烈士被镇压，然而烈士的血却被暴政造就的愚昧暴民玷污……这原本不足为怪，烈士的血是否白流，与个别事件和枝节问题无关，与是否被看无关。事实上，烈士的血从来不会真正白流，仅就它激起了鲁迅的觉悟，至少是其作用之一。对于别人的不觉悟，理性的思想家会认识到民智开发的艰巨性和文化改良的缓慢性，但感性文学家和激进主义者却会对愚昧麻木的不觉悟者怒不可遏，恨铁不成钢，"哀其不幸，怒其不争"（《文化偏至论》）。因此，鲁迅对牺牲的无谓，辛亥革命的虎头蛇尾，"五四"时期文化界的动摇，以及寄予厚望的"新"青年的老气横秋，时有过于情绪化的不满，往往流于表面的愤怒和痛斥，而少有余暇从历史文化和社会深层进行冷静而系统的理性解剖，并对之产生"同情的理解"。

鲁迅对国民麻木的普遍性之认识是深刻的，但对潜伏在麻木背后的形成机制和心理价值却严重估计不足，甚至成为他终生的盲点。他无法理解，国民之麻木其实是心理保护和精神平衡的需要，鲁迅认为只是天性下贱。另一方面鲁迅受了尼采超人思想的影响，认为人与人是不一样的。这既是他极为自信的思想根源，又是他蔑视"庸众"的原因。但仅仅指出鲁迅对"庸众"的蔑视是一种偏见，没有多大意义，重要的是必须理解，正是这种居高临下的偏见，使鲁迅无法深入了解"庸众"之麻木的"合理性"与"必要性"，更不知道麻木的平静海面下，并非一片空无。虽然他曾说"地火在燃烧"，但这"地火"仅指少数觉悟者，他认为将"在沉默中爆发"的，也是少数觉悟者。鲁迅对麻木如阿Q者，当然也有"哀其不幸"的"异常的慈悲性"的一面，但这种"慈悲性"的"异常"性，恰恰就是蔑视。因此这种慈悲，并非"同情的理解"，并非真正的大慈大悲。其实每个人的人性因子都很相似，这是大慈大悲的根本前提。上帝给予每个人的，都是一副同样的牌，都是五十四张，麻木者不敢正视自己，把五十四张牌的大部分都掩盖了起来，这固然很"阿Q"，却是出于无奈。觉醒者并不比麻木者多什么，只不过是把五十四张牌尽可能亮出来而已。人性中自有蛮性乃至兽性，每个人的五十四张牌中自然不乏此类货色。鲁迅以比对他人更苛刻、更诚实的反省精神解剖自己，发现自己太黑暗，却误以为别人必没有自己这么黑暗。由于他不自觉地接受了儒家"性本善"论的错误预设，于是当他发现自己之"恶"时，就悲哀，就以为麻木之解除只有痛苦而无欢喜。于是当别人攻击他时，他因对他人的人性之卑劣估计不足而沮丧，而愤怒。尽管鲁迅十分可贵地直面了自己的"恶"，然而出于文学家的感伤主义情怀，也由于没有抛弃荒谬的错误预设"人性本善"（这是儒家思想对鲁迅的最大误导），他未能充分地直面人性之"恶"。如果真正直面了人性之"恶"，就该知道，那不是"恶"，而是人性之常。人性是没有善恶的，过度放纵无限丰富而复杂的人性之某一方面，人性之常就会畸变为人性之"恶"，而过度压抑某一方面，则人性之常就会畸变为人性之"善"，然而既非真恶，亦非真善。"过度"和"失当"，正是鲁迅式激进主义者和一切感性文学家的根本特点，而这是历来的鲁迅研究其少涉及的：鲁迅是一个典型的热烈文学家，而非天生的冷静思想家。鲁迅之成为愤怒思想家，是被他所处的险恶时代环境和远未达到其思想境界的论敌逼成的。这是理解鲁迅的一把钥匙。

鲁迅原本是浪漫主义文学家，而非理性主义思想家。这从他早年之作

《摩罗诗力说》里对浪漫派诗人拜伦、雪莱等的推崇，足以得到证明。只是因为文学家式的天真浪漫受挫，才迫使他进入了理性思考。意志薄弱的普通文学家，受挫之后大抵是颓唐，但鲁迅的意志是文学家中超常坚韧的，于是他从热烈的文学家，转变为愤怒的思想斗士，但这毕竟远离其天性和气质。从热烈的文学家变成愤怒的思想家，已经与鲁迅的天性气质大异其趣，已经是险恶的时代环境和阴暗的文化背景逼出来的；再苛求鲁迅从愤怒的思想家变成理智的哲学家，甚至变成慈悲的宗教家，就未免过于强人所难和一厢情愿了。这种不顾实际的求全责备，是中国文化传统固有的对完美圣人的心理需求所产生的荒谬逻辑。

四

由于鲁迅是个热烈的文学家，所以他强调爱与憎，也反对麻木，但他对清醒之价值的认识却是偏颇的，他以为铁屋中人被惊醒只能增加痛苦，这反证他自己作为一个清醒的文学家和愤怒的思想家的极度痛苦。然而真正的理智型思想家，对自己的清醒是深以为喜的。作为热烈的文学家而非冷静的思想家，鲁迅没有充分认识到清醒的积极价值。很难想象，一个冷静的思想家和理智的哲学家会对普及知识和传播真理抱有如此深重的疑虑：

假如一间铁屋子，是绝无窗户而万难破毁的，里面有许多熟睡的人们，不久都要闷死了，然而是从昏睡入死灭，并不感到就死的悲哀。现在你大嚷起来，惊起了较为清醒的几个人，使这不幸的少数者来受无可挽救的临终的苦楚，你倒以为对得起他们么？（《〈呐喊〉自序》）

代价也太大了，为了这希望，要使人练敏了感觉来更深切地感到自己的苦痛，叫起灵魂来目睹他自己的腐烂的尸骸。（《娜拉走后怎样》）

中国的筵席上有一种"醉虾"，虾越鲜活，吃的人便越高兴，越畅快。我就是做这醉虾的帮手，弄清了老实而不幸的青年的脑子和弄敏了他的感觉，使他万一遭灾时来尝加倍的苦痛，同时给憎恶他的人

们赏玩这较灵的苦痛，得到格外的享乐。（《答有恒先生》）

在对知的积极作用的认识上，周作人不同于鲁迅。周作人自称"爱智者"，显然比鲁迅更了解知与智的积极价值。两兄弟在这一点上的重大不同，导致人生观的重大分歧，并与最终的决裂不无关系。鲁迅具有尼采式愤怒思想家的酒神精神，所以时常借酒浇愁，痛饮大醉，其日记中有大量记载。周作人具有爱默生式理智思想家的日神精神，所以周作人酷爱饮茶。周作人对人性的了解远比鲁迅深刻，这部分是由于其内心远比鲁迅阴暗，也正因此，他对人性的光辉不抱多大希望，更少不切实际的幻想，所以他没有因为深刻而更绝望，反而是更超然，更平静。但周作人的致命之处也在此，由于他情感淡漠，内心阴暗，他可以与恩重如山的兄长毅然绝交，也可以与父母之邦恩断义绝。在周作人身上，爱智与深情没有得到统一，这使他也同样没能成为深刻的思想家，而是见解不凡、行为庸常的知行分离者。或许正因为他对人性的阴暗了解更深，认定人人一有机会都会放纵自己，所以他认为自己也不妨失足。两兄弟的分别与高下，在这里自然是生死立判。深刻如果表现为世故，聪明如果用于为自己的沉沦寻找托辞，那就仅仅于己有利，而于人于社会于文化极有害，周作人正是如此。天真如果不是因为弱小，不是出于无知，而是对人性的光辉充满希望，那就仅仅于己有损，而于人于社会于文化大有益，鲁迅正是如此。人类的大部分文化遗产，正是鲁迅式的"天真汉"创造出来的。冷冰冰的智慧与深刻，是与鲁迅的热烈天性冲突的。鲁迅的价值不在于他留下了多少完美的作品，而在于他对美好与光明的终生热烈向往，在于他对黑暗势力（包括自己内心的黑暗）永不妥协的战斗激情。

作为热烈的文学家，鲁迅的自我关注较之一般思想家、哲学家更多。鲁迅在被逼之后，能够顺乎天性成为愤怒的思想家，但无论怎么逼，鲁迅都不可能违背天性变成理智的哲学家。大部分文学家的自我关注，主要是自恋，鲁迅甚少自恋而更多自嘲，常以无情解剖的方式表现出来。他的论战文章较多激情，并且激情时而流为意气，正是其文学家天性的明证。尽管其"不宽恕"遗言广受诟病，但如果言不由衷地高喊"宽容"，就更应该受到责难，因为那样他就失去了一个文学家最可贵的真诚。大部分高喊"宽容"者其实并不宽容，而是世故的虚伪，他们表面上也许是宽容的，但骨子里却是不宽容的，所以他们决不宽容鲁迅这样的异类。直言"不宽恕"的鲁迅其实最为仁慈，直言"不宽恕"更是勇敢的反叛和高度的诚实，表面上他也许不宽恕，实际上却做到了最大限度的宽恕。

　　哲学家是很少不理解人的，而对理解了的必然能够宽恕。宗教家更以宽恕为旨归，即使不理解也一概宽恕，因为只有宽恕才能促人弃恶从善。耶稣说："宽恕他们，他们不知道自己在干什么。"耶稣知道他们在干什么，但他教导不知道他们在干什么的人们宽恕他们。鲁迅之所以不宽恕，是因为他对自己所受之攻击事先没有料到，他受了惊，更受了伤，受惊之深，更甚于受伤之深。受惊如此之深，恰是秉性淳厚以致心理准备严重不足的铁证。鲁迅之所以对他自以为同情的阿Q也愤怒多于宽恕，也是因为他对阿Q的同情，其实是蔑视而隔膜的怜悯，而非感同身受的"理解的同情"。假如鲁迅的八字真言"哀其不幸，怒其不争"，改成"哀其不幸，恕其不争"，一定能得到更多的认同者，因为更像中国的"圣人"而不是中国的异类了。然而这样一改，这位"哀而且恕"的好好先生就不是鲁迅了。"哀而且怒"的斗士，才是真正的鲁迅，才是独一无二的鲁迅，才是无可替代的鲁迅，才是不可或缺的鲁迅，才是伟大的鲁迅。中国传统弊端的顽固性，正需要鲁迅这一剂猛药来以毒攻毒。尽管从哲学立场上来看，也许鲁迅的道路并非正道。对此鲁迅也有清醒的自我认识，因此他才说"愿我的文章速朽"（《野草》）。如果被鲁迅批判的中国文化中的弊端确实被鲁迅的消毒剂消除了，那么鲁迅确实可以不再重要。但是看来这过于乐观，所以鲁迅是永远的鲁迅，不朽的鲁迅。

五

　　因此，我不同意有的论者以为鲁迅是"知其不可为而为之"（道家谓孔子语）的人，这句话用在冷静的思想家孔子身上是恰当的，用在热烈的文学家鲁迅身上并不恰当。我觉得还不如说鲁迅是"不知其不可为而为之"更准确，这使鲁迅与他所批评的"做戏的堂吉诃德"正好相反。鲁迅正是一个真诚的堂吉诃德，以一己之微力，要与强大的传统势力决一死战，如同以臂挡车的螳螂。比如青年鲁迅不论是想疗救国民身体，还是欲疗救国民灵魂，都是那么自信而毅然决然，毫无踌躇。当钱玄同请他为《新青年》写稿时，鲁迅的自信也是明显的："我懂得他的意思了。他们正办《新青年》，然而那时仿佛不特没有人来赞同，并且也还没有人来反对。我想，他们许是感到寂寞了。"（《〈呐喊〉自序》）鲁迅说这话，是自信他若参与必有反应的。事实正是如此，鲁迅获得了喝彩和攻击。但鲁迅对喝彩是有预料和自信的，对攻击乃至攻击手段的卑劣却没有足够的心理准备，于是他在"呐喊"之后终于"彷徨"了。他的彷徨，主要是对自己从事思想启蒙的意义的疑虑，这其实是一切文化激进主义者都有的大苦恼。从哲学角度来看，这种苦恼无妨说是天真甚至幼稚。当鲁迅自以为他的思想启蒙毫无意义时，当鲁迅因对自己的工作之价值不明显而失望，而希望自己的作品速朽时，他错了。他的启蒙至今有价值，他的作品确是不朽的。

文明的进步，国民性的改造，是一个长期且有反复的过程。当鲁迅的后继者因为鲁迅所抨击的文化弊病和民族劣根性大多至今犹存，而对现实表现出过度甚至失当的愤慨时，他们的心理中同样有与鲁迅相似的激进主义成分。这使鲁迅的后继者往往具有与鲁迅相似的、激进主义者大多难免的绝望，由于他们的意志没有鲁迅强悍，这种绝望压倒了他们，于是他们甚至会放弃鲁迅式的社会批判和国民性改造，而洁身自好地逃避现实。

尽管鲁迅是文学家型的热烈斗士，但他依然是二十世纪初的激进主义思潮中最冷静的战士（比他更冷静的人放弃了战斗），因而也是在当时的时代背景下最为深刻的思想家。"共同抗拒，改革，奋斗三十年。不够，就再一代，二代……这样的数目，从个体看来，仿佛是可怕的，但倘若这一点就怕，便无药可救，只好甘心灭亡。因为在民族的历史上，这不过是一个极短时期，此外实没有更快的捷径。"（《忽然想到·十》）但从对历史进程更深入的把握来看，鲁迅还是难免时有急躁。事实上，仅有一个鲁迅，仅仅一个甲子，根本不可能完成历史长达五千年的中国国民性的改造。古老中国的新生，需要一代又一代鲁迅式的斗士，而且需要比鲁迅更冷静更清醒地深知"战斗正未有穷期，老谱将不断的袭用"（《〈伪自由书〉后记》），但又决不放弃战斗的战士。鲁迅提倡"韧性的战斗"，说明他深知自己的急躁。他想避免急躁，但最终是心向往之，实不能至。他出于救国保种的时代急切，心情可以理解，但他对历史会直线进步的进化论式想象，则是当代的鲁迅后继者和未来的文化战士、社会批判者，要尽可能避免的。

1996年7月15日—8月26日

（本文收入张远山文集《永远的风花雪月，永远的附庸风雅》。入选《开卷书香》高一年级下册，江苏科学技术出版社2011年版。入选吴剑文编张远山文选《思想真的有用吗》，北京出版社2021年版。）

顾准论：人类是否真正需要理想主义

顾准（1915—1974）是鲁迅以后最伟大的中国思想家，也是鲁迅之后引起我同等程度敬意的唯一一人。这一点，我已从不少朋友那里得到证实，我相信会有我不知道的更多的当代知识分子与我有同感。然而我没有把握判断，我对顾准的崇敬程度，是否超过了对鲁迅的崇敬程度，因为顾准还有鲁迅没有的布鲁诺式圣徒气质。如果说鲁迅对中国传统文化的弊端和他所处时代的社会现状进行了最无情的抨击，但不是全面冷静的哲学批判，而是游侠式的散打和艺术家式的嘲讽，那么顾准则是以圣徒般的献身精神，继鲁迅之后对中国现当代社会尤其是政治形态进行了最深刻的反省。顾准的现实感是如此强烈而自觉，与那些"其意图在于仰仗我们祖先的光荣历史来窒息科学和民主"（《顾准文集》348页，贵州人民出版社1994年版，以下只标页码）的书斋学者不同，他认为："历史的探索，对于立志为人类服务的人来说，从来都是服务于改革当前现实和规划未来方向的。"（311页）

众所周知，研究现当代史与研究古代史的危险性不可同日而语，因此顾准知道，自己握着一支"用鲜血做墨水的笔杆子"（367页）。顾准认为："有一种个人主义在中国很少见；像布鲁诺那样宁肯烧死在火刑柱上也不愿放弃太阳中心说。……那种个人主义，中国不是没有，可是，好像只有一个类型，文天祥、史可法之类，而这已是中国专制政治到了末日时候的从容就义，不是社会上升进步中的殉道精神与自我实现了。"（379页）很显然，顾准是以布鲁诺式的献身精神从事其思想探险的。而布鲁诺说过："在真理面前我半步也不会退让。"

有人认为，现代中国只有鲁迅一人可以称"先生"而不名，人人皆知"先生"是尊称鲁迅。在下文中，我对顾准也遵循此例。

我认为，先生对中国乃至世界思想史的重要贡献，有如下三个方面：一，对民主的深刻理解；二，对科学的全面反思；三，对理想主义的独特批判。而这三者具有内在的逻辑一贯性，下面分别予以评介。

一　对民主的深刻理解

很久以来，民主与科学（即"五四"时期提倡的德先生和赛先生）已变成了人云亦云的老生常谈。然而正如黑格尔所说："熟知并非真知。"先生认为："五四的事业要有志之士来继承。"（367页）于是先生深入探讨了这两个差不多已经沉没在集体无意识的大海之中的文明航标。

先生首先追本溯源，对希腊民主进行了深入的梳理，这是他的《希腊城邦制度》关注的核心问题。先生正是带着问题进行研究的，他自称与梁漱溟一样是"问题中人"。先生指出，希腊式民主，即由全体公民直接参与的民主方式，在现代大国（不仅中国）中不可能照搬："广土众民的国家无法实行直接民主。在这样的大国里，直接民主，到头来只能成为实施'仪仗壮丽、深宫隐居和神秘莫测'的君王权术的伪善借口。"（259页）这一清晰而坚定的论断，比之于某些西方政治家所谓"民主是最不坏的制度"那种避实就虚与含糊其辞，需要更深刻的思想洞察。

先生还指出了现代民主的一个特殊误区："有人把民主解释为'说服的方法'而不是强迫的方法。这就是说，说服者的见解永远是正确的，问题在于别人不理解它的正确性。……那么说服者的见解怎么能够永远正确呢？因为他采取了'集中起来'的办法，集中了群众的正确的意见。怎么样'集中起来'的呢？没有解释。"（343页）这一判断，同样来自对希腊思想的深刻把握，它涉及辩证法的希腊起源，即苏格拉底所谓"真理助产术"。在希腊式或苏格拉底式辩证过程中，对话双方没有"说服者"与"被说服者"的先验设定，在柏拉图著录的苏格拉底式经典对话中，提问者苏格拉底总是从"我一无所知"开始，并以没有结论但引起对话者思考而结束；然而自称掌握了最高最后的辩证法结晶的现代"说服者"，却总是从我握有"放之四海皆准的普遍真理"开始，最后以"被说服者"放弃自我独立思考、全盘接受"说服者"的思想预制板而结束。"辩证法"的这种形而上学化，导致了当代中国思想的蜂窝状，"理论"、"学说"泛滥，但都是毫无独创性的正六边形！用这样的"思想"进行"说服"，虽然"战无不胜"，却是只有智障儿童才会相信的神话，与真理风马牛不相及。

先生对此开出了药方："把科学精神当做前提，就可以把'集中起来'的神话打破。你说'集中起来'这个集中，分明带有（1）集中、（2）归纳这两个因素。你主张你'集中起来'的是群众中正确的意见，你就是主张你归纳所得的结论是100%正确的。可是你的归纳，决不比别人的归纳更具有神圣的性质，你能保证你没有归纳错了？何况，这种归纳，实际上往往不过是'真主意，假商量'而已。这么看来，唯有科学精神才足以保证人类的进步，也唯有科学精神才足以打破权威主义和权威主义下面的恩赐的民主。"（345页）

先生进一步认为："民主不过是方法，根本的前提是进步。"（345页）我认为，这可以反过来检验打着各种旗号的现代"民主"之实质：谁进步得更快，谁发展得更丰富多彩，谁就更民主。先生认为："人民当家作主，那一定是无政府。"（364页）"民主，不能靠恩赐，民主是争来的。要有笔杆子，奢望什么人民当家作主，要不是空洞的理想，就会沦入借民主之名实行独裁的人的拥护者之列。"（368页）先生致力于为民主呐喊，根本的理由是召唤科学精神："我主张完全的民主，因为科学精神要求这种民主。"（344页）"唯有看到权威主义会扼杀进步，权威主义是和科学精神水火不相容的，民主才是必须采取的方法。"（345页）于是先生从对民主的历史追溯，转入对科学的学理思索。

二　对科学的全面反思

先生认为，近代科学的真正起源是西方的唯理主义，而"中国思想只有道德训条。中国没有逻辑学，没有哲学。有《周髀算经》，然而登不上台盘。犹如中国有许多好工艺，却发展不到精密科学一样。中国没有唯理主义。"（352页）

先生指出："唯理主义最大的好处是推动你追求逻辑的一贯性，而这是一切认真的科学所必须具备的东西。……那种庸俗的实用主义，把逻辑的一贯性和意义体系的完整性看得比当下的应用为低，低到不屑顾及，那也不过无知而已。"（252页）我认为，那种把缺乏逻辑一贯性的谬论当作辩证法的"文革"遗毒，至今还在中国知识界作祟。全民背诵官方哲学教条的结果，只能是哲学的庸俗化；全民胡解辩证法的结果，只能是辩证法的形而上学化。当任何人对任何问题都永远"一分为二"时，辩证法就成了登峰造极的形而上学。在这样的集体无意识下，任何谬论都可以被广泛接受，任何人都会被任何谬论说得心服口服。当代中国有的是形而上学化的辩证法杂耍，但当代中国人却缺乏最基本的逻辑常识。二十世纪八十年代的中学教育大纲，甚至取消了最为初浅的逻辑教学。正是辩证法的形而上学化，导致了对逻辑一贯性与思想融贯性的无知和蔑视。先生指出："'辩证法'作为批判的即'破'的武器，是有巨大价值的。一旦它成为统治的思想，它的整体性的真理，它的'一元主义'，都是科学发展的死敌。"（418页）先生对唯理主义的认识，并未停留在简单肯定的粗浅层面，因为唯理主义虽然是科学思维方式的起源，却不是科学精神的最后归宿。正如爱因斯坦所说："切不可把理智奉为我们的上帝。理智对于方法和工具有敏锐的目光，但对于目的和价值却是盲目的。"（《爱因斯坦文集》第三卷，190页，商务印书馆1979年版）一旦把唯理主义加以神学化，同样可能引发可怕的社会灾难。先生尖锐地指出："唯理主义的理性推理是人的一种心理能力。你怎样才能够唯理主义而不唯心主义呢？"（422页）逻辑一贯性是仅就独立的科学学说和哲学论断而言的，正如牛顿的学说必须具有逻辑一贯性，爱因斯坦的学说也必须具有不同于牛顿学说的逻辑一贯性，但两种学说之间的继承和发展关系却是辩证的。所谓辩证，是允许不同意某种学说的人用另一种学说进行争论和加以批评，而决不是指在同一种学说内部可以翻云覆雨，昨天那么说，今天又这么说；并把与旧说矛盾的新说，称为对旧说的"发展"，而又永远保留旧说的权威招牌。如果是真正的新说，那就应该明确宣布抛弃旧说，因为真正有价值的新说，无须假借旧说之权威。真正有价值的新说，有自身的逻辑一贯性支持己说，这就够了。正如爱因斯坦的相对论，无须自称"新牛顿学说"，无须自称是牛顿学说的"最新发展"。而且事实上，如果保持牛顿学说的逻辑一贯性，不可能"发展"出爱因斯坦相对论。任何理论，任何学说，都必须保持逻辑一贯性，这是狭义的科学精神，也就是唯理主义精神。但无论具有怎样的逻辑一贯性，任何理论都没有足够的资格定于一尊，任何学说都没有足够的权威独霸真理。这种辩证的历史发展观，才是能够超越唯理主义局限的广义的科学精神，也就是更高的真正的科学精神。于是先生进入了对唯理主义或旧理想主义的独特批判。

三　对理想主义的独特批判

认为一种学说、一个主义就能全面最后地完成真理，是唯理主义的虚假承诺。且不说某些具有高度逻辑一贯性的学说，或具有内在融贯性的思想，完全可能是有条有理的胡说，这是稍具粗浅的哲学史常识的人都了解的。即便某种学说与思想，伟大且正确得前无古人，一旦被神圣化乃至神学化，一旦开始压制和扼杀后来者，就成了形而上学。也就是说，"前无古人"是可能的，但"后无来者"是绝对狂妄和反动的。哪怕是套着神圣光圈的辩证法，一旦神学化，一旦僵化为教条，也无法逃避这一命运。先生说："唯其只有一个主义，必定要窒息思想，扼杀科学！"（369页）这种思想史上常演不衰的闹剧，源于一种根深蒂固的思维迷信。这种迷信认定人类有可能找到最高最后的终极真理或绝对真理，并有可能用这种最高最后的终极真理或绝对真理，建立一个完美无缺的至善天国。先生指出："设定人负有神圣的使命，有其历史的终极目的；这比上帝之说当然进步了，进步得不可估量了。然而就其唯理论的特色而论，这不过是没有上帝的基督教而已。"（248页）这种思维迷信，正是把唯理主义推向极端化所致。唯理主义的最大弊病，就是这种乌托邦的理想主义，这从唯理主义的祖师爷柏拉图的《理想国》就已经开始了。先生指出："相信绝对真理的人和狂热的基督徒一样，都讨厌庸人气息，赞美一天等于二十年的革命风暴。"（363页）"地上不可能建立天国，天国是彻底的幻想；矛盾永远存在。所以，没有什么终极目的，有的，只是进步。"（370页）"至善是一个目标，但这是一个水涨船高的目标，是永远达不到的目标。"（375页）乌托邦式的旧理想主义，是人类做不醒的一个美梦。由于做不醒，美梦就会变成噩梦！

先生最有价值的贡献，正是对这种来源于唯理主义的乌托邦式旧理想主义的严厉批判，这种批判集中体现在《从理想主义到经验主义》一书里。极端的唯理主义会走向盲目的理想主义：唯理主义的逻辑一贯性固然是早期科学赖以萌芽的土壤，但唯理主义的逻辑一贯性一旦僵化，唯理主义的内在融贯性一旦反客为主地不顾现实，并且荒谬地以逻辑来强奸现实，就会走入思想独断论的死胡同。因此，必须把唯理主义与经验主义结合起来。正如早期科学的皇冠戴在数学头上（绝对的唯理主义），而现代科学的真正领袖却是实验物理学。先生指出："近代自然科学的实验主义、多元主义，以及自然科学的迅速发展，繁荣昌盛，总的说来，是唯物主义的经验主义的后果。"（426页）

其实，先生原本也是理想主义者和唯理主义者，虽然他在思想后期宣布"坚决走上彻底经验主义"（424页），但他不仅在事实上，而且在气质上，根本是个理想主义者："我自己也是这样相信过来的。"（424页）因此先生在反思旧理想主义时不失公正地说："理想主义虽然不科学，它的出现，它起作用，却是科学的。"（406页）先生厌恶的，是"把理想主义庸俗化了的教条主义"（405页）。正是早期信奉的旧理想主义中的唯理主义独断论成分，使他在身受其苦以后幡然醒悟，于是先生投入了对旧理想主义最不妥协的批判。我相信，不是真正的理想主义者，就不会对变质了的理想主义做出如此坚决的反叛。先生虽然是新理想主义者，但为了理论的尖锐性和立场的鲜明性，先生却宣布自己是经验主义者。因为唯理主义是封闭的，而实验主义或经验主义是开放的。与此相应，旧理想主义是独断论的、终极论的，并且常常是末世论的；而新理想主义是科学主义、实验主义、经验主义，也就是多元主义和相对主义。先生认为："哲学上的多元主义，就是否认绝对真理的存在，否认有什么事物的第一原因和宇宙、人类的什么终极目的。……一切第一原因、终极目的的设想，都应该排除掉。而第一原因和终极目的，则恰好是哲学上的一元主义和政治上的权威主义的根据。"（346页）先生对历史发展的认识甚至达到了这样的高度："最有害的思想也推动过思想斗争，而没有思想斗争，分明就没有进步。"（346页）也就是说，即便是思想界的群魔乱舞，也比万马齐喑的定于一尊更有利于进步。在当年的政治背景下，没有理论勇气和历史洞察的思想家，不仅不敢这么说，甚至连想也不敢这么想。

即便旧理想主义在以前的思想斗争中一度正确过，在过去的社会实践中一度成功过，也无法用任何辩证法杂耍来证明它现在和将来也永远正确、永远成功，因为这在逻辑上是不完全归纳。先生反问道："你哲学家有多大能耐……你根据多广泛的观察，说你已经发现出来绝对的普遍的规律了？"（420页）"自然界如此浩瀚广阔，丰富多采，你能添一粒沙子进去已经很不容易了，你妄想用一种什么哲学体系来一以贯之，那简直是梦呓。"（420页）对此，唯理主义哲学传统的最大反叛者尼采有过极其痛快的意见："哲学体系仅在它们的创立者眼里才是完全正确的，在一切后来的哲学家眼里往往是一大谬误，在平庸之辈眼里则是谬误和真理的杂烩。然而，无论如何，它们归根到底是谬误，因此必遭否弃。"（《希腊悲剧时代的哲学·原序一》）先生借用了鲁迅的著名提问：娜拉出走以后怎样？先生认为："'娜拉出走以后怎样'，只能经验主义地解决。"（405页）乌托邦主义、旧理想主义对成功出走后的娜拉没用。历史已经证明，并且还将继续证明："哲学问题不解决，永远只能引入而不能创新，永远不会有'自主性的创造性'的学术研究。"（418页）先生认为："每一个人有他自己的哲学。所以，唯有多元主义而不是一元主义，才是符合于百花齐放百家争鸣的。"（419页）

正因为先生早年有过献身旧理想主义的经历，才会对唯理主义者具有感同身受的"同情的理解"："唯理主义者，尤其是革命家们，是革命的理想主义者。他们唯有坚持'理想'是唯物的，有根据的，同时又是绝对正确的（或者谦虚一些，是组成绝对真理的某个重要成分），他们才心有所安。他们唯有坚持真就是善，才能理论与实践一致地勇往直前。这是一种道德哲学的原因，本来应该为之肃然起敬的。"（424页）我认为这种同情的理解非常重要，只有在此基础上，才能超越利益得失和个人恩怨，不流于意气，不激于义愤，冷静地论事不论人，客观公正地分析批判，总结历史教训，使已经发生的社会性灾难不白白付出代价，不再重演类似的悲剧。

值得欣慰的是，诚如先生所言，历史正在进步，一元主义的大一统旧格局正在无可挽回地逐渐打破，先生"自己的哲学"作为多元主义之一元，也终于得以面世，成为中国现代思想史的重要创获。我坚信，历史将会进一步证明，先生不仅属于现代，同样属于未来；先生不仅属于中国，更加属于世界。然而，对先生的崇敬使我对先生的学说依然无法过分迷信。如果说我对先生有什么保留，主要就是他的旧理想主义和唯理主义的残余，这一点，即便在他的杰出著作中也不难看到。比如，"文革"、中国革命乃至世界社会主义革命的挫折，不完全是一时一地某种学说、某个党派或某个领袖的责任，它有更深远的思想史上的、思维方式上的深层原因，先生以过激的义愤归咎于一些偶然因素，过度谴责个别领袖，是不够冷静的，也是失之偏颇的。我疑心，历史有它自己的运作方式和自然节奏，并不是个别权威或反权威能任意操纵和左右的。先生对个别历史人物的过度愤怒，似乎折射出一些英雄史观的消息。我也很怀疑，社会的进步是否真正仰赖于个别先知或超人来指点江山？以天下为己任的思想家们，是否像他们所批判的对象一样，也犯了过于托大的毛病？因此我以为，在历史的长期不合理性的探求方面，以及对个人激情的不够节制方面，先生还是过于诗化了，这对于一个深刻的思想家来说，显得不够从容和丰厚，具有明显的精神贵族气质或文化精英倾向。这或许也是时代的共同错误吧！我相信，如果人要诗意地活着，哲学就必须少一些过于主观的诗意。正如顾准之弟陈敏之所言："诗的时代过去了，现在是散文的时代。"（《从诗到散文》，《顾准文集》434页）然而这一白璧微瑕，或许与先生研究历史的初步性，表达方式的私人化（顾准的主要著作是作为私人通信保留下来的），以及那个特殊时代的特定氛围有关，因而我在感情上不愿苛求先生，我只能对先生没有如愿完成自己的研究计划而深深地遗憾，并因这一遗憾无法弥补而长长地叹息。因为毕竟，在基本的思想和立场上，我与先生同歌哭，共喜怒。愿先生在天之灵安息！

1995年12月25日

（本文刊于《八面来风》2000年第2期。收入张远山文集《永远的风花雪月，永远的附庸风雅》。2003年1月1日下午两点首都知识界在北京玉渊潭举行"追怀民族英雄顾准"活动，杜兆勇律师宣读全文。入选罗银胜编《顾准再思录》，福建教育出版社2010年版。入选吴剑文编张远山文选《思想真的有用吗》，北京出版社2021年版。）

钱锺书论:《围城》与吉卜赛情结

——纪念哥伦布发现新大陆 500 周年

　　我不知道把钱锺书的《围城》称为"流浪汉小说"的具体依据是什么,因为众多乃至大部分优秀长篇小说都以广义的流浪为主题。《荷马史诗》以及一切史诗,骑士文学,海盗文学,冒险小说,流放小说;司各特,大仲马,康拉德,海明威;杰克·伦敦的航海小说,凡尔纳的幻想小说,吉卜林的印度小说,杜拉斯的西贡小说;《堂吉诃德》,《巨人传》,《格列佛游记》,《爱丽斯漫游奇境记》,《尼尔斯骑鹅旅行记》……这一书单是开不完的。

　　西方作家甚至在以城市或定居者为主题的小说中,也每每充满热情地加入流浪的吉卜赛人的形象,比如雨果的《巴黎圣母院》和马尔克斯的《百年孤独》,更不必说直接讴歌流浪的浪漫主义作品:拜伦的《堂璜》和《恰尔德·哈罗尔德游记》,以及直接赞颂吉卜赛人的文学双璧:普希金的《茨冈》和梅里美的《卡门》。当然并非没有反例,比如奥斯丁的《傲慢与偏见》,小仲马的《茶花女》,以及毛姆的《刀锋》,包括所有以城市或沙龙为基本舞台的小说,但这些例外反而更坐实了定居民族对流浪的渴望。因为流浪型小说中的流浪主人公几乎都是作家心目中的英雄或理想人物,而定居型小说中的客厅主人公几乎都是作家讽刺和挖苦的对象。这是极少例外的。

　　似乎可以大胆假设:小说家们一致认定,屋檐下只有假恶丑,旷野中才有真善美。门里门外被一道铁门限判然划开,城里城外为一堵高墙凛然阻隔。

　　莫非这里面真有什么奥妙?

究其实，艺术是对现实缺憾的心理补偿和化装满足。生活中缺乏什么，艺术就描绘什么。小说产生于定居的城市文明，因此对于定居的、城市的并且闲暇而寂寞的人们来说，小说就必然要表现流浪的、旷野的并且紧张而危险的另一种生活，这也几乎注定了小说必然是虚构的和可望不可即的。我在一首诗中曾经写道："流浪是城市的永恒渴望。"这种渴望的强烈程度，确实达到了近乎原欲的地步，或许可以把这种渴望，称为"吉卜赛情结"。

其实在世界民族之林中，与流浪结下不解之缘的，除了吉卜赛人，还有犹太人，但犹太人的流浪总是具有某种被动性，他们仅仅是不情愿的、宿命的流浪者，仿佛是受了诅咒的该隐。上帝对该隐说："你必无家可归，漂泊一生。"无论是从埃及法老的皮鞭下逃出，还是从巴比伦王的囚笼里放出，或者最终从耶路撒冷的圣殿中被逐出，犹太人一次又一次浪迹天涯之时，他们更渴望的不是流浪，而是家园。犹太人渴望定居在"流奶与蜜"的迦南地而不可得，这使犹太人成了最具悲剧性的民族，仿佛是人类总体命运的象征。

吉卜赛人无疑是更悲壮的民族，他们是主动的天生的流浪者。对吉卜赛人而言，流浪是与生俱来的唯一生活方式，他们世世代代流浪着，没有目的地，没有终点站，仿佛是固置于"走廊意象"的偏执狂，他们拒绝被任何定居文明同化。可是当他们，茨冈人，吉卜赛人，波希米亚人，欢天喜地地奇迹般出现在定居的、自居文明种族的土地上时，哪个定居者不为自己相形之下的平庸和凡俗、苍白和病态而感到羞愧呢？每一个人几乎都不由自主地萌动了潜伏在灵魂深处的渴望，这就是"吉卜赛情结"。

多少世纪以来，诗人、小说家、音乐家们献给吉卜赛人的颂辞，远远超过了他们献给自己恋人的热情。梅里美的小说《卡门》，借助比才的同名歌剧，创造了一个真正的艺术奇迹。而市民、农夫、修道士、灯塔守望者对吉卜赛人的羡慕，也决不亚于他们对天堂的向往。显克微支的小说《灯塔看守人》，就是以守望老人神秘失踪而开始的，我猜测老人是去流浪了，就像老托尔斯泰的离家出走。成为水手、传教士、云游僧、朝圣者、地质学家、推销员甚至流浪汉，都是定居者释放吉卜赛情结的可能途径，而更多的人则是通过郊游、旅行和观光来满足这一情结的。

我相信，鼓舞法显，玄奘，徐霞客和马可·波罗，哥伦布，麦哲伦的巨大激情，决不仅仅是学者们言之凿凿的那些理由。况且我们从梅里美的《卡门》中得知，西班牙是吉卜赛人最多的国家，哥伦布船上那些安达卢西亚水手和加泰罗尼亚舵工的血管中，流动的正是被卡门点燃的血液。毫不奇怪，虽然吉卜赛人也随着殖民者的远征，渡过大西洋来到了南美洲，然而殖民者在战争结束后纷纷从动荡回归定居，吉卜赛人却丝毫没有改变自己的生活方式，只是换一块大陆继续流浪。中国人已在电影《叶塞尼亚》和小说《百年孤独》中，多次见到了他们的身影。

每一个具有旅行经验的人，都曾感受过逼近目的地的欣喜若狂，你的眼前浮现出一切能够设想的奇景，这是人生最值得珍视的幸福之一。然而幸福感转瞬即逝，随着目的地的真正抵达，至福幻象立刻化为乌有。吉卜赛人以他们真正值得骄傲的阅历认定，海市蜃楼不仅仅存在于大海和沙漠那云蒸霞蔚的战栗空气之中，也可能由钢铁、大理石或任何看似坚固不朽的材料建成。他们似乎天生拥有《旧约·传道书》关于"阳光底下无新事"的深刻智慧，对在人间找到乐园不抱任何幻想；他们又似乎彻悟了人生的意义在于追求的过程，因此义无反顾地把自己抛掷于由偶然性左右的永恒流浪。据此猜测吉卜赛人起源于产生了最悲观同时也最深刻的宗教与哲学的印度次大陆，或许并非无稽之谈。

二

颇为不可思议的是，吉卜赛人却从未沿着丝绸之路踏上中国这块定居性最强的土地。中国曾经接纳过包括犹太人、波斯人、穆斯林、基督徒和印度高僧在内的几乎一切民族，唯独从来没有出现过吉卜赛人那极富反讽意味的悲壮行列，这或许佐证了中国人是世界上最非吉卜赛的民族，中国人的吉卜赛情结在封闭文化中受到了最深最久的压抑。几千年的封建户籍制和保甲制，把中国人禁锢在自己的土地上，并在儒家伦理的"成文化育"（《尚书》）下被合理化、理想化，"生于斯，长于斯"的定居生活成了天经地义的唯一生活方式。中国本土的流浪艺人，从来没有赢得过艳羡的目光，永远是看客同情的对象。黑格尔曾在《历史哲学》中大惑不解地写道："欧洲人被（中国人）当作乞丐那样看待，因为欧洲人不得不远离家乡到国外去讨生活。"在中国，商人的职业因要出门营运，也长期遭到普遍鄙弃。中国人的旅行，总是要有赴考、贬谪、戍边、流放、逃难、避祸等迫不得已的理由，极少吉卜赛式的为流浪而流浪。

　　丰富灿烂的中国文学宝库中，根本找不到正面抒发"吉卜赛情结"的作品。曰"不如归去"，曰"行不得也哥哥"，诗中常闻子规啼，笔下每传鹧鸪声。杜鹃几乎算得上国鸟。曰"父母在，不远游"，曰"征夫泪"，"游子悲"，边塞之愁惨风物，固不足与论本地之旖旎风光。《诗经》中最感人的诗句是："昔我往矣，杨柳依依；今我来思，雨雪霏霏。行道迟迟，载渴载饥；我心伤悲，莫知我哀。"（《小雅·采薇》）最富历史意识的中国人，从来没有写过一部史诗，因为史诗必是流浪的，倒有无数悲哀的"明妃曲"和凄怆的"出塞图"。从文学角度来看，《法显传》和《大唐西域记》只是一大堆地名和国名的索引，从中找不到一丝一毫《马可·波罗游记》那种吉卜赛式的欢欣。《西游记》的创作构想，就是以旅行为苦的，故有所谓"九九八十一难"。《西游记》写的是出门之艰辛，而荷马史诗《奥德赛》写的是回家之艰辛，两者旨趣正相反对，形成了巨大的反差。唐三藏岂止是归心似箭，一到西天他就飞回来了。而奥德修斯（即尤利西斯）归途漫漫走了二十年，你很难判断他到底是想回家，还是想尽一切办法延宕着迟迟不肯回家。何况唐三藏是六根清净的和尚，奥德修斯却有老婆孩子热炕头等着他。同样，与东来中土传教的印度高僧的人数相比，东去扶桑弘法的中国高僧的人数显然要少得多，因此鉴真东渡的故事才弥足珍贵而催人泪下。中土佛教主要是人家送来的，而日本佛教虽然源于中国，但主要是人家来取走的。总之，中国人就是"不动"明王，因为中国人信奉"一动不如一静"。与相信"生命在于运动"的西方人相比，中国人相信"生命在于静止"。前些年有一本正式出版物，书名正是《生命在于静止》。从庄子的

"坐忘"到唐以后的"坐禅"，中国人"坐地"坐了两千多年，却坚信自己正在"神与物游"地"坐地日行八万里"。

中国最伟大的小说《红楼梦》，也是极端定居型和室内型的，支撑全书的情节和魅力所在，正是属于中国文化精华部分的室内型游戏，诸如琴棋书画、酒令骨牌、戏文饮食等等，如果抽去这些内容，也就"红楼梦残"了。而大观园式的中国园林艺术，更充分地体现出中国人"吉卜赛情结"的贫弱，中国人自居"最崇尚自然的民族"，却不肯劳动尊腿，像先知穆罕默德那样说："既然山不肯过来，那么只好我向山走去。"中国人以盆景的方式把户外的山水移到了自己家里，满足于以假充真，而造不起假山池沼的人们，则满足于面对一幅云林山水"卧游"一番。如此固执而狡狯，难怪阿拉伯人会说："即便智慧远在中国，也要去求取。"反过来，中国人当然认定天下智慧尽集于斯，无须远行去求取的了。从吉卜赛人的立场来看，放着广袤的旷野不去闯荡和徜徉，却流连在方寸之地的回廊中转来转去，无论如何是滑稽而费解的。建造米诺斯迷宫的目的，是让别人转晕而迷失方向，而不是让自己转晕而迷失方向。迷恋中国文化的博尔赫斯，在其杰作《小径分岔的花园》中，虚构了一座神奇的中国式园林，并说："写小说和造迷宫是一回事。"博尔赫斯没能像马尔克斯那样获得诺贝尔文学奖，原因可能就是过于迷醉于内心风景，同时把读者搞得晕头转向。也就是说，他缺乏的并非天才，而是吉卜赛激情。

天才与伟大常常执着于一偏。中国人的民族性格冲和恬淡，看似不走极端，"叩其两端而执中"（孔子），殊不知永远不走极端，甚至在需要走极端也就是需要某种彻底性的时候，也不敢彻底，恰是另一种偏执和极端。中国人的原欲，终于"发乎情，止乎礼仪"（《毛诗序》）了，然而并没有如所愿望的那样"止于至善"（《大学》）。不走极端的中国人很难想象"杀父恋母"的俄狄浦斯情结，也终于没有传染上吉卜赛情结，这可说是中国传统文化缺乏外向性的动力学根源。

三

由近代科学（军事技术是其副产品）推动的全球一体化进程，迫使中国人走出了"国门"，亲眼见到了并非虚构的"西班牙""葡萄牙"，《围城》的作者钱锺书正是最早跨过这道铁门限的人之一。"门"在此几乎不是比喻性的，因为被"围"之"城"正是拥有世上最长之"城"的天朝。想冲进来的"城外的人"就是1840年以后的列强，小说中则落实于当时的日本侵略者；想冲出去的"城里的人"则是"吉米张"代表的极少数洋奴式人物。作者安排方鸿渐和孙柔嘉在香港草率成婚的深意，似乎暗示香港正是中西文化"强奸式联姻"的不良产儿。作者希冀的或许是更健康更平等的相互"恋慕"，但要达到这种平等健康，就必须抛弃屈原式的狭隘民族主义和传统爱国主义，这可能是作者用屈原的官职"三闾大夫"把那所后方大学命名为"三闾大学"的命意所在。"导师制"从"牛津大学"的健康的朋友式，变成了"三闾大学"的病态的主仆式，其结果是，以妾妇之道被迫接受外来文化，得到的只有"梅毒和鸦片"，整个中国成了一所有名无实的"欧亚大旅社"。也就是说，中国成了欧亚列强和各国冒险家释放"吉卜赛情结"的奥林匹克竞技场。因此方遯翁、方鸿渐父子的命名取自《周易》遯卦和渐卦，就不仅仅是暗示他们的个人性格和个人命运，而是借用《周易》的文化代表性，让方氏父子象征二十世纪初完全不同的两代中国人。顺便一提，"遯翁"是朱熹晚年的别号之一，迄今未见《围城》研究者提及，朱熹的文化代表性是不言而喻的。方遯翁对被迫逃出无锡老宅避入上海租界的耿耿于怀，深刻揭示了传统中国的非吉卜赛思维，同时上海又是另一个强奸式文化联姻的产儿。方鸿渐作为向西方寻求真理的第一代知识分子，由于根深蒂固的非吉卜赛传统，依然具有"中学为体；西学为用"（张之洞）的遗少习气和消化不良。并且作者用方鸿渐的化身赵辛楣的政治背景和行为特征（学政治学出身），暗示了被迫走出封建"围城"的第一个中国政府——中华民国的基本命运，也将与方鸿渐们相似。因此作者在小说末尾方、孙婚姻破裂后，方鸿渐应赵辛楣之邀即将赴重庆（战时民国首都）前，让他在丧"钟声"中睡成"死的样品"，就做出了一个书斋学者而非社会思想家在当时的言论限度内可能有的最辛辣讽谕：预言国民党政府在大陆的统治即将寿终正寝。

从整体结构看，《围城》是一部召唤"吉卜赛精神"的象征小说，尽管基本场景仍以室内为主，即便人在旅途，也不是在轮船中、旅馆内，就是在汽车里。而作者无所不在的讽刺，表明他正在试图从室内突围而出。小说以白拉日隆子爵号的流浪始，以方鸿渐即将走向重庆即走向死亡的流浪终。方鸿渐流浪的失败在于未摆脱"围城情结"，而"围城情结"正是"吉卜赛情结"的反面。惊"鸿"一瞥的唐晓芙，是作者精心创造的"吉卜赛精灵"，她当然不是"围城"中的人物。因此我认为，《围城》既非爱情小说，也非婚姻小说，方、孙婚姻的失败，象征了中西文化联姻的失败，失败的根源在于中国人尚未走出定居文化的"围城情结"，尚未真正走向吉卜赛。

《围城》的象征性，在在有迹可循。比如"子爵号"和"三闾大学"的封闭性，赴"三闾大学"途中的轮船和长途汽车的封闭性，"欧亚大旅社"和那扇"破门框"象征的开放的有名无实，以及方、孙从香港归沪途中，方鸿渐收听广播时引发的那段宏论所象征的精神"围城"等等，只是由于作者过于旺盛的语言巧智，使这种象征变得闪烁不定而难以窥破。

广义地说，"五四"以后所有的优秀作品都批判了传统定居文化的"围城情结"，比如巴金的《家》、老舍的《四世同堂》、曹禺的《雷雨》，以及鲁迅的全部作品，所以鲁迅称传统中国为"铁屋"。但是中国现代文学尚未提供直接抒发中国人觉醒了的"吉卜赛情结"，并且可与本文开头所列世界名著媲美的真正杰作。港台武侠小说中的吉卜赛潜意识，因其旧瓶装新酒而回天乏术，落入"儒以文乱法，侠以武犯禁"（韩非）的围城困境，金庸不得不以韦小宝式的扯淡而被迫封刀。三毛可以说是中国第一个活生生的"吉卜赛女郎"，但她的作品因过于纪实而缺乏强劲的感染力和深刻的悲壮感。尽管如此，"金庸热"和"三毛热"依然有效地应和了中国人压抑过久的"吉卜赛情结"的觉醒。金庸固执地拒绝重操旧业和三毛的绝望自杀，都充分显示出中国人走出围城走向世界的决心。三毛对西班牙人荷西和沙漠幻影的一往情深，更让我们想起梅里美笔下"不自由，毋宁死"的卡门形象。也因此，金庸和三毛具有非同一般的文化意义和特殊的时代意义。我似乎已经依稀看到了流浪型文学兴起的好兆头，看到了"吉卜赛情结"觉醒的契机。尽管伟大作品尚未出现，但是或许已经为时不远。伟大的文学虚构，必将重塑一个民族的精魂。

最后我想借用一部描写定居与流浪的文化对峙的杰作，德国作家赫尔曼·黑塞《纳尔齐斯与哥尔德蒙》的两句话，来结束本文：

他始终是财产拥有者和安居乐业者的对头和死敌。

要么当小市民，要么当流浪汉。

1992年11月9日—27日

（本文刊于《书屋》1999年第4期，《新语文学习》2005年第3期。收入张远山文集《永远的风花雪月，永远的附庸风雅》。入选吴剑文编张远山文选《思想真的有用吗》，北京出版社2021年版。）

资耀华论：间世异人资耀华

> 视之不见，名之曰微；听之不闻，名之曰希；搏之不得，名之曰夷。

> 随而不见其后，迎而不见其首。执今之道，以御今之有。

> ——《老子》初始本五十七章[1]

我对自己的文字嗅觉向来自信，瞄两眼就决定一本书该立刻放下还是潜心读完。这一本很特别，瞄了两眼已打算放下，但是不知何故，我却翻到其中一章读起来。读完一章又打算放下，但是不知何故，我竟强迫自己硬着头皮从头读起。整个阅读过程，文字嗅觉不断阻止我读完它，非关文字的直觉却驱使我欲罢不能。鬼使神差读完全书，我目瞪口呆。

资耀华先生是难以概括的人。读其完成于1990年的自传《世纪足音——凡人小事八十年》[2]，我的脑中不断跳出习见的各种人格类型，但是无一合适，只能承认技穷，敬服资公为"异人"[3]。

一 不幸之幸，吉人天相

资公1900年生于湖南耒阳。1916年小学毕业后赴东京，报考日本人返还部分庚子赔款招收的官费留学生。考场不在中国而设于日本，是因为日本人不相信中国官僚，怕他们徇私舞弊。在七百多名中国报考者中，资公

---

[1] 本文多及湘人。湘人者，楚人也。自古唯楚有材，至今湘人多杰。因陈人老聃被后世误传为楚人，本文将错就错，注中广引《老子》初始本（仅标章次，参见拙著《老子奥义》），以与正文复调映射。

[2] 资耀华：《世纪足音——凡人小事八十年》，湖南文艺出版社2005年版。

[3] 六十一章：我欲独异于人，而贵食母。

成了四十八位考取者之一，于是去东京的湖南省留学生监督处报到。学生监督是湖南人田汉（1898—1968），早已耳闻资公是最年轻的考生，所以对其他报到者一一登记了事，留下他最后登记，并催促他搬到隔壁，以便就近照应。

1918年10月的一天，资公感染了肆虐日本的西伯利亚流行性感冒，突然病倒在床，不省人事。当晚田汉迟迟不见他回来，急得破门而入，把昏迷不醒的资公送入医院。医生说，若再迟两小时，就来不及抢救了。

资公说："真是不幸中的万幸。事后追忆，我曾有五个假设：假设田汉不是学生监督；假设我没有遇到田汉；假设田汉当时未管我搬家的事；假设不是搬在田汉的隔壁住；假设田汉那天晚间没来看我，而是第二天早晨来看我。这五个假设之中，只要有一个是真的话，我这条小命，在七十多年前就已经客死异乡而埋骨东瀛了。"

其实五个假设都不成立。我不是说历史不可假设，而是说由于资公的特异，他命中注定会逢凶化吉，九死一生而履险如夷。正是由于特异，资公每有困厄必有贵人相助[1]。但助他脱厄的贵人远没有他特异，无一能够自脱己厄[2]。

资公在日本遇到的另一位湖南同乡是李达（1890—1966）[3]。无所不知的李达，巨细无遗地为他设计了一条理想进路：进入京都帝国大学经济学院，拜著名左派经济学教授河上肇（1879—1946）为师。资公说："李达的一席话，使我茅塞顿开，'胜读十年书'，事实上我以后的学习经历也就是按照他指示的道路进行的。"这句话看似轻易，其实隐含着惊人的毅力和才华。有几个人能够择善而从地设计理想，然后任重道远地抵达理想？对大多数人而言，抵达之地与理想目标总会发生偏离，但对资公而言，抵达之地与理想目标不会发生偏离。无论环境有多糟，干扰有多大，他总能挥洒自如地抵达至高境界。

---

[1] 十八章：含德之厚者，比于赤子；蜂虿虺蛇不螫，攫鸟猛兽不搏。

[2] 湘人田汉1968年被迫害致死，时任文化部艺术局局长。

[3] 湘人李达1966年被迫害致死，时任武汉大学校长、中国哲学会首任会长。

1920年，资公回国度假，在西湖岸边独自吹箫，吸引了湖中游船上的一家子[1]。携小辈租船游湖的女主人，令长婿上岸致意。接谈之下，始知是京都帝国大学同校不同系的同学。十年后的1930年，资公成了女主人的次婿。资公夫人童益君同样令人钦敬，是一位品行高洁、人格完美的杰出女性。

二　见机之先，算无遗策

留日十年之后，1926年资公毕业。作为官费留学生，他必须去北京教育部报到，归国前向师长一一辞行。一位日本教授对他说："你是湖南人，我也到过湖南。我对湖南特别有好感，我钦佩你们湖南人。湖南出过曾、左、彭、胡那样杰出的人才，我看将来能够收拾大局的恐怕还是湖南人，所以我把名字改为内藤湖南。"[2]内藤湖南（1866—1934）托资公带一封信给其湖南老友，做过内阁总理、财政总长的熊希龄（1870—1937）。

资公在北京的两所大学短暂执教后，熊希龄把他介绍给自己的前秘书、《银行月刊》李编辑，于是他开始为《银行月刊》撰稿。熊希龄又把资公推荐给自己做财政总长时，曾任泉币司司长的汇业银行北京分行李经理，资公从此进入金融界。有趣的是，熊希龄派李编辑说项，欲将甥女嫁给他。李经理也派部下作伐，欲将胞妹嫁给他。足见资公玉树临风之卓异神采，然而早已有了意中人的资公，全都一口回绝。

尽管不识抬举，资公还是凭着惊世才华，于1928年初春被调入汇业银行天津总行，受命筹建奉天分行。然而资公迅即做出判断：经营不善的汇业银行难以维持到年底。正在此时，上海银行总经理陈光甫（1881—1976）

---

[1] 资公多才多艺。除了品箫吹笛，还会胡琴、小提琴、曼陀铃等，也学过昆曲、戏剧，与京剧大师程砚秋（1904—1958）惺惺相惜。

[2] 曾国藩（1811—1872）、左宗棠（1812—1885）、彭玉麟（1816—1890）、胡林翼（1812—1861），为缔造"同治中兴"的晚清湘中四杰。

因激赏资公发表在《银行月刊》上的文章，委托湖南人唐有壬（1893—1935）找到了他[1]。1928年8月，资公果断离开汇业银行，加盟上海银行[2]。从此以后，陈光甫对雄才大略的资公言听计从，上海银行也因此不断发展壮大。果然不出资公所料，汇业银行在1928年年底前宣告停业。这不过是其超常预见力的牛刀小试，此后还将屡试不爽，而且平生决策无一失误[3]。

除了东北和四川两大区域，上海银行当时已在全国各大商埠开设了分行。1930年，陈光甫委派资公前往东北，考察开设分行的可能性。尽管东北的银行同业热烈相邀，然而资公的考察结论是："东北三省已经成了一个大脓疱，迟早非穿不可，一切工作等脓疱穿了再看。"次年果然发生了日本侵占东北的"九一八"事变。资公说："上海商业储蓄银行终于没有匆忙进入东北，这亦是大不幸中之小幸。"

随后陈光甫又委派资公前往四川，考察开设分行的可能性。这次资公听到两种意见：船王卢作孚（1893—1952），力陈上海银行入川之利；蜀中银行同业，痛陈上海银行入川之危。资公考察后力主入川，并提出具体方略。上海银行很快就在重庆、成都、自贡等地开设了分行。资公说："这些分行的设立，其实具有战略意义。后来抗日战争爆发，重庆成了陪都，上海商业储蓄银行因有这些分行，很方便地将上海总管理处迁入四川，得益匪浅，此又是一个不幸中之小幸。"

资公屡屡言及"不幸之幸"，不自矜其能，不自伐其功，不以算无遗策自炫，极具为而不恃、功成不居的大宗师风范[4]。

---

[1] 湘人唐有壬1935年遇刺身亡，时任南京政府外交部副部长。

[2] 二十七章：为之于未有也，治之于未乱也。

[3] 六十八章：善数者，不用筹策。

[4] 四十一章：圣人为而不有，成功而不居也，若此其不欲见贤也。四十六章：为而不恃也，成功而不居也。六十三章：不自见故明，不自是故彰，不自伐故有功，不自矜故能长。

三　外圆内方，狷介不苟

1931年1月26日夜间，日本记者高桥赶到闸北资寓，告知战事在即，敦促资公尽快搬进租界。资公全家于当晚入住英租界的亲戚家。仅隔一天，"一·二八"上海战役爆发。闸北江湾一带，成了十九路军抵抗日军的主战场[1]。

1933年，资公被上海银行派往美国进修。先到旧金山，一位曾经受聘上海银行的美国专家，驾车带资公观光。"有一次在高速公路上，他把车速开到每小时九十多英里到一百多英里，他是故意炫耀，我实在有些惊心动魄，但我也不肯示弱请其开慢点，不过我当时确实有舍命陪君子的感觉。"在温润柔弱的外表下，资公的内心竟然如此坚毅刚强[2]。

随后资公抵达费城，进入陈光甫在美留学的母校，宾夕法尼亚大学工商管理学院——沃顿商学院。陈光甫当年的导师约翰逊教授，受托指导资公的学业。约翰逊破例宴请资公，并允诺随时予以协助，不过资公并未投桃报李地选修约翰逊的课程。"此举可能引起教授的不快，但我选的课程已满负荷，无法再选不愿学习的课程来使其满意。"这一细节，充分显示了资公外圆内方、决不曲己媚人的高贵品格。

1934年，资公由美赴英，考察银行制度，顺道游历欧洲之后返沪。1935年春，上海银行天津分行经营不善，三百多万存款中的两百多万，成了无法收回的坏账。资公临危受命，接任天津分行和北京管理行经理，同时兼任中国旅行社华北区经理。资公到任后大展长才，不仅迅速扭转困局，而且在京津金融界异军突起。

1935年，资公频繁往返津沪两地，既要在天津分行独当一面，又不断被上海总行召回应对难题。鉴于金融界普遍银根紧缺，资公建议上海各大

---

[1] 十三章：盖闻善摄生者，陆行不避兕虎，入军不被甲兵。兕无所投其角，虎无所措其爪，兵无所容其刃。

[2] 六章：天下之至柔，驰骋于天下之至坚。四十二章：柔之胜刚，弱之胜强，天下莫不知，莫能行。七十六章：柔弱胜刚强。

私营银行摒弃私见，打破壁垒，师法日本劝业银行，联合成立一个规模巨大的不动产抵押银行，以各行不动产作抵押发行债券，把死资产盘活为活资金，摆脱银根不足、业务萎缩的困境。上海各大银行沟通磋商之后，于1936年采纳建议，并且公推资公出任总经理。在向财政部、中央银行申请开业的同时，资公于开业之前，赴日考察劝业银行的制度设计。

赴日期间，一位反战的日本同学、评论家室伏高信对资公说："您怎么这个时候还来日本？日本军阀已准备大举侵略中国，这不是今年、明年的事，而是今天或明天的事了。您得赶快回中国去，否则就可能当俘虏了。"

资公当即返回上海，这边也发生了变故。宋子文（1894—1971）同意不动产抵押银行开业，条件是由其弟宋子良出任总经理。各大银行窥破了宋子文插手并控制各大私营银行的意图，不得已撤回申请。资公返回天津的次年，战争全面爆发。不少金融界同仁避往后方，但资公坚守在沦陷区济世救民，每天中午主持天津银行界同仁的聚餐会。

1941年，资公去南京出差。湖南同乡、留日同学周佛海（1897—1948）找上门来，力劝他出任汪伪政府财政次长[1]。资公峻拒道："我资耀华如果想做官，或发财，早就有机会，不必等到现在。"周佛海只好作罢。资公意识到这未必是周佛海的个人意见，若不及时离开，可能后患无穷，于是见机之先提前回津。夫人童益君赞道："如果你做了汉奸，我立即与你离婚。"

1944年，伪华北政府经济总署成立伪华北经济委员会，京津金融界要人都收到了委任书。资公写道："很明显，这是个伪职，如果担任就从此成了伪组织的一员。我很气愤，认为受了一次奇耻大辱，宁可牺牲一切，决不妥协担任。"他既未观望拖延，也不与同仁商量通气，当即挂号退回委任书。切勿小看这一细节，挂号能确保对方收到，避免遗失而导致误会。也许多一番纠缠，就有意想不到的变数[2]。

1939年，华北河流泛滥，堤坝决口，天津顿成泽国。英租界地势低，

---

[1] 湘人周佛海1948年因汉奸罪瘐死于南京狱中，此前曾任汪伪政府行政院副院长兼财政部部长、上海市市长。

[2] 二十六章：图难于其易，为大于其细。天下难事必作于易，天下大事必作于细。

水深逾丈。上海银行天津分行，处于地势较高的法租界，居然没有进水，可以照常营业。只是门口成了码头，职员上班，客户存兑，都必须坐船。这可视为资公一生的注脚：常在河边走，就是不湿鞋。

四　无往不胜，长袖善舞

1945年抗战胜利，有个施某自称是国民党地下党员，宣布奉中央政府之命，要天津各界推派代表，由他率团前往重庆商洽接收事宜。资公作为金融界代表，成了代表团四名成员之一。到重庆后始知，施某并未奉命，而是想借代表团抬高身价以谋私利。然而资公擅长变不利条件为有利因素，趁此机会从战时迁渝的上海银行总行，携带十万法币返津。

不过回程颇费周折。由于重庆接收大员和各界避难人士急于赶往光复区，导致一票难求。资公敬重且交好的南开大学创办人张伯苓（1876—1951），也想尽快赶回天津复校。资公敬重且交好的老同学、湖南同乡范旭东（1883—1945），也想尽快赶回天津永利化学公司复工。范旭东是中国化工之父，在资公留渝期间曾经尽心尽力予以帮助，不料突发心脏病去世。

资公身为中国旅行社华北区经理，独自返津殊非难事，但他坚持要与另外三名天津代表同走，真是侠肝义胆，轻利重情。好不容易争取到搭载交通银行天津分行的包机，然而赶到机场时飞机已经超载，四人眼睁睁看着它起飞。孰料这架飞机因人员超载且携带大量金条，升空高度不够，一头撞上了秦岭。资公再次与死神擦肩而过。

为了尽快赶回天津，只能放弃直飞，绕道南京再转天津。然而资公突然发起了高烧，在从天津机场回家的车上，已经不省人事。富于戏剧性的是，多位名医正在资寓等他。这些名医都是北京协和医院的主治大夫，日占时期避入天津租界，成了资公好友。他们不请自来，并非预知资公患病，而是为了打探重庆方面的时局消息以决定行止，结果在第一时间对资公实施了名医会诊。原来资公在重庆期间，感染了美军士兵从南洋带来的登革热。此病死亡率极高，幸亏治疗及时，资公又一次从病魔手中夺下了索命牌。

资公养病期间，下属按其方略拓展银行业务。由于比其他银行领先一步用法币代替伪政权货币，加上资公长袖善舞的金融韬略，十万元法币的功效被发挥到极致，轰动平津。

1946年春末，资公的湖南同乡兼留日老友、中共地下党员沈其震（1906—1993）秘访资寓，一是要求资公在天津组织民主党派，二是邀请资公前往就近的解放区张家口参观。资公应命其一，拒绝其二。理由是内战一触即发，张家口乃战略要地，万一战事骤起不能脱身，一己安危事小，不能在天津主持应对提存挤兑，责任至大。果然不出一个月，1946年5月底，国民党向解放区发动进攻，首先攻占了张家口。

1946年末，全国大中学生掀起反内战、反迫害、反饥饿运动，资公暗中资助费用，还把国民党追捕的学生收留在家，帮助他们潜入解放区或转移别处。风声走漏之后，天津市警察局局长李汉元，面见资公暗中通告。天津市市长杜建时，也约见资公予以微讽。资公急电上海陈光甫，告以处境危殆，要求用出国考察名义把他调离天津，旋即离津赴美，前往哈佛大学商学院进修。

一年多以后，资公谢绝美国的中国研究机构之高薪挽留，打算坐船顺路观光返国。因国共战局易势，夫人童益君电告资公，准备离津回沪。资公急电家中不可轻动，立刻放弃归途观光计划，改坐船为乘飞机，在平津人士纷纷弃家南下之际，逆向而动回到了天津。

五　尽弃长才，知止不殆

资公急急赶回国内，余生尚有四十多年，他干了些什么呢？可惜资公轻描淡写地草草略过，令人不胜浩叹，复又思之憬然[1]。

1949年1月15日天津解放以后，各界人士弃家南下者更多。4月下旬，

---

[1]　下文材料多据《世纪足音》一书附录的资公之女资中筠、资华筠、资民筠的回忆。

刘少奇赴津稳住工商界。5月2日，刘少奇（1898—1969）与天津工商界人士座谈，资公在座亲聆了这位湖南同乡的"剥削有功"论[1]。

1949年9月，资公受托组建中国民主建国会天津分会。1950年春天举行的全国银行工作会议，通过了资公关于成立中国金融学会的提案，并命其负责筹备。金融学会会长由中国人民银行行长南汉宸（1895—1967）挂名[2]，其后循例不断易人，资公终生担任副会长。

1950年秋天以后，全国各省市分别开始且先后完成了私营金融业公私合营。1952年春，资公提议实行全国私营金融业全行业公私合营，中国人民银行采纳并委派资公赴上海筹备，到年底全部完成。资公被从天津调到北京，出任公私合营银行总行副行长。这是资公最后一次建言。此时的资公刚过知天命之年，才智已臻巅峰，理应大展宏图，然而那双穿透历史烟云的无上法眼，业已窥破世纪中点即世纪拐点。在此之前可以与言，故资公频频建言。在此之后不可与言，故资公转而沉默。然而其默如雷，震耳欲聋；大音希声，万世遗响[3]。

1952年的"三反五反"运动，是资公一生遇到的最大考验。《天津日报》头版头条登出大字标题："大奸商资耀华拒不坦白"。《人民日报》也在头版头条登出大字标题："资耀华罪行严重，拒不坦白引起公愤。""拒不坦白"说明资公不仅问心无愧，而且处变不惊。"拒不坦白"也可视为资公保持半个世纪沉默的别解，而且是度过浩劫的最佳对策。有人对1957年资公未被划为右派深感意外，其实决非意外。若非如此，就不是见微知著、明察秋毫、世事洞明的资公了[4]。

1959年，资公调任中国人民银行参事室主任，担任此职三十八年，直到1996年去世。他先后收到过周恩来、赵紫阳、朱镕基三位总理签署的任

---

[1] 湘人刘少奇1969年11月12日被迫害致死，时任中华人民共和国主席。

[2] 中国人民银行首任行长南汉宸1967年在批斗后服安眠药自杀，时任中国国际贸易委员会主任。

[3] 四章：大方无隅，大器免成，大音希声。十九章：知者不言，言者不知。

[4] 五十九章：至虚，极也；守静，督也。万物并作，吾以观其复也。天道圆圆，各复其根。归根曰静，静曰复命。复命，常也。知常，明也。不知常，妄作凶。

命书[1]，被称为"世界上年龄最大的公务员"。资公曾以不是党员坚辞此职，中国人民银行行长曹菊如（1901—1981）说："这是周恩来点名任命的，会配备党员副主任和党员秘书配合你工作。"于是资公坚持让党员副主任全面负责行政、管理、人事，自己仅仅主管搜集近代货币史资料[2]。

资公心无旁骛地投入三十年精力，主编了数百万字巨帙的《钱庄史料》,《清政府统治时期货币史资料》,《中华民国货币史资料》第一辑、第二辑,《清代外债史资料》,1960年代至1980年代先后出齐，但他坚决不署"主编"之名，仅署"中国人民银行参事室编"。[3]

六　功成身退，超逸绝尘

"文革"期间，资公也未受到严重冲击，仅是"靠边站"。曾经听说一则"文革"逸闻：某公生有三子，依次取名"爱国","爱民","爱党"，皆为趋时合宜之佳名，然而"文革"期间被指控隐嵌"爱国民党"四字而获罪。资公生有三女，依次取名"中筠","华筠","民筠"。不知资公者或许虚捏一把汗：若再生一胎，必当取名"国筠"，则资公危矣。然而资公天人，预知国将不国，故仅生三位巾帼豪杰即止[4]。

资公长女资中筠女士认为，其父后半生平安无事的主因是："他本来为人谨慎，以后就更谨慎。"实为秉承父风，决不夸夸其谈。但我以为主因并非谨慎，可举三事为证。

其一，资公从1926年进入银行界直至去世，七十年如一日地提前半小时上班，从未迟到一次。其信条是"一切失败从迟到开始"[5]。

---

[1]　湘人朱镕基（1928—），中华人民共和国第三任总理。

[2]　十四章：生而不有，为而不恃，长而不宰，是谓玄德。

[3]　四章：道隐无名。四十五章：名，可名也，非恒名也。

[4]　七章：知止不殆，可以长久。七十三章：知止所以不殆。

[5]　二十八章：人之败也，恒于其且成也败之。故慎终如始，则无败事。

其二，资公平生不打诳语，任何压力都不可能令其精神崩溃，更不可能自污污人。其信条是"一切坏事从说谎开始"[1]。

其三，由于公费医疗的报销渠道不同，资公夫妇即便吃同样的药，也严格分开[2]。

可见资公的安然无恙，非关谨慎，也非运气，甚至并非洞若观火的防患未然，而是至高人格的完美无瑕，因而找不到任何攻击点和突破口[3]。

改革开放以后，资公担任民建中央常委兼副秘书长、全国工商联顾问、全国政协常委。资公曾打算赠送礼品答谢此前长期善待自己的一位统战部官员。次女资华筠建议定制一件刻有古诗文的小型工艺品，资公欣然同意并主张刻《阿房宫赋》。资中筠以为最后几句"秦人不暇自哀而后人哀之，后人哀之而不鉴之，亦使后人而复哀后人也"，略嫌刺激，不合乃父一贯的谨慎作风，然而资公凛然曰："我要的就是那几句话！"可见对"天眼通"资公而言，一切皆如水晶般透明。

资公一生，可用两件颇堪玩味的小事作结。

1946年，南京政府成立全国银行业同业公会，资公以天津代表出席。会后宴请与会代表，徐柏园（1902—1980）引见介绍了资公，蒋介石（1887—1975）与之握手曰："抗战有功。很好，很好。"

1949年，北京政府召开政治协商会议，资公以天津代表出席。会后参加开国大典，周恩来（1898—1976）引见介绍了资公，毛泽东（1893—1976）与之握手曰："做了有益的工作。很好，很好。"

在天安门城楼上心潮澎湃地听罢湖南同乡毛泽东的庄严宣告"中国人民从此站起来了"，资公走下丹墀飘然离去。其背影酷似越人范蠡、汉人张良、明人刘基，然而又超迈前贤。范、张、刘都在功成名遂之后身退，因而是无人不知的传奇人物。但资公不会也不愿成为传奇人物，他功成以

---

[1] 六十八章：善言者，无瑕谪。

[2] 二十一章：是以圣人方而不割，廉而不刿，直而不肆，光而不耀。

[3] 七十五章：执大象，天下往。往而不害，安平泰。五十九章：知常容，容乃公，公乃王，王乃天，天乃道，道乃久，殁身不殆。

后不求名遂，不欲人知，挥挥衣袖倏尔远逸。[1]

七　大象无形，自扫其迹

读毕全书，我终于明白了。资公的文字云淡风轻，大巧若拙[2]，决非不善表达，而是有意淡化所致[3]。故"异人"一词，远不足以概括其特异。资公正是我在古人之中曾经隐约窥见身影，但在现实之中久觅未遇的"间世者"[4]。

与不遗余力凸显特异的入世异人乃至出世异人相反，间世异人的至异之处，就是不遗余力淡化特异。由于入世异人乃至出世异人刻意彰显自身特异，因而人们时常错认凡夫为异人。由于间世异人有意晦藏自身特异，因而人们更易错认异人为凡夫。既然才能稍逊的入世异人、出世异人也能轻易达到目的，让别人以为他是特异之士；那么才能更高的间世异人就更容易达到目的，让别人以为他是凡庸之辈。因此要透过双重"文字障"，窥破后者之"微妙玄达，深不可识"，殊非易与[5]。

湘人沈从文[6]因外力逼迫而放弃文学创作，被迫转向文物研究，留下了令人钦敬、喧腾众口的"历尽劫波今犹在"佳话。湘人资公却在外力逼迫

---

[1] 五十二章：功遂身退，天之道也。十九章：塞其兑，闭其门；和其光，同其尘；挫其锐，解其纷。是谓玄同。故不可得而亲，亦不可得而疏；不可得而利，亦不可得而害；不可得而贵，亦不可得而贱。故为天下贵。

[2] 八章：大成若缺，其用不敝。大盈若冲，其用不穷。大直若屈，大巧若拙，大盛若绌。四十四章：信言不美，美言不信。

[3] 二十六章：为无为，事无事，味无味。六十一章：我泊兮未兆，若婴儿之未孩，累兮若无所归。众人皆有余，而我独若匮。我愚人之心也哉，沌沌兮！俗人昭昭，我独昏昏。俗人察察，我独闷闷。芴兮其如晦，芒兮其无所止。众人皆有以，而我独顽以鄙。七十二章：恬淡为上。七十五章：故道之出言，淡乎其无味也？视之不足见，听之不足闻，用之不可既也。

[4] 详见拙著《庄子奥义》之《〈人间世〉奥义》。

[5] 五十八章：古之善为士者，微妙玄达，深不可识。

[6] 湘人沈从文（1902—1988），作家。

之前尽弃金融长才，主动转向史料整理[1]，而且大象无形、自扫其迹地不留任何佳话[2]。本文去蔽显影，抉隐发微，或许有违资公本意。倘若上善若水的资公问我："'风乍起，吹皱一池春水。'干卿底事？"我只能惭惶无地[3]。

不过惭惶之余，我想如此自辩：抵达次高境界的沈从文之所以钦敬者众，是因为众人知道有这一自己达不到的境界存在，因此虽不能至，心向往之。然而抵达至高境界的资公之所以钦敬者少，乃是因为众人不知道有这一遥不可及的境界存在，因而不仅不能至，甚且不向往之。

境界高低，易起争议。此处无暇详言，略下三解。一叶落而不知天下秋者最低，一叶落而知天下秋者居中，一叶未落即知天下秋者至高。吃一堑不长一智者最低，吃一堑长一智者居中，不吃一堑即知有堑者至高。自造困难然后被困难克服者最低，自造困难然后克服困难者居中，不自造困难因而无须克服困难者至高。为使高尚其志者明白，"大象无形"的至高境界决非古今哲人形诸文字的向壁虚构，确有身心俱到、圆融证成的终生履践者，我不得已撰写了或违资公初衷的本文[4]。

尤为可叹者，由于不愿让人知道自己的超逸绝尘，资公这样的间世异人，大多喜欢被褐怀玉，轻易不肯留下雪泥鸿爪，连窥破"文字障"的机会也不给世人。资公的不欲人知，不求人解，甚至达到了对至爱的妻女也不愿多讲的彻底程度[5]。若非被有关方面列为"抢救史料对象"，资公必将湮没在历史长河之中，成为又一位"太上，不知有之"的遗世独立者[6]。感谢为保存史料而"强迫"资公撰写自传的人们，是他们无意之中，抉发和

---

[1] 六十九章：知其白，守其黑，为天下式。为天下式，恒德不贷，复归于无极。

[2] 四章：天象无形。六十八章：善行者，无辙迹。

[3] 五十一章：上善若水。四十二章：天下莫柔弱于水，而攻坚强者莫之能先也，以其无以易之也。

[4] 四章：上士闻道，勤而行之。中士闻道，若存若亡。下士闻道大笑，不笑不足以为道。四十六章：天下皆知美之为美，斯恶矣；皆知善之为善，斯不善矣。

[5] 三十四章：知我者希，则我贵矣，是以圣人被褐而怀玉。

[6] 六十章：太上，不知有之。其次，亲而誉之。其次，畏之。其下，侮之。

彰显了使中华民族成其伟大的伟岸人格[1]。

1996年1月23日，在夫人童益君辞世半年之后，与世纪同龄且几乎陪着二十世纪跑完全程的资公，仙逝于北京。倘若由我为波诡云谲的二十世纪中国，选择一位象征性人物，资公不作第二人想。不仅因为我从这部资公遗著中，听到了中国在整个二十世纪走向复兴的沉重脚步，一如其朴实而准确的书名——《世纪足音》。尤其是因为，资公一生打过交道的众多风云人物，或为头面人物，或为耳目人物，或为心腹人物，但无一可称脊梁人物。资公既非头面，亦非耳目，更不是心腹，而是脊梁。正是资公这样无数不为人知的间世异人，组成了支撑中华民族挺立于天地之间的脊梁。

巍巍资公，耀我华夏。衡岳山高，湘江水长。

2005年4月20日—25日初稿，4月30日—5月2日定稿
（本文刊于《书屋》2005年第6期。收入张远山文集《文化的迷宫》。入选吴剑文编张远山文选《思想真的有用吗》，北京出版社2021年版。）

---

[1] 三十四章：吾言甚易知，甚易行。而人莫之能知，莫之能行。六十二章：孔德之容，唯道是从。道之为状，唯芒唯芴。芴兮芒兮，其中有象。芒兮芴兮，其中有物。幽兮冥兮，其中有精。其精甚真，其中有信。

吴清源论：东方不败吴清源

2000年1月24日，棋坛泰斗、华裔日籍棋手吴清源公开宣布："以我的眼光看，在新千年中只有四位棋手能在世界棋坛上大有作为。他们是李昌镐、赵治勋、王立诚、芮乃伟。"

李、赵称霸韩、日乃至世界棋坛，早已世所公认。王、芮却是吴清源的三个弟子之二，闻者皆以为大师爱徒情切，过于偏心。不料大师话音刚落，弟子立刻予以兑现。

2000年2月21日，上海女棋手芮乃伟九段，在韩国第43届国手战中笑傲群雄，经过三番决战，以二比一力克"围棋皇帝"曹薰铉，开创了在男子霸占的头衔战中夺魁的世界纪录，被棋界誉为"纹枰铁女"。不仅如此，寄籍棋坛新霸主韩国的芮乃伟，还在1999年韩国棋院的年度排名中，胜率超越韩国四大天王李昌镐、曹薰铉、刘昌赫、徐奉洙，排名第一。对不可一世的李昌镐，芮乃伟目前的战绩是三胜一负，仅次于"李昌镐克星"依田纪基。

2000年3月9日，大器晚成的华裔日籍男棋手王立诚在日本规格最高的新闻棋战第23届"棋圣战"七番决战中，四比二战胜"常青树"赵治勋，终结了木谷道场众弟子称霸日本棋坛半个世纪的历史。不仅如此，王立诚还是全日本与赵治勋下过五盘以上的所有棋手中，总比分战胜赵治勋的唯一棋手：63胜61负。

吴清源总共只有三个弟子，晚年弟子是芮乃伟、王立诚，早年弟子是林海峰。在吴清源隐退之后的二十世纪六七十年代，十番棋成为绝响，七番棋成为最高番棋。林海峰像乃师一样显示了番棋王者的实力，横扫木谷门下众弟子，不仅在七番决战中出场次数最多，并且对石田芳夫和赵治勋，先后两度上演了先输三盘再胜四盘的世纪大逆转，被誉为"扳不倒的二枚腰"。

吴清源虽非三个弟子的蒙师，但是三人一经吴清源点拨，棋艺立刻有了惊人提高。

让我们放远视线，一睹大师的绝世风采。

一　十番棋之王

从二战初期开始，与日军铁蹄蹂躏中国、东亚大陆同时，华裔棋士吴清源在日本本土孤军奋战，仅凭一人之力，在震古烁今、空前绝后的十次十番棋（1939—1955）中，逐一战胜了七位顶尖的日本超级棋士：木谷实，雁金准一，藤泽库之助（先后三次），桥本宇太郎（先后两次），岩本薰，坂田荣男，高川秀格。吴清源把所有对手打到降级，让他们先相先或长先。

当时有些狂热的日本军国主义者，把这一后院起火的巨大失败，视为奇耻大辱，频频发出死亡威胁。因此吴清源每赢一盘棋，无不冒着极大危险。然而吴清源为棋道而战，完全把生死置之度外。

吴清源的"抗日战争"取得完胜，乃是中华之道的胜利。日本的武士道不过是术，只能暂时胜利，长久注定必败。吴清源的棋士道，才是真正的中华之道。吴清源的东方不败，证明中华之道永远不败。

二　不贴目之王

吴清源棋道抵达的高度，不熟悉围棋的人们或许难以想象，那么看一看吴清源被对手让长先，会是什么结果。

1928年，年仅14岁的少年吴清源，在北京被来华访问的日本井上孝平五段让先三局，一胜一负一和。井上回国以后，把棋谱送给日本棋界权威濑越宪作七段过目。濑越一眼看出吴清源是"古今罕见的大棋士"，立刻派遣时年20岁的大弟子桥本宇太郎四段来华考察。

吴清源被桥本让先，下了两盘考试棋，获得二连胜。于是濑越邀请吴清源赴日深造，并且收为弟子（曹薰铉是濑越晚年弟子、吴清源师弟），由此可见让先的威力。

同一等级的两位超级棋士，让先者几乎必败，更不可能在番棋中让对手长先。当今超一流棋手之间对局，执黑实行大贴目（日本五目半，韩国六目半，中国七目半），也常常错进错出，最终胜负往往仅有半目之微，两目以上就是大胜，五目以上则是中盘胜。借此或许能够依稀推测，吴清源的棋艺达到了何等不可思议的至高境界。

切莫以为吴清源的对手都是凡庸之辈。不必说曾经所向披靡的"剃刀"坂田，即以1933年与吴清源携手共创"新布局"的木谷实为例，也是不世出的一代奇才。木谷弟子，又有大竹英雄、石田芳夫、加藤正夫、武宫正树、小林光一、赵治勋等一大批超一流棋士。木谷弟子的总段位数，超过了五百段。没有木谷及其众多杰出弟子，日本现代围棋不可能达到有史以来的棋艺最高峰，而吴清源高居这座围棋富士山的绝顶，令人目眩神迷。

三　深不可识

所有的超一流棋手，都对吴清源衷心钦服。尤以木谷实的众弟子，对乃师畏友吴清源最为敬若神明。

对吴清源的棋道研究最透，也最为倾倒的，当数木谷关门弟子赵治勋。赵治勋把《吴清源全集》打过三遍谱，书都翻烂了，又重新买一套，开始打第四遍谱。虔敬程度，一如日日诵经的僧人。这是赵治勋称霸日本棋坛时间最长的主因。

赵治勋在《斗魂》一书中坦然承认："对我影响最大的棋士是吴清源先生。今后我要更加努力地打谱研究吴先生的棋。"

赵治勋认为，博大精深的吴清源棋道，达到了常人不可企及的"玄妙境界"，仰慕者不仅因为仰之弥高，不得其门而入，更因其永远创新和永不重复，不知从何学起。

赵治勋认为，吴清源棋道的真髓是自由精神："吴先生的棋完全是随机应变的好棋，没有丝毫破绽。和吴先生对局的人，一定会有无法抵抗的感觉。"

赵治勋还特别指出，吴清源与所有其他棋士的本质不同之处：

> 除吴先生以外，尽管有那么多具有高超棋艺的一流棋士，厚味的棋在现今却成了主流。我认为过分强调厚味，就不能正确掌握棋艺。

吴清源棋道的特征，根本无法描绘。或许只有《老子》所言"微妙玄达，深不可识"，才能形容，因为"无不克，则莫知其极"。既然没人能够打败他，那么吴清源棋道的边界在哪里，根本无法确知。

四　苦主木谷

由于无法直接描绘吴清源棋道的特征，赵治勋不得不使用间接比较法，把恩师木谷实与吴清源进行比较：

> 吴先生的棋，是现在好→其次还好→再其次仍然很好。木谷先生的棋，是现在似乎不太好→忍耐→不久就全好。吴先生的棋，是不断追求着"现在"的好棋。而渐渐才好起来的木谷先生，是追求"将来"的好棋。

出于对恩师的尊敬，赵治勋没有明确点出：面对其他棋士，木谷确有可能"不久就全好"，但是面对吴清源，木谷就只剩下"现在似乎不太好"了。

赵治勋认为，吴清源的棋"只要失误一步，就会导致无理和过分。对于吴先生，后人也许会有这样的评价：'稍有一点无理的味道吧。'其实，正因为最强的着法，最好的手段，一旦下得过分就会谬以千里，所以被这样评价也并不奇怪。不过吴先生完全是以周密的准备，作为行动依据的。因为一旦准备不足，立刻就会全面崩溃。由于吴先生的全盛时期，是站在必须打败不贴目的黑棋的立场上，所以也只有采取这种不留余地的疾风暴雨的快速战法"。

也就是说，厚味的棋，是等对方出错的被动的棋。万一对方不出错，自己的厚味就发挥不了作用，也赢不了棋。而吴清源的棋，是争取自己不出错的主动的棋，只要自己不出错，就一定能赢棋，不在乎对手的先手之利。然而谁又能不出错呢？只有吴清源才能经常做到。任何棋士，只要不与吴清源对局，对手迟早总会出错，所以注重厚味的棋手赢面更大。这就是厚味的棋成为当今主流的原因。对于当今世界棋坛，虽然不能说"世无英雄，遂使竖子成名"，至少可以说：当今没有吴清源，遂使厚味占上风。

五　吴李高低

当代超一流棋士中，棋风与木谷实最为相似的，是"世界第一人"李昌镐。李昌镐的棋，正是"现在似乎不太好→忍耐→不久就全好"。

围棋爱好者经常问：吴清源与李昌镐谁更强？这一"关公战秦琼"的假设，虽然没有可能，但是可从棋道角度加以探讨。

李昌镐的布局，不如"大局观天下一品"的聂卫平等人。聂卫平与李昌镐对局，布局阶段总是占优，中盘也领先，但是后半盘必出昏招，最终痛失好局。因为李昌镐后半盘的雄浑力量，逼得聂卫平非出昏招不可。

聂卫平在李昌镐那里，一再尝到布局大优且中盘稍优还赢不下来的滋味，就进入了怪圈，自信心受挫，方寸大乱，最后对其他棋手也大出昏招。就这样，李昌镐成了终结聂卫平棋士生涯的终极杀手。

李昌镐的中盘搏杀力，也不如"天下第一攻击手"刘昌赫等人，不时被刘昌赫中盘击溃。布局和中盘，李昌镐基本没有优势，唯一的致胜法宝就是后半盘。由于他后半盘太强，所以对手即便在布局和中盘领先不少，也往往没有信心赢下来，后半盘也会像聂卫平一样大出昏招，马晓春、常昊等许多棋手皆然。

李昌镐布局略亏，中盘战再求稳走厚，实地就落后较多，到大官子阶段开始反击，东捞一点便宜，西捞一点便宜。如果对手不太强，李昌镐在大官子阶段已经逆转。如果对手很强，大官子结束他还是落后，就要靠最后的小官子，再东捞一点便宜，西捞一点便宜，最后以微弱优势赢下来。因此李昌镐刚刚崛起时，输给李昌镐的棋手都误以为自己差一点完胜，无比懊恼地暗中嘀咕，"要不是最后那个官子……"。殊不知"最后那个官子"，是与李昌镐对局的必然。

李昌镐的手下败将开始都以为"最后那个官子"能够避免，直到发现李昌镐的大部分对手都无法幸免，才终于明白"差一点完胜"纯属错觉。然而这一正确的"明白"，比错误的"差一点完胜"更为致命。这一"明白"引发的连锁反应，导致世界棋坛进入了李昌镐时代。李昌镐的对手因为担心后半盘被残酷搜刮，不得不奢望在布局和中盘领先更多。既然中盘领先五目不够，那就争取领先十目。要是领先十目还不够，那就争取领先十五目。但是正如赵治勋所言，"一旦下得过分，就会谬以千里"。即便是吴清源，也只是追求最高效率，而非过分。

聂卫平和马晓春，都是前半盘较好，后半盘略差，所以都不是李昌镐的对手。聂卫平布局最好，中盘略逊，但是官子比较马虎。马晓春布局稍差，中盘略好，但是后半盘的韧劲尤其不够。不过聂卫平在全盛期足以击败李昌镐，马晓春就不行。常昊与李昌镐比较像，属于均衡型棋手。常昊前半盘比李昌镐好一目，后半盘却要差两目，如果前半盘超常发挥，好了三目，就有可能赢。

李昌镐的布局和中盘，仅比最高境界稍逊，决非很差。他的对手妄想在布局和中盘领先更多，当然过犹不及。由于过分，反而在布局阶段已经落后，中盘更要拼命，更加过分，结果中盘就输了。所以吴清源能够战胜木谷实，不让对手在"忍耐"中，迎来"不久就全好"。李昌镐的对手却因为过分，频频让李昌镐在"忍耐"中，迎来"不久就全好"。

而且李昌镐的后半盘优势，仅限于慢棋。他虽然有志于做中、日、韩所有世界性围棋比赛的"全冠王"，但他成为慢棋全冠王的可能性很大，拿到"亚洲杯电视快棋赛"冠军的可能性很小，几乎没有机会，甚至常常进不了决赛。因为无论官子大小，算清目数多少和先后顺序相当花时间，快棋没时间细算，所以擅长搏杀、精于算路的快棋高手，能把布局和中盘的优势保持到终局，不让李昌镐在后半盘逆转。

唯一在慢棋中不怵李昌镐的，是依田纪基。他保持了对李昌镐七连胜的骄人战绩，最近又一负一胜，总比分八胜一负。原因仅仅在于，他不会因为李昌镐后半盘较好而在前半盘用力过度，所以能把前半盘的优势，平稳保持到终局。即便后半盘被李昌镐追近一点差距，但他大抵能在终局之时，把前半盘的优势保留一点盈余。然而依田的前半盘，算不上当今世界最好，比如未必比马晓春好，更没有聂卫平好。依田仅是心理强大，没有"恐李症"。有"恐李症"的其他中日棋手，其实是帮着李昌镐打败自己。

李昌镐的棋道造诣，尽管远逊于吴清源，总体上还是合于道，这是他在缺乏吴清源式巨人的当代棋坛大放异彩的主因。

六　棋道人生

悟透棋道，也可悟出人生之道。我认为吴清源的棋道要旨，是"完美的和谐"，李昌镐的棋道要旨，是"均衡的渐强"。由于大多数当代棋友不太熟悉吴清源的棋，更加熟悉李昌镐的棋，我用李昌镐的均衡棋道，与为文之道略作比较。

很多作家，布局（构思）平庸，中盘（初稿）也不行，但是大官子（调整初稿和段落增删）和小官子（文字推敲和最后润色）较好，就能写出好文章，甚至成为文章大家。

勤奋型作家，往往前半盘功力深厚，四平八稳，很少出错，但不擅长修改，后半盘没有精妙的收官手段，难以写出真正的名篇。

才子型作家，往往布局不好，中盘也不稳定，但是后半盘才气横溢，妙手（妙句）连发，时有光彩照人的新手乃至鬼手。他们也许没有名局和名篇，但是才子型棋手可以仅凭一个鬼手载入围棋史，才子型作家也可以仅凭一句名言青史留名。

可见写文章也宁可像木谷实、李昌镐那样后半盘比前半盘好，不能像聂卫平、马晓春那样前半盘比后半盘好。像吴清源那样通盘皆好，"现在好→其次还好→再其次仍然很好"，则是千年难遇的造化奇迹，既不能强求，也无法模仿。

七　道之象征

以上分析比较，大抵属于术的层次，而吴清源棋道早已超越了技术层次。不妨再以吴清源首创的雪崩定式为例。

雪崩定式的某些变化，已被棋界公认不利，但是吴清源却在正式比赛屡屡尝试，而且越是重要比赛，越喜欢试用新手。有人觉得奇怪，问他为何如此冒险。

吴清源说："还有些演变，尚未研究透彻，或许未必不利。其所以必须在重要比赛场合试用，乃因为只有真剑决胜，全力以赴，才能窥前所未窥。"

正是这种置胜负、荣誉、利益于度外的纯粹求道精神，使吴清源终成空前绝后的划时代巨人。与之相比，不少当代超一流棋手，一旦碰到重要比赛，必定拿出最有把握、最为熟悉的布局和定式，与吴清源的求道精神不可同日而语。正如大部分作家一旦成名，就不敢轻易改变风格，更上层楼，一是因为缺乏自信，二是因为患得患失。而对吴清源来说，下棋没有创造性，赢棋就毫无价值。如果没有创造性，他根本不愿下棋。所以首创"新布局"和无数"新定式"的吴清源，对"定式"和一切现成招数的看法，是完全自由开放的。他认为：

> 在围棋盘上，尚不知道的手段像海一样，即使一百年、二百年连续使用过、研究过的定式，也会出乎意料地展现出新天地。对此表现迷惑、吃惊，作为一个喜爱棋艺的人将会受到质疑。欢迎新手，敢于应战新型，是保证在棋盘跃动年轻的新鲜血液的好事。对于未知的手段，不宜敬而远之，而应致力于未知手段的创造。

正是这种永远创新的自由精神，使吴清源的围棋思想，在其远离赛场的半个多世纪里，长期指导着现代围棋，并将更加长久地影响世界棋坛的未来发展。

吴清源的围棋之道，使他超越了只重结果的"胜负师"，体现出充盈丰沛的伟岸人格。吴清源是二十世纪的世纪伟人，中华之道和东方智慧的最新化身。围棋之道是世界之道的重要组成部分，所以吴清源认为，把围棋之道发扬光大，足以推进二十一世纪的世界和平，创造和谐美满的新世界。

2014年11月30日，吴清源大师百岁仙逝（1914—2014），走完了东方不败的传奇一生，永为中华之道的不朽象征。

2000年3月10日初稿，2015年4月19日修改

（本文未曾入集。刊于《深圳风采周刊》2000年161期，总318期。）

邱岳峰论：颠倒众生的外国坏蛋
——破解邱岳峰之谜兼及中国之谜

弁言　邱岳峰神话中的邱岳峰之谜

最近读到两篇怀念已故配音大师邱岳峰（1922—1980）的佳作。一是画家陈丹青的《邱岳峰》[1]，二是作家严锋的《好音》[2]。陈丹青的文章正如标题所示，只写邱岳峰，对李梓、刘广宁、童自荣、毕克、尚华等人都一笔带过。严锋的文章虽然只给了邱岳峰一半篇幅，而把另一半篇幅留给了孙道临、毕克、李梓、刘广宁、丁建华、向隽殊等人，但主次分明，重点突出，强调配音界一代豪杰如青藏高原般的世界屋脊性质，是为了烘托邱岳峰这座珠穆朗玛峰的至高无上。

陈丹青一心一意倾全力于个人抒情：邱岳峰是"伟大的例外，嗓音的诗人，一位在配音艺术中无所不能的'莫扎特'"。严锋则顺便引全国人民为同道："我个人唯一的偶像是邱岳峰，我周围的同学也同我差不多，当时的全国人民，也大抵如此吧。"

作为"当时的全国人民"之一，严锋的话真是令我怎么听怎么别扭："当时的全国人民"的唯一偶像只能是毛泽东，怎么会是邱岳峰呢？莫非毛泽东是一个公开版本的神话，而邱岳峰是一个隐秘版本的神话？四十年的身体经验告诉我，按照中国逻辑，公开版本的新闻报道往往没有隐秘版本的小道消息准确；五千年的心灵经验告诉我，公开版本的正史往往没有隐秘版本的野史真实。我的中国经验告诉我，公开版本只是身体史，隐秘版本才是心灵史；我的中国心告诉我，严锋的话越是听着别扭，越是不能掉以轻心。

---

[1]　陈丹青《邱岳峰》，见陈著《多余的素材》，山东画报出版社2003年版。
[2]　严锋《好音》，刊于《万象》杂志2001年第6期。

诚如严锋所言，中国确有亿万邱迷，网上甚至有新一代邱迷开设的"邱岳峰纪念馆——让往事在倾听中苏醒"[1]，这是其他配音大师不可能得到的特殊待遇，他们只能在"中国配音网"上孵澡堂般"挤挤"一堂。尚未成为"邱岳峰神话"之信徒的新一代，如果问其父兄为何对邱岳峰如此癫狂，父兄们的回答一定不留余地：因为邱岳峰是全体配音大师中最伟大的大师，而且是唯一的大师中的大师。但这一类似于"顶峰的顶峰"（林彪语）的笼统颂扬并未揭破实质，因而新一代或许会进一步追问：为什么邱岳峰是唯一的大师中的大师？

父兄们答曰：

> 邱岳峰表现反派和"另类"角色简直天纵其才。（陈丹青）
> 我们是多么喜欢他配的这些坏蛋啊。（严锋）

至此新一代不再追问，而是立刻去看老译制片。当然不看则已，一看便着了道儿。因为不论少长，中国人民都无比热爱坏蛋。于是"超级坏蛋"邱岳峰成了万人迷，其信徒正在滚雪球般不断壮大。但邱迷们决不会同意我把邱岳峰的颠倒众生称为"邱岳峰神话"，更不会质疑这一神话难以自圆其说的种种破绽。正因为不是邱迷，我才认为"邱岳峰是唯一的大师中的大师"是一个神话，是消解正版神话的对称版神话。

我承认邱岳峰为外国坏蛋配音确实天纵其才，我也承认邱岳峰的外国坏蛋确实魅力无穷，然而如果必须在配音演员中选一位大师中的大师，我认为只有毕克当之无愧。因为邱岳峰专配坏蛋，毕克专配英雄，而我喜欢英雄，不喜欢坏蛋。

仅仅把中国观众喜欢外国坏蛋的原因，归功于邱岳峰的超凡声音魅力，

---

[1] "邱岳峰纪念馆"网站首页，赫然是北岛名诗《一切》："一切都是命运／一切都是烟云／一切都是没有结局的开始／一切都是稍纵即逝的追寻／一切欢乐都没有微笑／一切苦难都没有泪痕／一切语言都是重复／一切交往都是初逢／一切爱情都在心里／一切往事都在梦中／一切希望都带着注释／一切信仰都带着呻吟／一切爆发都有片刻的宁静／一切死亡都有冗长的回声"，末句可视为以声音传世的邱岳峰之最佳注脚。

显然缺乏说服力，因为就音色而言，邱岳峰缺乏优势。邱岳峰的出色同行苏秀认为："邱岳峰音色并不漂亮，甚至可以说不大好听。"[1]陈丹青承认，邱岳峰的声音，"瓮声瓮气，深沉锐利又带点沙哑"。严锋形容邱岳峰的声音，是"鸭子一样沙沙的、扁扁的、暗暗的、没有光泽的声音"。这种不大好听的、瓮声瓮气的、沙哑阴郁的声音，陈丹青却说"性感透顶"，并且独具慧心地在音色之外概括出一种"邱岳峰语调"。严锋则认为达到了"人类声音魅力的极限"，"响起来，浑身便会如中魔法，一片酥麻"。"一片酥麻"与"性感透顶"，其实是一回事。邱岳峰的声音或"语调"，确实为中国人民带来了欲仙欲死的审美高潮。然而究竟是什么"魔法"，导致毕克的外国英雄即使道高一尺，邱岳峰的外国坏蛋依然魔高一丈？

我并不想以颂扬毕克的方式加入神话创作的擂台赛，我对创作神话的新版本毫无兴趣，只对神话的祛魅和解构有兴趣。新神话只能替代旧神话，却无助于解构旧神话。所以我只想问一些略显小儿科的简单问题：世界各国人民看电影时都喜欢英雄，为何独有中国人民例外？为何从普通观众到画家作家，几代中国人都对外国坏蛋如此着迷？为何中国人民对外国坏蛋的痴迷，又颇为怪异地移情到配音演员邱岳峰身上？爱屋及乌固为人之常情，但是爱屋及乌之后，却爱乌更甚于爱屋，是否过于反常？这就是本文试图破解的，内在于"邱岳峰神话"的"邱岳峰之谜"[2]，也就是中国之谜。

拙文《乏味的英雄和有趣的坏蛋》[3]曾经探究了中国观众看当代中国电影时的反常价值取向，本文则希望进一步探究一下，这种反常价值取向为何一成不变地殃及外国电影。因此本文可视为上述拙文的续篇，一如电影的续集。

中国观众看中国电影时喜欢坏蛋，看外国电影时同样喜欢坏蛋，表面

---

[1]　苏秀《邱岳峰——我们配音演员的骄傲》，见苏著《我的配音生涯》，上海译文出版社2014年版。

[2]　苏秀《邱岳峰——我们配音演员的骄傲》："他到底为什么要死，这对我来说始终是个谜。"苏秀认为邱岳峰自杀是个谜，我认为邱岳峰神话是个谜，两个谜其实是一个谜。

[3]　收入《张远山作品集》第六卷《美丽新世界》。

看来顺理成章，其实却包含着深刻矛盾。因为在颠倒的年代里，英雄与坏蛋在中国电影乃至中国社会中是被颠倒的，所以在观看英雄与坏蛋并未颠倒的外国电影时，真正顺理成章的应该是喜欢英雄，而非一如既往地喜欢坏蛋。

在由权力意志统一配方的中国电影里，被拔高的英雄很乏味，被丑化的坏蛋还相对有趣些；但在市场意志自由舞蹈的外国电影里，英雄不仅不乏味，而且比坏蛋有趣得多。福尔摩斯、赫尔克里·波洛、詹姆斯·邦德，无条件地比他们的一切对手、一切罪犯有趣。以演正面人物为主的头号喜剧大师查理·卓别林，无条件地比以演反派人物为主的第二号喜剧大师路易·德·菲耐斯有趣[1]。因此在看中国电影时，我尽管像大多数中国观众一样喜欢坏蛋不喜欢英雄，但在看外国电影时，我却无条件喜欢毕克配音的英雄，而不喜欢邱岳峰配音的坏蛋。看日本电影《追捕》时，我喜欢的必定是毕克配音的杜丘，而不可能是邱岳峰配音的堂塔。在无与伦比的配音盛宴《尼罗河上的惨案》中，毕克的赫尔克里·波洛，不仅比乔榛的西蒙·道尔、刘广宁的杰奎琳这两个罪犯有趣，也比李梓的林内特、丁建华的女仆、赵慎之的富孀、苏秀的黄色小说家、童自荣的马克思主义者等所有配角有趣，更比邱岳峰的雷斯上校有趣。尽管邱岳峰配音的外国坏蛋，比中国英雄和中国坏蛋都更有趣，然而与毕克配音的外国英雄相比，还是略逊一筹。不过真正无条件地喜欢外国英雄，应该不受配音影响，事实正是如此。看法、意合拍片《佐罗》时，我无条件喜欢童自荣配音的英雄佐罗，也无条件讨厌邱岳峰配音的坏蛋维尔塔上校。可见我对外国英雄的痴迷，与谁为外国英雄配音无关，与为外国英雄配音的毕克或童自荣的声音魅力无关，而仅仅因为外国英雄具有外国坏蛋完全缺乏的魅力。

邱岳峰的外国坏蛋确实比中国英雄和中国坏蛋都更有趣，因此邱岳峰有如此多的发烧友很正常，然而邱岳峰的外国坏蛋毕竟比毕克的外国英雄略逊一筹，因此邱岳峰有如此多的发烧友而毕克却被冷落又很反常。如果

---

[1] 路易·德·菲耐斯（1914—1983），法国反派喜剧大师，主演《虎口脱险》《疯狂的贵族》等喜剧片。被公认为仅次于卓别林的电影史上第二号喜剧大师。

中国观众喜欢中国坏蛋的理由是坏蛋比英雄有趣，那么喜欢外国坏蛋的理由就不可能是坏蛋比英雄有趣，而一定别有理由。

一 心理学的消极理由：逆反心理的条件反射

中国观众喜欢坏蛋不喜欢英雄、认同坏蛋不认同英雄的逆反心理，确实是在观看中国电影的长期过程中逐渐形成的，但中国观众对中国坏蛋产生角色认同，起初很少是自觉的，而是被迫的，最后却成为一种必然。

表面看来，中国坏蛋的主要罪恶是反抗，然而中国电影所宣扬的乌托邦式道德高标，使中国观众恍然大悟：这些中国坏蛋的根本罪恶并非反抗，而是具有人之为人的正常欲望。要命的是，观众恍然大悟之后继之以大惊失色：坏蛋具有的，我都具有。中国电影高亢激昂的道德说教锋芒所指，就这样把每一个中国人都逼入了"有罪推定"的道德陷阱。按这种乌托邦式道德高标，不仅每一个并非"特殊材料"制成的人都是潜在的候补坏蛋，连被册封为"特殊材料"其实并不特殊的每一个人，都成了"潜藏在革命队伍里"的"阶级异己分子"和"蜕化变质分子"。一旦国内外"大好形势"需要有计划按比例地凑足正选坏蛋的名额时，不必另找罪证，抓你没商量，你也不觉得是冤案，只认为是罪行早就记录在案的东窗事发。因此"觉悟"很高的亿万革命观众，即使原本不认同坏蛋，更谈不上与坏蛋有什么精神共鸣，也只能被迫与电影里的坏蛋产生角色认同，人人心怀鬼胎，惶惶不可终日，以戴罪之身，怀侥幸之心。每个中国观众看一场中国电影，等于是参加一场以自己为批斗对象的批斗会。这正是中国电影令人厌恶且必然催生集体性逆反心理的根本原因。

中国观众与中国坏蛋的唯一区别是：坏蛋想方设法满足自己的正常欲望，而观众有同样正常的欲望且渴望满足，却不敢像坏蛋那样付诸行动。所以观众在被迫承认自己与坏蛋一样有欲望的同时，不得不承认自己有罪，起码灵魂有罪。观众当然希望为自己具有欲望且渴望满足加以辩护，但电影里的中国坏蛋尽管敢于把满足欲望的冲动付诸行动，却不仅不能为自己，也不能为认同坏蛋的观众辩护，而是无一例外地像观众一样承认自己有罪，一边自打嘴巴，一边大叫"小的该死"，在没有欲望的英雄面前，乖乖地低头认罪。何况中国坏蛋在满足欲望的行动中，都心虚胆怯且技艺拙劣，根本无法与没有欲望的中国英雄对垒，完全不堪一击。中国电影千篇一律的坏蛋必败且惨败结局，对全体中国观众的"教育意义"即洗脑作用真是非同小可。为了逃避真实人生的必败和惨败，中国观众即使内心认同坏蛋，也不敢像坏蛋那样反抗。因此与中国坏蛋的角色认同，使不幸的中国观众更加痛苦。自觉认同近乎自虐，被迫认同则近乎对强暴不加抵抗，不得不处于欲望与行动、感性与理性的双重人格分裂之中：感性好恶上，认同甚至喜欢略有真性情的中国坏蛋，但在理性选择上，却不愿意在实际生活中成为这种受侮辱受损害的角色；感性好恶上，不认同更不喜欢毫无真性情的中国英雄，但在理性选择上，却非常愿意在实际生活中成为这种既风光又有特权的中国英雄。既然在实际生活中做英雄没机会，做坏蛋没胆量，他们唯一的选择只能是伪装成没有正常欲望，伪装成完全失去了人性。

认同一切坏蛋而不认同一切英雄，就这样成了中国观众观看中国电影时养成的根深蒂固的逆反心理，逆反心理的心理惯性，导致他们在观看外国电影之时，必然会条件反射地认同外国坏蛋。而且心理认同之外还要加上身份认同：既然大部分中国观众在现实生活中的身份都是小人物，那么认同也被视为"小人物"的外国坏蛋就最为自然，而认同被视为"大人物"的英雄倒显得僭越。

与认同中国坏蛋非常痛苦截然相反，认同外国坏蛋却没有丝毫痛苦，尽管有点价值混乱和善恶颠倒。按外国电影所宣扬的"资产阶级道德"，外国坏蛋的根本罪恶并非具有人之为人的正常欲望，而是满足欲望的方式触犯了法律，伤害了他人，因而外国坏蛋对自己具有正常欲望且渴望满足十分理直气壮，决不心虚胆怯，满足欲望的方式也花样翻新无所不至，奇技淫巧层出不穷。外国坏蛋与外国英雄周旋之时，更是武器先进身手不凡，声光化电争奇斗妍，即使最终失败，也从容镇定不失尊严。外国英雄同样具有人之为人的正常欲望，只是其满足欲望的方式不触犯法律。这种"无罪推定"的法治文明，对中国观众无疑是一种巨大的思想启蒙和精神解放。

然而严酷的中国现实使绝大多数中国观众或者没有意识到，或者意识到了也不敢接受这种思想启蒙和精神解放，所以这种思想启蒙和精神解放，对绝大多数中国观众几乎没有明显的即时意义，仅在潜意识里增大了压抑的强度，并为日后的觉醒积聚着能量。这正是因为，具有惯性的逆反心理，一旦进入简单机械的条件反射阶段，就必定没有特别的精神内涵和主体意识。长期的条件反射，使中国观众只能从审丑中产生审美快感，正如性变态者、性倒错者，只能通过受虐或被强暴抵达性高潮，一切正常的性爱方式，已经不能引起他们的快感。即使施虐者已经消失，施暴者已被正法，受害者也很难恢复正常。超过临界点的严重精神创伤，不仅使直接受害的上一代难以康复，还会无孔不入地遗传给并未直接受害的新一代。经历重大精神创伤之后，中国文化不可能在无菌室里从头起步，经历政治浩劫之后，再伟大的设计师也不可能在一张白纸上画出最新最美的图画。中国文化只能带菌复兴，中国社会只能带着严重的精神后遗症缓慢复归健康。过去的心理病菌不仅今天存在，明天存在，将来还会长期存在。尽管随着中国社会的逐步康复，这种心理病菌会日渐稀薄，但不可能在短时间内一朝除尽。

二　美学的积极理由：抗拒改造的感性直觉

尽管一部分中国观众对外国坏蛋的认同仅有消极的心理学理由，然而另一部分中国观众除了消极的心理学理由，确有一项远为积极的美学理由：外国坏蛋不仅比中国坏蛋有趣，而且有中国坏蛋完全没有的美。正是美学的理由，使这些中国观众对外国坏蛋的认同和喜欢，达到了狂热痴迷的崇拜程度。这一美学理由，甚至导致原本喜欢中国英雄不喜欢中国坏蛋的中国观众，也喜欢上了外国坏蛋，因为外国坏蛋身上的美，在中国英雄身上也完全不存在。

　　　邱岳峰之所以是邱岳峰，乃因在他的语调深处无不散发着另一种

浓郁的气质，一种被我们五十年来的文化排除尽净的气质，是的，我愿将这气质称之为"颓废"。（陈丹青）

他总是能把邪恶用从容优雅的方式道来，把恶提升为一种令我们心醉神迷的美。（严锋）

陈丹青的"颓废"说，与严锋的"优雅"说，命名虽不同，其为美学特征则一。

由于中国坏蛋被编导过度丑化，中国电影的一切细节刻画，都使中国观众感到，认同和喜欢中国坏蛋，不仅需要克服难以克服的伦理障碍和道德焦虑，更是不折不扣的人格自贬和精神堕落。所以中国观众认同甚至喜欢中国坏蛋，仅仅是出于简单粗糙的逆反心理，却无法为自己这种"政治不正确"的价值取向，找到足够的美学说服力。由于缺乏美学说服力，中国观众对中国坏蛋的认同，大多仅止于认同，所谓喜欢也极为勉强，充其量只是被迫认同之后的自爱投射，而且在被迫认同和勉强喜欢之后，依然拒绝在自己与坏蛋之间画等号。

然而外国电影对坏蛋的一切细节刻画，却让中国观众感到，外国坏蛋具有中国坏蛋（更不必说乏味的中国英雄）极其缺乏的丰富人性、优雅风度和人格尊严，更具有全体中国英雄、中国坏蛋、中国好人都没有的精彩人生。这些中国观众认同和喜欢外国坏蛋，就不仅是逆反心理的心理惯性使然，更是出于对真善美的向往和对生命意义的追问。求真之心使他产生了人格自卑，迁善之心使他产生了道德自卑，爱美之心使他产生了美学自卑，对生命意义的追问使他产生了最深重的存在自卑。中国观众感到，那个优雅、丰富、高贵、自由的外国坏蛋，比自己这个粗俗、贫乏、卑贱、屈辱的中国好人，在精神品级和文化等第上都远为优越，更配得上"人"这一称号。认同和喜欢外国坏蛋，既无须克服伦理障碍和道德焦虑，更不是精神自贬和人格堕落，而是纯粹的精神升华和极大的人格超拔。因此中国观众不仅在感性好恶上，非常愿意自己就是那个外国坏蛋，而且在理性选择上，也非常愿意自己在实际生活中就是那个外国坏蛋；不仅角色上主动认同外国坏蛋，而且精神共鸣极为强烈，身心愉快得欲仙欲死。尽管并非亲历，只是可怜的意淫。

外国坏蛋的精彩人生，不仅使这些中国观众意识到占人口极少数的中国坏蛋的冤案之"冤"，更明白了占人口绝大多数的亿万中国好人的人生之"冤"。中国坏蛋当然很冤，他们犯的那些无害于人的事，只有在中国才算犯事，在外国决不算犯事，压根儿没有东窗事发不事发一说。外国坏蛋之所以是坏蛋，是因为犯了有害于人的罪，决不是因为犯了无害于人的事。所以中国好人看了外国电影后，觉得自己比中国坏蛋还冤，真是冤沉海底，悲愤难诉。因为那些中国坏蛋毕竟东窗有事可发，然而自己这个中国好人却东窗无事可发，还无事也惊心，心事难对人言地担惊受怕了一辈子。于是巨大的人生失落感从心底涌起：我这一辈子，到底算怎么回事？没事！屁大点的事也没有！白活了！

中国坏蛋的冤案，只是法律意义上的冤案；中国好人的冤案，则是存在意义上的冤案。究竟是有期徒刑的法律冤案更深重，还是无期徒刑的存在冤案更悲苦？法律意义的冤案，毕竟有案卷可查，尚有伸冤平反之望；存在意义的冤案，由于无案卷可查，永无伸冤平反之日。即使法律意义的冤案平反，把"中国坏蛋"改判为"中国好人"，也不过是重返中国好人的存在冤案而已。中国特色的存在冤案，似乎天网恢恢，无所逃于天地之间。

这些中国观众认为，与其做中国好人，还不如做外国坏蛋。做中国坏蛋固然够呛，未经任何审判程序，就被"以人民的名义"判处死刑了，但做中国好人其实更惨，即使一生平安，却被以存在的名义判处死刑了，活着如同行尸走肉。外国好人的好日子不必说了，电影上也不常见，但外国坏蛋的好日子却亲眼所见。即使好日子终有结束之时，但外国英雄逮捕外国坏蛋之时，居然会说"你有权保持沉默"，在法律面前人人平等的公开审理过程中，早已昭然若揭的罪行，不仅要经过不厌其烦的取证、举证、听证、论证，外国坏蛋还可以滔滔不绝地为自己的正当欲望和满足方式进行辩护，更有口才奇佳的外国律师为外国坏蛋帮腔开脱，最后竟然还常常因为证据不足，而将坏蛋"无罪"释放，这是陷入人民战争的汪洋大海，因被告发的恐惧而人人自危的中国观众完全无法想象的。为了知道自己"有权"，为了知道"欲望无罪"，这些中国观众恨不得自己就是那个外国坏蛋，以便自己临死前可以吐出一句："这辈子不冤！"

　　高度反常的极"左"年代，中国社会继承了古已有之的"非礼勿视，非礼勿听，非礼勿言，非礼勿动"，发展成于今为烈的"不许乱说乱动"；继承了古已有之的"汗不敢出"，发展成于今为烈的"不许放屁"。人们不敢流露正常欲望，谨言慎行还动辄得咎，一旦不幸被权力意志有计划按比例地划为"坏蛋"（地、富、反、坏、右等），就会被"打翻在地，再踏上一只脚，永世不得翻身"。只要能"幸免"（鲁迅语）被打成坏蛋，就必须为自己已被彻底改造成没有"资产阶级人性"的"社会主义新人"，而每天幸福得热泪盈眶；只要能"幸免"被打成坏蛋，就必须为自己成了"领导阶级"，而每天感到强烈的"翻身感"；只要能"幸免"被打成坏蛋，就必须每天发扬"一不怕苦，二不怕死"的"主人翁精神"，以及"一怕不苦，二怕不死"的"主观能动性"。在这"形同槁木，心如死灰"（庄子语）的现实背景下，外国坏蛋的精彩人生以其巨大的美学感染力，唤醒了中国观众沉睡千年的存在自觉，外国坏蛋光芒四射的人性之美，彻底冲垮了中国好人黯淡无光的奴性之善。而外国电影在服装、道具、音乐、灯光等一切细节上无所不用其极的美轮美奂，更为外国坏蛋的别样人生，平添一层奇幻色彩。就这样，实实在在的美学盛宴，粉碎了空空洞洞的价值焦虑，稀松平常的好莱坞快餐，成了中国人饮鸩止渴的玉液琼浆。真是"众里寻他千百度，蓦然回首，那人却在，灯火阑珊处"。"那人"不是别人，正是那个活得精彩恣肆的外国坏蛋。

　　然而全体中国观众毕竟只是外国坏蛋之精彩人生的旁观者，在亿万中国人的汪洋大海中，居然有一个幸运儿不是这种精彩人生的旁观者，而是这种精彩人生的参与者。所有中国观众对外国坏蛋的角色认同和精神共鸣，毕竟是隐秘的，略有犯罪感的，只有这个幸运儿对外国坏蛋的角色认同和精神共鸣，不仅是公开的，而且无须有犯罪感，他对外国坏蛋的角色认同越是彻底，他与外国坏蛋的精神共鸣越是强烈，越是对革命工作的无比忠诚。这个在革命年代唯一合法的反动派，就是让外国坏蛋开口说中国话的配音大师邱岳峰。由于一种特殊职业的掩护，全中国只有他一个人成了有执照的外国坏蛋，可以有恃无恐地优雅，肆无忌惮地颓废，全中国人民不敢说的话，他想怎么说就怎么说，全中国人民不敢干的事，他想怎么干就怎么干。尽管只是过过嘴瘾，比意淫好不到哪里去。

　　唯在他那儿才能听到别样的语调：温柔、尊贵、慵懒、缠绵、狡黠、玩世不恭、出言不逊！……听众也是"角色"，并在倾听时"进入角色"：倘若听众各自的内心均曾满蓄难以声张的沮丧、憎恶、心有不甘、尊严折损、恶意的怯喜、疯狂的本能，凡此种种，忽然，都被邱岳峰的语音霍然唤醒，骤然舒解，在潜意识里畅饮那颓废的甘冽。……我们想要如何而不能如何，种种快感需求长年压抑，而颓废也正是邱岳峰语音的快感源泉：是他在压抑的年代替我们发怒、还嘴、嘲骂、耍赖、调戏，在出于常态的语音发作中（好一位夸张的天才），是他的声调引我们作虚拟的自我作践、自我扩张，便是我们日常话语中的虚伪造作也因他而获至声调之美，我们假借邱岳峰语调的变态、狂态、丑态获得自我治疗，异化为"外国人"，释放自己，在倾听中人我错置，想入非非。……在全中国无产阶级大合唱的共振与杂音中，那时，只有他一个人的声音竟被允许颓废，竟至于肆无忌惮倾泻着颓废而没有人意识到那就是颓废。……在那个高度政治化的年代，他的声音全然是非政治化的：在政治年代，是配音专业为颓废气质提供了合法的出口，尽情蒸发，淋漓尽致。（陈丹青）

　　于是这些中国观众发生了双重的角色认同和双重的精神共鸣：既认同、羡慕和崇拜外国坏蛋，更认同、羡慕和崇拜邱岳峰；认同、羡慕和崇拜邱岳峰的程度，还远远超过了对外国坏蛋的认同、羡慕和崇拜，这些中国观众恨不得自己就是邱岳峰。这就是爱屋及乌之后，爱乌更甚于爱屋的原因。更何况，中国观众与那个人人向往的极乐世界原本隔着弱水三千，若没有邱岳峰这个无可替代的天使长，独一无二的接引人，人生真理的大先知，那些"此曲只应天上有"的外国话，就不可能变成"人间哪得几回闻"的纶音仙乐，因此除了认同、羡慕和崇拜，中国观众对邱岳峰还有对那些外国坏蛋没有的无限感恩。就这样，与"毛泽东神话"对称的"邱岳峰神话"

产生了。

毛泽东是全中国人民的革命领袖，邱岳峰却是全世界反动派的中国化身。毛泽东号召全中国人民"毫不利己，专门利人"，"狠斗私字一闪念"，"大公无私"，"斗私批修"，邱岳峰却唤醒激活了全中国人民贪图享受的私心杂念，好逸恶劳的小资情调，声色犬马的人性欲望。所以全中国人民理性上都热爱革命领袖毛泽东，感性上却热爱外国坏蛋邱岳峰——邱岳峰已经成了全体外国坏蛋共有的中国名字。

即此可以发现，善恶观更多地诉诸理性，美丑观更多地诉诸感性。理性更容易被外力强奸和自我欺骗，但感性却不容易被骗，更难以自欺。通过两代人之久的强力洗脑，中国人的理性思考能力确实大面积退化了，中国人的善恶观确实大面积颠倒了，然而，中国人的感性却依然葆有敏锐的天赋直觉。理性及其善恶观是人造的，强有力者可以"重新改造"，对不愿"自觉改造"者，可以动用国家机器加以强制性"劳动改造"或"再教育"；但感性及其直觉是上帝造的，人间最强有力者也莫奈它何，所以中国人的视觉、听觉、味觉、嗅觉乃至美丑直觉，能够比理性善恶观更有效地抗拒改造。正是有效抗拒了外力改造的感性直觉，为中国人的人性复苏和中国社会的理性复归埋下了契机。许多中国人的理性得以恢复，被颠倒的价值观得以重新颠倒过来，正是从观看外国电影并认同和喜欢外国坏蛋及其中国化身邱岳峰开始的。而中国社会的理性复归，也是从美学开始的。1980年代初，一部《美的历程》风靡全国，掀开了思想解放的第一页。

三 美学理由的社会学缺损：对英雄的审美冷感

中国观众喜欢外国坏蛋的美学理由固然是积极的，可惜有一项致命不足，即中国观众的美学趣味是不健全的，有一个集体性的审美盲区：对英雄之崇高壮美的审美冷感。

论有趣指数和美学指数，中外电影的英雄与坏蛋可分别排列如下：

中国英雄（最无趣）↗中国坏蛋（稍有趣）↗外国坏蛋（很有趣）↗外国英雄（最有趣）

中国坏蛋（最丑）↗中国英雄（稍美）↗外国坏蛋（很美）↗外国英雄（最美）

比较两个指数序列可知，第一第二项有变化，第三第四项不变：中国英雄最无趣而稍美，中国坏蛋最丑而稍有趣，外国坏蛋很有趣也很美，外国英雄最有趣也最美。

单论中国电影，中国观众会因为有趣而喜欢坏蛋，也会因为美而喜欢英雄。一旦与外国电影比较，中国观众必然会抛弃中国坏蛋和中国英雄，迷上更美更有趣的外国坏蛋，但中国观众为何对最美最有趣的外国英雄视而不见？

中国人自古以来像所有民族一样喜欢英雄，其感性审美观一向很健全（尽管理性价值观从未健全过），但在高度反常的极"左"年代，由于生活和电影中充斥着假英雄，而少见真英雄，因此中国观众原本健全的审美观产生了集体性的审美偏执：认同和喜欢坏蛋，怀疑甚至反感英雄，不管英雄是真是假，是美是丑。

中国观众不认同不喜欢外国英雄，首先是认同和喜欢外国坏蛋的必然逻辑延伸，同时又是反感和厌恶中国假英雄的必然逻辑延伸。既然中国观众与外国坏蛋产生了高度的角色认同和强烈的精神共鸣，那么外国英雄战胜外国坏蛋就是中国观众不愿看到的结局，他们不愿看到在想象的天地中，作为自己之想象性替身的外国坏蛋同样无所逃于天地之间。他们更愿意看到外国坏蛋被"无罪释放"或"胜利大逃亡"，外国导演为了不落俗套或为了拍续片而故意留下"战斗正未有穷期"的情节悬念和商业噱头，常常郢书燕悦地成了中国观众的莫大快慰。他们把外国真坏蛋的有罪而被"无罪释放"，转译为中国假坏蛋的莫须有冤案的平反。不过即使外国真坏蛋最终受到法律的公正惩罚，中国观众也不后悔自己对外国真坏蛋的角色认同，而能够坦然接受这种有尊严的失败，他们愿意自己"过把瘾就死"，像个失败的英雄。尽管英雄与坏蛋的性质模糊了，身份互换了，价值混乱了，善恶颠倒了，但中国观众若非浑然不觉，就是不以为意。

　　"过把瘾就死"出自1980年代末风靡一时的痞子作家王朔，或许这句经典的坏蛋式名言，正是王朔当年观看外国电影时痴迷外国坏蛋的内心独白。这句滞后总结的个人独白，同样适用于回溯性地概括当年中国观众痴迷外国坏蛋却反感外国英雄的自我合理化，所以这句坏蛋式名言一经发表，立刻赢得了同时代中国人的极大精神共鸣，而且至今常被正面引用，成了王朔留给时代的最大遗产。与此相似的另一句坏蛋式名言"躲避崇高"，出自新时期首席官方代表作家、曾任文化部部长的王蒙之口。这两句坏蛋式名言不仅充分证明了当年中国观众的集体性价值混乱，还进一步证明在集体性价值混乱之后必然出现的集体性价值真空，这正是集体性精神创伤必然留下的集体性精神后遗症。仅仅由于"躲避崇高"与正面价值的冲突更直接更明显，远不如"过把瘾就死"与正面价值的冲突那样间接而隐晦，因而在传播上较为失败，缺乏生命力。

　　1990年代以后层出不穷的中国痞子，无一不是刻意装坏的假坏蛋，而刻意装坏的唯一目的，就是刻意嘲讽假英雄。当代中国文学中刻意装坏的假坏蛋，当然以痞子作家王朔为代表；当代中国影视里痞气十足的假坏蛋，则以葛优、赵本山等"丑星"为代表。痞子作家和影视"丑星"尽管暂时赢得了一些读者和观众的廉价笑声，与之认同不仅不痛苦，还有一种病态的痛快感，但依然缺乏真正的审美愉悦。以陈丹青和严锋的标准来看，这些中国痞子既不颓废更不优雅，与被丑化的中国坏蛋一样，依然毫无美学光彩。中国痞子与外国坏蛋的根本区别是：外国坏蛋尽管是真坏蛋，然而极有尊严，而且非常高贵。中国痞子固然是假坏蛋，但是毫无尊严，更与高贵无缘[1]。

　　反感、厌恶和嘲笑假英雄，在1990年代以后的中国文学和中国影视中蔚然成风。痞风劲吹之下，并非痞子作家的王小波也痞气十足。其实王小

---

[1]　在美学意蕴上唯一可与外国坏蛋一较短长的中国坏蛋，是1980年在上海首播的香港电视连续剧《上海滩》中周润发饰演的许文强。但这种高贵而有尊严的中国坏蛋，不可能出现于1949年后的中国大陆现实生活和文学影视中。

波很喜欢崇高壮美，也喜欢外国英雄，但他更厌恶假崇高、假正经的中国假英雄，为了抨击假崇高和假正经，他刻意装出了一副毫无正经的做派。假痞子王小波与真痞子的区别是，中国痞子是外国坏蛋在中国生活中的拙劣仿制品，而王小波的痞气只是厌恶中国式假英雄后的自觉反拨和矫枉过正，这从反面证明了精神后遗症的无所不在。真痞子对自己缺乏尊严和毫不高贵并不在意，但王小波极有尊严也非常高贵，声讨中国社会对人固有的高贵与尊严的严酷剥夺，正是其全部作品的根本主题。正因为比同时代其他作家更关注这一主题，他赢得了广泛的读者。

虽然中国观众厌恶中国假英雄必然会殃及外国英雄，但外国英雄毕竟不是中国假英雄，毕竟没有容易引起厌恶的品质，所以中国观众对外国英雄的更深刻态度既非反感，也非厌恶，而是怀疑其真实性。之所以怀疑外国英雄的真实性，是因为信息被高度屏蔽和过滤，导致中国观众不仅对自由社会和自由人格的精神世界完全无知，而且只有"帝国主义一天天烂下去"，"全世界四分之三的阶级兄弟生活在水深火热之中"的错误印象。

中国电影里的假英雄，在高度反常的极"左"年代比比皆是，不仅充斥于报纸媒体，而且每个单位都有。大部分中国观众在实际生活中被权力意志垂青、成为假英雄的概率固然很小，但身边到处有假英雄、假模范、假先进，每个中国人都知道假英雄、假模范、假先进的英雄事迹、模范事迹、先进事迹，是如何炮制出来的，所以中国观众对假英雄既痛恨又嫉妒，感情非常复杂，不过感情复杂依然是感情。由于一旦成为假英雄、假模范、假先进，必有种种现实利益，大部分中国观众都极其渴望这种机会降临，只不过很难如愿，这一颇为无奈的现实处境，倒有利于他们保留基本正义感；一旦有机会成为假英雄假模范假先进，其正义感必然大为丧失。没机会做假英雄的普通人，其自我安慰是："宁为真坏蛋，不做假英雄。"这是中国古训"宁为真小人，不做伪君子"的现代版。实际上这些人既不是巨奸大恶的假英雄、伪君子，也不是大坏蛋、真小人，而是被剥夺了尊严和高贵的中国好人、中国顺民，充其量是略有一点小奸小坏的普通人，或是刻意装坏的小痞子。

中国观众只是不相信中国英雄的"英雄"实质，却丝毫不怀疑这些假英雄在中国社会的实际存在，但中国观众不仅怀疑外国英雄的"英雄"实质，而且怀疑外国英雄在外国社会中的实际存在。由于丰富饱满、智勇双全的外国英雄比空洞虚假、有胆无脑的中国英雄离中国观众的实际生活更远，他们甚至认定外国英雄比中国英雄更假。不够完美的中国英雄尚且如此虚假，如此完美的外国英雄怎么可能真实呢？如果外国生活中确实有这种英雄存在，那会是一个多么令人难以置信的美好世界啊！中国观众不仅难以相信自由社会真有银幕上那种集真善美于一身的英雄，甚至不相信这种英雄的存在可能性。一个人，既不可能得到什么实际好处，也没有上级命令他必须这么干，更没有人用枪逼着他干，仅仅是出于"个人英雄主义"（这在中国语境中长期遭到批判），他为什么要如此犯傻地置自身安危于不顾？中国观众无法理解那些外国英雄的行为动机，只能对其超越利益动机的英雄行为满怀狐疑。

何况中国人自古以来缺乏宗教虔信，对"好有好报，恶有恶报"持有深刻怀疑，他们不相信有一个主持正义、赏善罚恶、清算一切的上帝存在，因此即使他们不怀疑外国英雄的崇高精神，也会怀疑外国电影乃至外国社会中英雄最终战胜坏蛋的结局，认定是外国编导向壁虚构的"好莱坞神话"。

无论是不自觉的反感，还是自觉的怀疑，总之这些中国观众对外国英雄提不起兴致，缺乏兴奋度，由于感觉全无，因而感情缺位，不会像对外国真坏蛋那样热爱，也不会像对中国假英雄那样痛恨，既无法角色认同，也缺乏精神共鸣，更没有审美快感，就当其不存在。就这样，许多中国观众对外国英雄身上所体现的最高的美，产生了心理抗体和审美缺损。这种心理抗体和审美缺损，最终使这些中国观众对无论真假的一切崇高壮美，产生了集体性的审美麻木和审美冷感。

四　哲学的根本理由：循序渐进的理性目标

一部分中国观众认同和喜欢外国坏蛋的心理学理由是纯然消极的，一部分中国观众认同和喜欢外国坏蛋的美学理由固然属于积极理由，可惜包含着致命的审美缺损和可悲的善恶颠倒。因此上文只是初步解释了绝大多数中国观众为何认同和喜欢外国坏蛋，却没有解释中国社会中极少数精神健全者（比如画家陈丹青和作家严锋）为何也对外国坏蛋一往情深。只有找到中国社会中极少数精神健全者喜欢外国坏蛋的根本理由，才有可能真正解答"邱岳峰之谜"，进而彻底解构"邱岳峰神话"。

谁也没有理由完全灰色地认定，精神健全者在中国社会中彻底不存在。这些精神健全者既不会受逆反心理的心理惯性支配，也不会因片面的美学理由而颠倒价值观，更不会因审美缺损而对英雄身上的崇高壮美产生审美冷感，信息屏蔽和过滤也不影响他们对自由社会的基本了解，他们对英雄在自由世界的真实存在也没有丝毫怀疑，那么为何他们依然如此痴迷外国坏蛋，乃至痴迷为之配音的邱岳峰？

中国社会的精神健全者理性上更认同外国英雄，感性上却更喜欢外国坏蛋，其根本理由是：在自由全面缺席的中国，全体国民都处于非自由状态，那些外国坏蛋所享有的消极自由，是从英雄到坏蛋、从大人物到小人物、从国家主席到普通人的全体中国人都尚未享有的；然而外国坏蛋享有的消极自由决非自由社会中个别人的特权，而是自由社会中人皆有之的基本人权和天赋自由。因此让每个中国人先享有连外国坏蛋都享有的消极自由和基本人权，理应成为中国社会最切近的目标。

只有先从非自由状态抵达初级自由阶段，才能从初级自由阶段向高级自由阶段努力；只有先从非自由状态抵达消极自由阶段，才能从消极自由阶段向积极自由阶段努力。只有既得陇，方能复望蜀，不宜未得陇，先望蜀。中国人只有先享有连外国坏蛋也充分享有的消极自由，方能进而向往外国英雄的积极自由。未获一己消极自由之前，欲成以积极自由捍卫他人之消极自由的英雄，乃是与夏虫语冰，毋乃太早计乎？

人只会向往自己尚未拥有的东西。所以中国观众向往连外国坏蛋也充分享有的消极自由，而外国观众因已充分享有消极自由，而对外国坏蛋提不起兴趣，仅仅向往外国英雄的积极自由。外国观众即使自己做不了英雄，也感谢和佩服英雄以积极自由捍卫了自己的消极自由。外国电影尤其是好莱坞电影作为一种大众艺术，表达的正是外国公众的这一集体精神向往。

热爱外国坏蛋而冷淡外国英雄，固然是中国观众的价值混乱和善恶颠倒，也是非自由社会对自由社会的必有误读，纯属"借他人酒杯，浇自己块垒"。把坏蛋视为"小人物"，把英雄视为"大人物"，正是两种异质文化之间的转译所产生的经典误读，正如中国人不知道"宁为真小人，不做伪君子"的中国古训，其实不足为训。

君子与小人是不平等文化的伦理预设，在这一预设下，君子与小人、英雄与坏蛋、大人物与小人物在人格上是完全不平等的。但在"上帝面前，人人平等"的伦理预设中，君子与小人、英雄与坏蛋、大人物与小人物在人格上是完全平等的。大多数中国观众无法想象也无法理解这种人人平等的伦理预设，于是他们用中国逻辑转译了西方逻辑：英雄都是大人物，坏蛋都是小人物。然后主动与被视为小人物的坏蛋，产生身份认同、角色认同乃至价值观认同。然而大部分中国观众不知道，这一囿于中国语境的逻辑，并不包含在外国生活和外国电影之中。在外国生活和外国电影中，英雄未必是大人物，坏蛋也未必是小人物。如果一定要借用中国话语，只能很不确切地说，外国英雄常常是"小人物"，外国坏蛋却常常是"大人物"。不过用自由话语来对外国英雄和外国坏蛋下定义无疑更为确切：所谓英雄，就是以积极自由捍卫他人的消极自由；所谓坏蛋，就是以积极自由侵犯他人的消极自由。

中国观众认同和喜欢外国坏蛋，决不是渴望像外国坏蛋那样犯罪，而恰恰是渴望外国坏蛋除犯罪以外的一切消极自由。因此陈丹青只讴歌颓废但决不讴歌犯罪，严锋只称许优雅但决不称许犯罪。

从美学角度来看，外国坏蛋身上的颓废和优雅，正是消极自由的美学特征，外国英雄身上的崇高和壮美，正是积极自由的美学特征。由于中国观众尚未享有消极自由，所以他们向往颓废和优雅，一旦中国观众已经享有消极自由，已经能够优雅和颓废，他们就会向往积极自由，也向往崇高和壮美。

由于独一无二的职业掩护，邱岳峰的坏蛋特权和消极自由在中国属于独一份，邱岳峰的颓废和优雅在中国也属于独一份，邱岳峰的痴迷者只有虚幻的消极自由、虚幻的坏蛋特权、虚幻的颓废和虚幻的优雅。"邱岳峰配音我们听"的另一面是，邱岳峰不配没得听。这充分证明邱岳峰的痴迷者是没有消极自由的、既不优雅也不颓废的假坏蛋，是身不由己的奴隶。然而奴隶们的虚幻消极自由吹响了自由的号角，最终扩大了中国人的消极自由。

五 "邱岳峰神话"的祛魅和解构

1980年，当中国已经启动了称为"拨乱反正"即从非自由社会向自由社会的艰难转型之时，邱岳峰却因为"搞腐化"而被迫自杀。作为这一通俗悲喜剧的头号反派，毫不意外地，邱岳峰自己恰恰是一个假坏蛋："历史反革命"、"反动学术权威"、"内控对象"，至死未获平反。即使邱岳峰本人早已成了全国人民的偶像，然而这个消极自由的偶像是隐秘版本，他这个中国社会的真生活中的假坏蛋，只能在为外国电影的假生活中的真坏蛋配音之时，过过消极自由的嘴瘾。一旦把外国社会和外国电影中人皆有之的消极自由，在中国社会的真生活中付诸实际行动，等待他的，只能是身败名裂的厄运。历史的快速变迁和历史的快速遗忘，可能使新一代已经不知道何为"搞腐化"，连新一代邱迷也未必了然。"搞腐化"是那个乌托邦时代对男女情爱的道德主义命名。当年的全国人民头戴"创造历史的英雄"之桂冠，尚且不允许"搞腐化"，何况一个假坏蛋！

作为精神后遗症之一，陈丹青的评论不得不非常含蓄："沪上市井传说过他赴死的原因，是原因，也不是原因。我猜，我愿断定，他死于高贵的颓废。……你要无情才能活在这无情的世界！'凡尔杜先生'对那位他本想谋杀的女子惨然说道。邱岳峰有情，他谋杀了自己。"意思是说，"搞腐化"也是颓废的一种方式，而且非常高贵。

严锋的评论则直言不讳且极富勇气："我从小在一个清教徒的思想环境中长大，有着绝对道德化的倾向，对那样的事长期以来可以说是深恶而痛绝之。可是，我记得当时自己对自己说，邱岳峰那样的人，即使是真的搞了腐化，我也会原谅他。其实连原谅都说不上，让他搞腐化好了，人民不会在乎，他有资格搞腐化，搞多少都无所谓。"

我对两位的观点都很赞成，但必须补充的是，不仅邱岳峰有资格颓废，每个人都有资格颓废，不仅邱岳峰有资格"搞腐化"，每个人都有资格"搞腐化"。颓废乃至"搞腐化"不应成为任何人的特权，而是每个人的天赋人权和消极自由。不能认为某甲"搞腐化"就很高贵，某乙"搞腐化"则很低贱。只要不触犯法律，每个人都有权任意地"搞腐化"。"搞腐化"的唯一禁区，就是利用权力"搞腐化"，但利用权力"搞腐化"属于腐败。腐败的最佳温床是专制。专制是自由的首要敌人，腐败则是自由的次要敌人。"搞腐化"却不仅不是自由的敌人，还是自由的题中应有之义。

证明"邱岳峰神话"不足以成为神话的，也是邱岳峰本人。邱迷们误以为，只有外国语言才能如此漂亮，似乎他们听到的并非中国话，而是外国话[1]。其实他们听到的每个字、每个音，都是地地道道的中国话。中国语言，原本可以如此漂亮！中国生活，原本也可以如此精彩！作为一个伟大的民族，中国人的美学创造力，原本不亚于任何民族。所以问题仅仅在于，当代中国的社会剧本和电影剧本，严酷规定了每一个角色和每一句台词，不允许任何中国人把话说得如此漂亮，不允许任何中国人把生活过得如此精彩。因此当邱岳峰从幕后走到台前，以真身出演中国电影《珊瑚岛上的死光》之时，他无意之中完成了对"邱岳峰神话"的自我解构。这一自我解构，无比深刻地揭示了中国电影尤其是中国生活的存在悲哀："一个极其拙劣的角色，配得也很粗糙。"[2] 人生大舞台，舞台小人生。没有大舞台的精彩人生，怎么可能有小舞台的精彩电影？

可以断言，在全民性的人格分裂中，邱岳峰是人格分裂最为严重的中国人。因为独一无二的职业掩护使他享有了独一无二的消极自由，因此对

---

[1] 陈丹青《邱岳峰》："他没有说过一句'外国话'，他以再标准不过的'国语'为我们塑造了整个'西方'。"

[2] 严锋《好音》："我当时还不知道，这个角色不仅仅是邱岳峰配的，根本就是他本人演的。"

于在实际生活中不能享有消极自由,他的压抑和痛苦也是独一无二的。这种独一无二的高度压抑和极端痛苦,蚌病成珠地转化成了独一无二的职业才华。如果邱岳峰在实际生活中能够像外国坏蛋一样享有消极自由,那么他就不可能成为"好一位夸张的天才"(陈丹青语)。

邱迷们认为,邱岳峰达到的艺术高度,是那些外国坏蛋的杰出主演者也难以企及的,这无疑是一种重大误解[1]。对于自由世界的主演者来说,消极自由是人皆有之的日常用品,消受稀松平常的消极自由,用不着如此激动,更不必如此夸张,他们即使不想有平常心,也必有平常心。真正的颓废,不可能激动。真正的优雅,更不可能如此夸张。只有崇高,才令人激动。只有壮美,才不无夸张。但是对于邱岳峰而言,消极自由决不稀松平常,消极自由是中国生活中不可能有的稀世珍宝,他即使想有平常心,也不可能有平常心。当我们告诫自己或别人要有平常心之时,我们面对的一定是不平常的东西。正因为没有平常心,邱岳峰的配音,才会如此激动,才会如此夸张。

邱岳峰成于"夸张",也败于"夸张"。由于"夸张",邱岳峰的声音既达到了"人类声音魅力的极限"(严锋语),也达到了矫揉造作的极限。由于"夸张",邱岳峰的配音有失二度创作的应有分寸,远离了"信达雅"的职业标准,因而其"天才"也颇为可疑。任何人都能听出邱岳峰的声音极其夸张,夸张到了"随便说什么都充满戏剧性"(陈丹青语)的地步,夸张到了每个字、每个音都充满舞台腔的地步,可以说竭尽了夸张之能事。最为吊诡的是,邱岳峰却丝毫没有夸张的主观意图,他吐出的每个字、每个音,都是情真意切的心声。而邱岳峰的个人心声,正是中国观众的集体心声。邱岳峰的激动万分,其实毫无主观上的夸张之意,他仅仅是客观上

---

[1] 严锋《好音》:"这些年来,原版片看得不少,喜欢的外国演员的声音也不少,像汤姆·汉克斯,马克·汉密尔,罗宾·威廉斯,可总觉得没有一个人比得上邱岳峰。邱岳峰的声音比他们更丰富,更成熟,更有魅力,更像外国人。"陈丹青《邱岳峰》:"他是外国人。……邱岳峰似乎比罗切斯特还要罗切斯特,比卓别林还更卓别林,当我后来在美国看了《简爱》和《凡尔杜先生》,那原版的真声听来竟像是假的。"

情难自已罢了；中国观众的颠倒痴狂，其实也毫无主观上的夸张之处，他们仅仅是客观上心驰神往罢了。

如果邱岳峰不是在现实生活中高度压抑且极端痛苦，那么他的艺术才华就不可能被激发到如此令人崇拜的高度。如果中国观众不是在现实生活中也高度压抑且极端痛苦，那么超级坏蛋邱岳峰就不可能赢得如此反常的崇拜。

如果邱岳峰的天才同事，不是在现实生活中同样高度压抑且极端痛苦，那么他们的艺术才华也不可能被激发到如此令人吃惊的高度。除了唯一的例外，他们每一个人都像邱岳峰一样没有平常心，也像邱岳峰一样没有夸张的主观意图却无一不"夸张"，也像邱岳峰一样无比激动地忘情投入。正是集体性的远离原版的二度创作，使邱岳峰与他的同事们，共同创造了译制片不可能再有的青藏高原。

全体天才配音演员中，只有一个人例外地具有平常心，那就是专配外国英雄的毕克。毕克的配音，严格遵循"信达雅"的职业标准，既不激动，也不夸张，松弛散淡，收放自如，分寸感极强，达到了艺术的至高境界。但毕克的杰出，也不能完全归功于他自身固有的艺术才华，正如其他配音演员的激动夸张和缺乏平常心是时代的特殊原因所致，毕克的不激动不夸张且独具平常心也同样是时代的特殊原因所致。他像许多中国观众一样，对英雄有着或多或少的审美冷感，这种原本不可取的审美冷感，歪打正着地成了其职业所需的可贵素质。毕克对英雄不可能狂热，对英雄集体冷感的中国观众，对毕克也不可能狂热。我喜欢外国英雄，也敬重毕克的艺术才华，但我不想为毕克编一个神话。毕克身上没有神话。

严锋说："什么时候译制片开始离我们远去？什么时候老牌配音演员一个个地凋零？毫无疑问中国的配音事业正在以加速度走下坡路。……一方面是配音演员一代不如一代，连硕果仅存的老演员的质量也今不如昔。一方面是观众对配音越来越不在乎：管它呢，看懂了不就行了吗？"

陈丹青说："他的才华即是颓废，一如颓废乃稀有的才华，我们的文艺此后再没遇到过秉赋了颓废的天才，邱岳峰的气质因之寥若晨星。"

许多外国影迷，包括邱岳峰迷，像严、陈二位一样，惋惜译制片的配音质量大不如前。其实这符合跷跷板原理：译制片达到顶峰之时，正是国产片跌入谷底之日。1980年代以来，中国人的消极自由大大增加了，配音演员与电影观众的压抑和痛苦远不如前了，中国生活逐渐精彩起来了，国产片的质量也有所提高了。因此译制片质量的退步，是时代进步使然。配音界也没有任何神话。

邱岳峰既不是以积极自由捍卫消极自由的英雄，也不是以积极自由侵犯消极自由的坏蛋。他对自由的理解，连外国坏蛋的水平也没有达到，正如许多中国作家和电影编导对自由的理解，也没有达到外国坏蛋的水平，所以当代中国文学和当代中国电影中，既没有真坏蛋，也没有真英雄，只有乏味的假英雄，以及被丑化的假坏蛋。

"邱岳峰神话"在1980年代的产生，预示着中国社会从非自由社会向自由社会的转型。非自由社会一定会产生一个公开神话，也一定会产生一个与公开神话对称并消解公开神话的隐秘神话。隐秘神话一定产生于非自由社会即将向自由社会转型之时，隐秘神话产生之时，正是公开神话消解之日。一旦非自由社会成功地转型为自由社会，完成了历史使命的隐秘神话就会迅速祛魅并自动解构。

1980年代以后，中国在"文革"中曾被多次打倒的新领袖邓小平的领导下，正式启动了向自由社会的转型。邓小平之所以被众多国民乃至自由世界视为新中国真正的国家英雄，就因为他比其前任远为尊重国民的消极自由。尤其是他1992年的南巡壮举，不仅使中国人因祸得福，进一步扩大了消极自由，更重要的是，使中国向自由社会的转型，成了任何英雄和坏蛋都无法阻挡的历史定命。只要亿万邱迷的自由渴望持续燃烧，水开之日，放眼在望。

我认为，对毛泽东和邱岳峰的真正纪念，就是永远不要牺牲自己的任何消极自由，更不要让自己成为任何观念的牺牲品，因为人仅有一生，没有人牺牲得起。只有这样，才能告慰毛泽东和邱岳峰在天之灵，也告慰被乌托邦观念牺牲的无数冤魂。

我想借用北岛名诗《宣告》中的一句话，来结束本文："在没有英雄的年代里，我愿意做一个人。"这句貌不惊人的大实话，曾经在1980年代产生过后人难以想象的巨大震撼力，因为它摆脱了"英雄"与"坏蛋"对自由人的双重束缚，在适当的时间，适当的地点，以适当的方式，完成了对"人"的破题。

2003年10月21日—2004年1月13日

附记：本文为纪念毛泽东诞辰110周年而作，但写作变得前所未有的艰难，因为我的祖国，我的时代，令我百感交集。感谢陈丹青和严锋的佳作，给了我莫大启发。也感谢亿万邱迷的热情，给了我命笔勇气。最后要感谢《书屋》杂志邀请的2003年11月13日韶山冲之行，参观毛泽东故居、毛泽东纪念馆、毛氏宗祠、毛氏私塾、滴水洞宾馆，以及虎歇坪之游、毛家饭店之餐，给了我极为丰富的现实感受。虽然本文已经很长，但在两个多月雅各与上帝角力般的艰苦写作中，我删掉的文字远比保留下来的多，只能请读者允许我把未尽之意，留待以后。

（本文刊于《书屋》2004年第3期。收入张远山文集《文化的迷宫》。）

王小波论：化腐朽为神奇的想入非非

王小波给后来成为他妻子的李银河的一封情书，写在五线谱上，他是这样开头的："做梦也想不到我会把信写在五线谱上吧。五线谱是偶然来的，你也是偶然来的。不过我给你的信值得写在五线谱里呢。但愿我和你，是一支唱不完的歌。"李银河说："我不相信世界上有任何一个女人能够抵挡如此的诗意，如此的纯情。"我虽然不是女人，也被这朴素文字中的诗意、温情乃至机智和幽默打动了。出于一种直觉，我相信如此至情至性的人，必能写出至美之文。于是抱着这样一种期望，我读完了王小波已经出版的全部作品:《时代三部曲：青铜时代・黄金时代・白银时代》(花城出版社 1997 年版),《我的精神家园：王小波杂文自选集》(文化艺术出版社 1997年版),《沉默的大多数：王小波杂文随笔全编》(中国青年出版社 1997 年版),《地久天长：王小波小说剧本集》(时代文艺出版社 1998 年版),《黑铁时代：王小波早期作品及未竟稿集》(时代文艺出版社 1998 年版)。

读完后，我对王小波被人称为"文坛外高手"感到奇怪。写了不少好作品，也发表了不少，为什么还在"文坛外"？而很多人没写值得一提的作品，却常常自称"我们的文坛"。后来想起一则笑话，有个作家外出住旅馆时被要求登记。问：什么单位的？答：作协。问者听声记字儿："职业：做鞋。"于是我明白了，王小波不曾加入"做鞋者行会"，于是推崇他的人只好说"真正的高手在文坛之外"。因此，国内"文坛"对这位"文坛外行"的英年早逝及其遗作保持沉默，表现出所谓"批评的缺席"。既然"内行"缺席，我这个与王小波同道的外行就决定也做一回不速之客，写一篇本不必由我写的"文坛外"评论。

不少人认为王小波的小说不如他的杂文随笔，而王小波则认为自己最好的作品是小说。我同意王小波本人的意见，我认为过度吹捧、廉价奉送"诗人"、"学者"、"思想家"之类荣誉头衔，是对王小波本人的不尊重。王小波的杂文随笔也许比他的小说更令当代读者解气，但解气与否不是评判文学作品价值高低的恰当标准。未来时代的人们，在时过境迁之后，必将不再感到王小波的杂文随笔有多么解气，而是更加看重他的小说。另外，王小波没有写过诗歌杰作，而当代中国有很多诗人写出了诗歌杰作，认为他有诗人气质则可，称他为"诗人"就过于勉强。王小波的学问也不是很大，称之为"学者"也不够实事求是。王小波的思想更缺乏足够的独创性，他只是用一个合格的当代知识分子的良知在普及一些公认的现代常识，因此誉之为"思想家"是对真正的思想家的贬低，而且不利于当代国人在思想领域进一步探索，只能助长业已病入膏肓的浮躁和不自信。我认为，王小波就是当代中国的一个杰出小说家，如果天假以年，他还会更杰出。所以我虽然读了他的全部作品，但是本文不谈他的杂文随笔，专谈他的小说。

一 "发愣"的王小波

我不懂也不喜欢研究小说的结构，我读书喜欢找有趣的东西。一篇结构再完美的作品，也未必有趣。而事实上有些挖空心思把小说结构弄得十分复杂的当代作家，却有一颗"枯燥的灵魂"（狄更斯）和无趣的文笔。一般来说，有趣的往往也有益于身心。枯燥的作家只会把肉麻当有趣。肉麻有余而有趣不足，正是大部分中国当代作家的通病。即便在当代作家立志做有益文章的探讨"世道人心"的文章里，有益的东西也极少。而"有趣"这种东西，在当代作家的作品中就更为罕见了。但我竟意外且惊喜地在王小波的小说中发现了一座有趣的富矿。他在《红拂夜奔·序》里曾这样宣布：

> 这本书里将要谈到的是有趣，其实每一本书都应该有趣。对于一些书来说，有趣是它存在的理由；对于另一些书来说，有趣是它应达到的标准。

在《我的精神家园·自序》中他又认为：

> 看过但丁《神曲》的人就会知道，对人来说，刀山剑树火海油锅都不算严酷，最严酷的是寒冰地狱，把人冻在那里一动都不能动。假如一个社会的宗旨就是反对有趣，那它比寒冰地狱又有不如。

枯燥乏味的作家只有言不由衷、自欺欺人的道德说教，而王小波推崇的马克·吐温曾在《哈克贝里·芬历险记》的开头宣布："任何人如企图从中寻找道德寓意，就将把他放逐。"

王小波小说中最让我忍俊不禁的，是对"发愣"的出色描写。《白银时代》有这样一段：

> 在班上，我总是对着那台单色电脑发愣。办公室里既没有黑板，也没有讲台，上司总是到处巡视着，所以只有这一样可以对之发愣的东西。有时，我双手捧着脸对它发愣，头头在室里时，就会来问上一句：喂！怎么了你？……人不该发愣，除非他想招人眼目。但让我不发愣又不可能。……（只有自己家里的）桌子后面是最好的发愣场所。

我立刻就愣住了，这实在太有趣了，有趣得叫人不得不发愣。经常发愣的人都知道，发愣是多么有趣而有益身心。但是头头却反对发愣，发愣的人会遭到当头棒喝："怎么了你？"在小说《万寿寺》中：

> 一个胖胖的女人对我说：愣着干啥。这几天我总在发愣，没觉得有什么不对。但既然别人这么说，愣着显然是不对的。

不仅头头反对发愣，任何不是头头但从不发愣的人都有权对发愣的人加以申斥："愣着干啥。"发愣的人简直成了人人喊打的过街老鼠。

王小波笔下的古人也会发愣，比如"薛嵩发了一会儿愣。"（《万寿寺》）还有，"薛嵩手下这伙雇佣兵从长安城跟薛嵩跋山涉水，到凤凰寨来。……

结果发现这片疆域是一片荒凉的红土山坡。"于是雇佣兵们把薛嵩打了一顿。最有趣的是，谁也想不到这伙雇佣兵打完薛嵩以后会干什么，原来，他们"打完以后却都发起愣来"。

王小波对"发愣"极其重视，"发愣"不仅是古今中外的普遍人性，而且是生活中的重要事件。比如有人对薛嵩说话，"薛嵩听了倒是一愣……愣过了以后……"我读书不算很少，从没见过有人把"发愣"作为人生转折的重要分水岭，竟有"愣过了以后"这样的前后区别。显然，王小波认为"发愣"改变了人生，而"愣过了以后"往往就会大彻大悟。所以，发愣是王小波笔下人物王二的精神常态：

> 现在应该解释的是我为什么老是愣愣怔怔，这是因为我老觉得自己遇见的事不合情理，故而对它充满了怀疑。比方说，我上班时遇上了开会，想道：开这些屁会干什么？难道有人乐意开会？事实上谁也不想开会，但是非开不可。不知道你怎么想，反正我觉得不合情理，就发起愣来。但是哪天我去班上碰上没开会，又会发愣：怎么搞的，回回开会，今天却不开了。结果是为了开会的事要发两回愣。(《红拂夜奔》)

呜呼，"愣"之为用大矣哉！
在小说《红拂夜奔》中，王小波概括了"发愣"的意义：

> 我生活在长安城里也要发愣，或者是人活在世上不发愣根本就不成。不管是长安城还是洛阳城，哪里都有合情合理的地方。但是正如我们都知道的，最为合情合理的就是我们眼前的世界。

我是这样理解的，如果人从不发愣，世界就永远不会合情合理，正因为人有对不合情理的世界或自称"最为合情合理的世界"发愣的能力，所以世界才会一天比一天更合情合理。"眼前的世界"或许确实已经十分合情合理，但能够通过"发愣"来发现合情合理表象下的众多不合情理，然后努力剔除不合情理的部分，使将来的世界比"眼前的世界"更加合情合理，那样生命才有积极意义。从某种意义上说，王小波为之奋斗至死的，就是为了使将来的世界更合情合理而争取神圣的发愣权。

王小波在小说《革命时期的爱情》中写道：

> 吃饭喝水性交和发呆，都属天赋人权的范畴。假如人犯了错误，可以用别的方法来惩办，却不能令他不发呆。如不其然，就会引起火灾。

发呆与发愣是孪生兄弟，而发呆或发愣被王小波前所未有地提到了与饮食男女等量齐观的人权高度。众所周知读书人经常发愣，也最会发呆，所以被不读书、不发愣的人们称为"书呆子"。王小波这段从"发呆"到"火灾"的话逻辑十分混乱，看不出任何"辩证"关系，从不发愣的人们读了也可能愣上一秒，然后嗤之以鼻。而常发愣的人们读了一定十分好奇，然后一定会去读王小波的小说，所以用不着我多费笔墨理顺其中的逻辑。其实故意逻辑混乱的话，往往比貌似逻辑光滑的胡说更有趣，何况王小波的故意逻辑混乱能启人发愣。

二 "想入非非"的王小波

读者显然不明白，中国自古及今的"头头"们为什么要干涉薛嵩、李靖和王二的发愣，并且不遗余力地剥夺这一天赋人权，这个大难题把我也弄得像个愣头青。但我"愣过了以后"，似乎也若有所悟：原来"头头"们认定，人在"发愣"的时候总会"想入非非"。想入非非源出佛学用语"非想非非想"，也就是说，发愣的时候既不是在思想，也不是不在思想；明明在想什么，你问他想什么，他却会愣住说，没想什么。这非想非非想的想入非非，就是发愣，用中国本土的说法叫作若有所思。"有所思"而又"若"，着实难办。所以这非想非非想，就属于"非法非非法"，既是非法，又不是非法，这让"头头"们太头痛了。"头头"们可以规定什么可以想，什么不可以想，但对这非想非非想，就有点束手无策。然而中国文化中恒久不变的道，就是"头头是道"，于是中国的"头头"干脆决定：禁止一切想入非非的发愣，免得添乱。

王小波在其小说杰作《革命时期的爱情》中，举了一个非想非非想亦即"若有所思"的例子：王二在想象中强奸了 × 海鹰。这种"若"而且"有所思"（汉乐府情歌），自然不属于"思无邪"（中国正统诗论）的范畴，然而王小波在批评了王二的"想入非非"之后，惊世骇俗地指出：

> 我还以为这样干虽然很不对，但是想一想总是可以的。要是连想都不让想，恐怕就会干出来了。

我认为这个对"想入非非"的辩护非常充分。越是不允许某人干某事，就越不该禁止他对某事想入非非。假设我是葡萄的主人，虽然我不希望狐狸吃我的葡萄，但我无法禁止狐狸这样想入非非：葡萄一定是酸的。即便狐狸的想入非非不合事实，我也无法（且不说无权）禁止狐狸这么想。况且狐狸的想入非非，不仅丝毫不影响我的葡萄之事实上的非酸非非酸，而且对我十分有利：他会因此走开不来烦我，再也不打葡萄的主意。如果我竟不自量力地禁止狐狸想入非非，或者对根本无力禁止的想入非非勃然大怒：大胆狐狸，你竟敢恶毒攻击，猖狂进攻，说我的葡萄不甜？那么狡猾的老狐狸为了免祸虽然会假装承认葡萄很甜，但肯定要跟我没完，非要想办法（还是免不了要想）把我的葡萄弄到手不可，甚至非要把我的葡萄架拉倒，把我的葡萄藤烧光，也未可知。弄到最后，我不得不承认：这是我逼着他这么干的！而且我也不得不承认：我这么逼他十分愚蠢！我并不认为想入非非一定好，比如王二对 × 海鹰的想入非非，当然有不如无；我也并不认为想入非非一定对，比如狐狸对葡萄的想入非非，未必符合事实。但任何人，尤其是"头头"应该明白：禁止想入非非，丝毫无助于根除想入非非；禁止想入非非，只会迅速催生和大量繁殖想入非非。

但这只是我这种榆木脑袋的想法，问题是任何人同样无法阻止"头头"这样想入非非：我就不信连我这样的伟人也禁止不了别人想入非非！比如

"头头"会这样想入非非：

> 保住一座城市的关键所在，就是让里面的人永远不要想入非非。（《红拂夜奔》）

尽管禁止想入非非是世上最不可能办到的事，然而古往今来不少"头头"却妄图逆天而行，并把逆天而行"正名"为"替天行道"。于是王小波发现：

> 洛阳城和长安城这两座城市很相像——比方说，都在严厉的控制之下，想入非非都属非法。……列朝列代，想入非非都是严格禁止的。（《红拂夜奔》）

王小波也终于明白：

> 想要防止想入非非，必须由最擅长想入非非的人来制定措施。（《红拂夜奔》）

妄想禁止想入非非，是世上最想入非非的事。把最想入非非的事情付诸大规模社会实践的人，不是愚人就是疯子。如果说确有天不变道亦不变的真理，那就是："头头"越想禁止人们想入非非，就越是有人想入非非。王小波的作品，正是想入非非的突出实例。

最后，迷恋想入非非的王小波总结出一条"想入非非定理"（这是我的命名）：

> 这世界上最重要的定理是这样的：凡是两脚直立行走，会使用一种语言的，都是人类，不管他是黄是黑；反正饿了就想吃，困了就想睡，性交以前硬，性交以后软。还有一系列重要特征，比方说听报告就犯困，贫困时就会想入非非。（《红拂夜奔》）

所谓"贫困时就会想入非非",不仅指物质的贫困,也包括精神的贫困,包括马克思所言"哲学的贫困"。王二对×海鹰的想入非非,是由于性能量释放机会的贫困;而激发人们想入非非的根本原因,正是想入非非权利的贫困。换言之,如果不禁止想入非非,世上的想入非非反而会比禁止的时期少一些。而禁止时的想入非非,比不禁止时的想入非非,更加想入非非。可惜禁止想入非非的"头头"们,偏偏不明白这一简单真理。

三 "寻找神奇"的王小波

　　虽然本文是对王小波《时代三部曲》的非学院化解读,但是似乎免不了要回答如下两个问题。

　　一,王小波的小说中,究竟有些什么样的想入非非?对此我不愿透露太多,因为过早剧透会减少你的阅读惊喜。我只能这么说:由于王小波的小说是当代最想入非非的小说,所以凡是试图禁止想入非非的"头头"认为属于想入非非的东西,王小波的小说里差不多全有。

　　二,王小波为什么要写这些想入非非的小说?这是许多不喜欢或不习惯王小波小说风格的读者最不明白的问题,他们认为王小波的小说过于胡闹。这一问题旁人很难胡猜,幸而王小波自己做出了明确回答:

　　　　爱丽丝漫游奇境时说,一切都越来越神奇了。想入非非就是寻找神奇。(《革命时期的爱情》)

　　所谓神奇,就是王小波认为人生不可或缺的"诗意世界"。读完王小波的小说,每一个爱好想入非非的人一定会承认王小波找到了不少神奇的诗意世界,读者也因此眼福不浅地跟随他漫游了不少奇境。为了节省篇幅,我运用窥一斑见全豹的方法,对以上两个问题,一鸡两吃地举一个例子。上文提到王二曾想入非非地在想象中强奸×海鹰,但他拿不准是否可以当面赞美×海鹰漂亮,于是就引出了以下"神奇"的想入非非:

在革命时期里，漂亮不漂亮还会导出很复杂的伦理问题。首先，漂亮分为实际上漂亮和伦理上漂亮两种。实际上是指三围，伦理上指我们承认不承认。假如对方是反革命分子，不管三围和脸如何，都不能承认她漂亮，否则就是犯错误。因此就有：1.假设我们是革命的一方，对方是反革命的一方，不管她实际上怎么样，我们不能承认她漂亮，否则就是堕落。2.假设我们是反革命的一方，对方是革命的一方，只要对方实际上漂亮，我们就予承认，以便强奸她。其他的情况不必再讲，仅从上述讨论就可以知道，在漂亮这个论域里，革命的一方很是吃亏，所以漂亮是个反革命的论域。(《革命时期的爱情》)

很难否认，能够运用归谬法的严密逻辑推理，毫无破绽地推导出"漂亮是个反革命的论域"这种妙论的人，是擅长想入非非的天才。

重要的是，王小波的想入非非既不同于王二对 × 海鹰的想入非非，也不同于狐狸对葡萄的想入非非，王小波的想入非非是令人拍案惊奇的想入非非，王小波的想入非非找到的神奇，是真正的化腐朽为神奇：从毫无诗意的世界中找出诗意，从悲剧性现实中提炼出喜剧性，从合理性世界中挖掘出荒诞性。在这化腐朽为神奇的想入非非中，王小波找到了自己生命与存在的独特意义。他说：

唯一有意义的事，就是寻找神奇。(《革命时期的爱情》)

1997年8月26日—29日

（本文刊于《书屋》1999年第2期。收入张远山文集《永远的风花雪月，永远的附庸风雅》。）

姜文论："我"是谁

——《鬼子来了》的寓意核心

一把枪顶着马大三的前脑门，持枪的隐身者，发出不可违抗的绝对命令："合上眼！"此时，死亡离马大三还很遥远，然而马大三的头一动也不敢动，眼睛也一直没敢睁开。整个故事，就此获得了第一推动力，一直推向悲剧结尾——

一把刀比着马大三的后脖根，持刀的行刑者，借着不可违抗的绝对命令，举起了刀。此时，死亡离马大三如此之近，然而马大三傲慢地转过头来，对整个世界斜睨一眼。头落地，眼眨三下，嘴角上翘，笑了。响彻天地的无声大笑！

片尾的持刀行刑者是谁？每个观众都知道，是日本鬼子花屋小三郎。

片头的持枪隐身者是谁？每个观众都知道，是"我"。

那么"我"又是谁呢？

一

《鬼子来了》改编自尤凤伟的小说《生存》。在小说里，"我"是一点也不神秘的"吴队长"。在电影里，"吴队长"变成了六旺"出了村过了河"去找的"五队长"。

"吴队长"用枪顶着马大三，命令他闭上眼睛，丢下两个麻袋，说是在马大三家暂寄到年三十，却又迟迟不履行承诺前来取走两个麻袋。两个麻袋中，藏着两个俘虏，日本鬼子花屋小三郎、日军翻译董汉臣，导致挂甲台全体村民，陷入了被近在咫尺的日军炮楼发现该村藏有两个俘虏，因而屠杀村民的巨大危险。于是马大三不得不让六旺"出了村过了河"，去请示"五队长"如何处理两个俘虏，同时请求"五队长"尽快让村民脱离危险。

然而"五队长"竟说："我们没往挂甲台搁过人啊！""五队长"说的是实话，搁过人的是"吴队长"。

"吴队长"变成"五队长"，而且否认送来过两个俘虏，拒绝取走两个俘虏，是编导从出发点上着手的颠覆性改编，于是原本略有荒诞但还算合理的小说情节，被彻底荒诞化。片尾字幕里，既没有"吴队长"，也没有"五队长"，然而有那个神秘莫测的"我"。"吴"先转为"五"，再转为"无"，即非人的"我"，因而小说的原有情节即便被保留，也开始朝另一方向发展，最后抵达了与小说情节完全不同的结尾，开掘出与小说寓意完全不同的寓意。

艺术作品的寓意，不能隐晦过深，否则就没人能够索解。然而艺术作品的寓意，又不能过于直露，否则就成了乏味的说教。因此优秀的艺术作品总是既留下暗示寓意的种种蛛丝马迹，又时时用障眼法淡化每一次暗示。比如六旺口中的"五队长"，又衍生出马大三口中的"四队长"、"七队长"，董汉臣口中的"八队长"，都是障眼法。不仅如此，为了不让观众轻易窥破寓意，编导还特意不让"五队长"在电影里直接出现，"五队长"否认送来过俘虏，也由六旺间接转述。对这一至关重要的点题性间接转述，编导又故意让六旺反复使用滑稽绕口令"出了村过了河"转移观众视线。

"我"既非"吴队长"，又非"五队长"，那么"我"究竟是谁呢？答案隐藏于小说没有的、编导增加的一个象征场景：秦始皇始建的长城。又隐藏于小说没有的、编导增加的一个象征人物：慈禧太后的剑子手一刀刘。长城不会说话，所以编导让奉旨行刑杀了民族英雄谭嗣同的一刀刘，亲口点出电影的根本寓意："长城万里今犹在，不见当年秦始皇。"

至此，"'我'是谁"的答案水落石出："我"就是"朕"。"朕"是秦始皇登基时发明的自称，也是末代皇帝溥仪退位之前，所有中国皇帝延用两千多年的自称。

编导试图通过艺术语言的荒诞和不合理，来揭示中国历史的荒诞和不合理。因此小说里的"吴队长"，先变成电影里的"五队长"，再与"吴队长"脱钩，成了神秘化、荒诞化、非人化的"我"，成了绝对权力的象征。就这样，刻画1945年抗日战争胜利前夕特定历史时刻的写实主义小说《生存》，被改编为揭示两千年中国专制史及其必然后果的象征主义电影《鬼子来了》。

中国之西是世界屋脊青藏高原，之南是文化落后的烟瘴之地，之东是一望无际的大海，近代以前，中国人无须对西戎、南蛮、东夷设防，只需对北狄设防，因为中国之北，仅有一马平川的大漠。所以近代以前，中国的边患总是来自北面的大漠。因此秦始皇一统天下之后，不得不建造人为屏障万里长城，其后汉、明等朝也反复加固重建。然而近代技术突飞猛进导致冷兵器时代终结之后，大海不再是无须设防的天然屏障，因此近代以来，中国的外患总是来自东边的大海。然而时移世易，先秦以前极其伟大的中华民族，先秦以后日益丧失其伟大，因为秦始皇以后的无数中国帝王，自以为握有高枕无忧的绝对权力，两千多年来肆意愚弄和无尽戕害着中华民族，导致抵御外侮的能力持续递减，一朝不如一朝，一代不如一代。伟大的中华民族，终于被"教化"、"整治"成了既无胸膛血性，又无头脑理性的卑怯奴隶和狡诈愚民，仅以"好死不如赖活着"为最高生存目标。南征的漠北胡人，西侵的东洋日军，都是外侮，人必自侮，然后人侮之。不敢反抗本国侵害者的民族，必然是不敢反抗异国侵略者的民族。

这就是《鬼子来了》的根本寓意。

二

如果仅有改编的深刻思想意图，却没有改编的高超艺术手段，那么改编就不可能成功。《鬼子来了》的成功之处，首先是编导对小说《生存》的情节删繁就简：在小说里，日本鬼子花屋小三郎与日军翻译董汉臣时分时合、各说各话的对比性复调合奏，既被其他情节遮蔽，又非贯彻始终的情节主线。电影删掉了小说中过于枝蔓的大量情节，运用电影独有的镜头叙述优势，把这一充满张力的对比性复调合奏贯彻始终。而改编得以成功的关键，就是编导找到了能够包容多重寓意，甚至能够包容相反寓意的寓意核心："我"是谁？

片头"我"送来俘虏后，紧随其后的情节主干是审问。审问过程的关键细节，则是马大三提醒五舅姥爷："你老给问问，那个……'我'是谁呀？"村学究五舅姥爷赵敬轩，在愚民政策允许知道的范围内堪称无所不知，令中国头脑休克两千年之久的屁话，他几乎全都知道，诸如"是福不是祸，是祸躲不过"，"来者不善，善者不来"，"养虎为患，夜长梦多"，"不入虎穴，焉得虎子"，"恭敬不如从命"等等，甚至还能用《诗经》体诌出一篇可笑之极的中日契约，然而他同样不知道"'我'是谁"，只能问受审者：

　　"你们给我说说，'我'是谁呀？"

　　受审者满脸困惑："您？这下您可把我难住了，我咋知道您老是谁呀？"

　　这是编导故意制造的一个语言技术故障，《鬼子来了》的寓意核心，正是这一语言技术故障——"我"是谁？

　　揭示这一语言技术故障，在这部虚构的中国电影里，是故意的。然而这一语言技术故障，在真实的中国历史里，也是故意的。辛亥革命推翻帝制以后，中国皇帝不再自称"朕"了，改为自称"我"了。这是一个世纪以来最为重要的名实之辨：君臣实质不变，但名称却混淆于同一个"我"。"名不正，则言不顺"，中华文明之父孔子如是说。悲剧性的二十世纪中国历史，无不源于这一名实混淆的语言技术故障。

　　片头马大三问"谁"时，持枪的隐身人如果不说"我"而说"朕"，不识字的愚民马大三当然不知道"朕"是谁，只能向五舅姥爷请教："你老给说说，'朕'是谁？"博学的愚民五舅姥爷，就会洋洋得意地大笑："这你就不懂了。'朕'就是皇上。皇上哪能像咱们老百姓一样自称'我'？皇上自称就叫'朕'，知道不？"马大三会说："知不道。皇上咋不把话说得更明白些呢？"五舅姥爷可以原封不动地把对"五队长"指示的评论，移用于此："干大事的人，不能把话说那么透啊！"随后五舅姥爷就会对马大三等一干村民说："这差事是皇上派给咱们全村的。谢主隆恩吧！"于是由五舅姥爷领头，挂甲台的全体村民面朝皇都，齐刷刷跪下，磕头如捣蒜。

　　由此可见，倘若没有混淆"我"与"朕"的语言技术故障，中国历史就要重写。倘若没有这一名实混淆的语言技术故障，《鬼子来了》的剧情也要重编，马大三就不必请五舅姥爷代问受审者"我"是谁。五舅姥爷如果想开玩笑乃至卖弄学问，当然可以像孔乙己那样考考受审者："你们给我说说，'朕'是谁呀？"

读过中国书和日本书的中国愚民董汉臣就会大声回答："报告长官，'朕'是所有中国皇帝的自称。我答对了——饶命！"

不过以农民冒充武士的不识字的日本愚民花屋肯定不同意："你答得不对。'朕'是大日本天皇的自称。你们全体中国人都该像我一样，做效忠大日本天皇的奴才——你们杀了我吧！"

倘若真是如此，那么辛亥革命后的中国历史（包括抗日战争史），就有了最合理的解释，不过电影却拍不下去了。正因为辛亥革命后握有绝对权力的"我"都不敢再直截了当地自称"朕"，而是绕着圈子自称"我"，因此"姜文"们也必须绕着圈子把这部电影拍下去。

握有绝对权力的"我"之所以不敢再直截了当地自称"朕"，是因为发动辛亥革命推翻帝制的孙中山已经宣布："世界潮流，浩浩荡荡，顺之者昌，逆之者亡。"从此以后，谁要是胆敢在中华大地上冒天下之大不韪地自称"朕"，就会像袁世凯一样立刻完蛋。所以袁世凯以后，再也没有一个实质上的"朕"，胆敢名正言顺地自称"朕"，只能名不正言不顺地"我""我"不休。于是被愚弄的中国百姓误以为，那个"我"与自己这个"我"一样，如《世界人权公约》所言"人人生而平等"。然而中国百姓又明知那个"我"与自己这个"我"不一样，因此不得不到处打听"我"是谁。

三

"'我'是谁"这一具有根本性的中国问题，一经编导提炼为《鬼子来了》的寓意核心，编导就有意识地反复变奏，不断暗示。编导的高明在于，每一次变奏和暗示，都符合情节主干的逻辑发展，同时每一次都没忘了用障眼法故意打岔。

"我"丢下麻袋以后，鱼儿钻出面柜问："谁呀？"

马大三说："知不道！"边说边解开麻袋，发现装着两个大活人，简直是两颗定时炸弹。

马大三立刻急了："不中！我找他们去！"

没等他开门冲出去，一把刺刀捅破窗户纸伸进来："听着！这两人抓空替我们审审！年三十午夜黑介我们过来取人，连口供一堆儿带走！明白不？"

"明白了！那……到时候，谁来取人呢？"

"我！"

马大三为这棘手之事，去找五舅姥爷拿主意。

"那么的……他叫个啥？"

"没说，就说个'我'。"

年三十白天有人敲门，马大三问："谁啊？"

门外人说："我！"

开门一看，却是送口供来的五舅姥爷。

马大三抱怨道："别'我''我''我'的，我怕这个'我'呀！"

两个俘虏被马大三藏到长城烽火台后，有人没敲门就直接进了外屋。

马大三在里屋问："谁啊？"

鱼儿的儿子小碌碡撩帘进来："我！"

马大三生气道："你别'我''我'的。"

马大三闻"我"色变，已经落下病了。马大三的病，是全体中国人或多或少都有的通病。《鬼子来了》的编导，就以这一精心提炼的语言技术故障，对这一人类史上罕见的疑难杂症，做出了准确诊断。

还有一个与"'我'是谁"相关的语言技术故障，也值得一提。

马大三在门内问"我"："那要是出事了，找谁呀？"

"我"在门外答曰："你！出了半点闪失，要你命！"

这一答非所问，可谓意味深长。马大三的意思是：你不肯说自己是谁，万一出事了我找谁去请示汇报？但他哪敢这么问！只能盲目服从者，也只许有问必答，却没有知情权，没有提问权，更没有反诘权。既然卑怯的奴隶不敢理直气壮地质问，那么握有绝对权力的"我"就总是答非所问。由于"我"对自己的答非所问早已习惯成自然，所以通常意识不到自己在答非所问，即使偶尔意识到了，"我"依然会如此蛮横，因为"我"就是要以答非所问来剥夺"你"的知情权、提问权、反诘权。总之，"我"可以不承诺，也可以承诺后永不兑现承诺，但无论如何，"我"总是拿"你"是问！

从头至尾，马大三没向任何人提及，"我"用枪顶着他脑门的绝对命令："合上眼！"每一个不想死的人，当握有绝对权力的"我"发出死亡威胁"出了半点闪失，要你命"时，除了盲从别无选择。然而马大三毕竟无限羞愧地知道：合上眼的服从，就是"盲从"。正因知所羞愧，马大三最终从没头脑的卑怯奴隶，成长为有头脑的孤胆英雄。他不再害怕"我"拿"你"是问，他成了一个敢于向任何"朕"挑战的顶天立地的大写的"我"。

四

《鬼子来了》令人信服地刻画了马大三如何从到处打听"'我'是谁"的盲目服从者，转变为自问"我是谁"的怒目圆睁者，如何从贪生怕死的卑怯奴隶，成长为舍生就义的孤胆英雄，因此电影水到渠成地改写了小说的结尾。

在小说里，换粮并未成功，换粮途中花屋趁机逃跑，被独眼瘸腿的神枪手四表姐夫一枪撂倒，而马大三、四表姐夫及村民共十三人全部冻馁暴死于冬夜雪原。在电影里，日军队长酒冢因为"你（花屋）跟那帮家伙是签了约的，皇军是讲信用的，再说人家救了你的命"，履行了花屋签下的契约，导致换粮成功，中日军民联欢。

履约后，酒冢合乎逻辑地开始追问六旺："能否告诉我，到底是谁把他送来的？"

就这样，编导滴水不漏地再次回到了片头即告的最大悬念：

"'我'是谁？"

六旺乃至全体挂甲台村民，当然回答不出酒冢的追问。于是酒冢认定：花屋是被挂甲台村民马大三等人绑架而来，瞒过了村口炮楼里的野野村，并未"优待"地关押在地窖里长达半年之久。日军败类花屋因贪生怕死，被迫与马大三及其背后指使者合谋，设下换粮计把日军引来，所以马大三在把日军引来后立刻消失，去带领神秘的"四队长"、"五队长"、"七队长"、"八队长"前来围歼日军。酒家自以为识破了大阴谋，花屋为了洗刷自己在这一大阴谋中犯下了受骗上当的无意之罪，戴罪立功地率先用日本军刀劈死了六旺。恼羞成怒的酒家则一不做，二不休，丧心病狂地下达了"一个都不放过"的屠杀令。

可见导致屠杀的终极原因，正是"我"没有兑现承诺，不负责任地把村民置于险境之中。

屠杀结束之时，响起了昭和天皇宣读《终战诏书》的画外音：

朕何以救亿兆赤子于水火，何以慰皇祖皇宗之灵？此乃朕令帝国政府接受联合宣言之原因。

这是全片唯一的画外音，也是对"'我'是谁"的终极揭示："我"即"朕"！那些唯我独尊的"我"，依然是换汤不换药的"朕"。经过此前无数细节和种种障眼法的故意淡化，尤其是被屠杀唤起了仇恨，被民族感情的激愤洪流冲溃了理智堤坝，大部分中国观众很可能对这一画龙点睛的细节，未加注意。

编导不可能为日寇的屠杀辩护，但是编导试图追问屠杀的历史根源，追问屠杀是否可以避免，也就是对屠杀进行哲学反思。如果仅仅激于义愤，被民族感情冲昏头脑，就难以理解八国联军、东洋日军对中华民族的屠杀为何一次比一次残酷，更难以理解伟大的中华民族的抵抗力，尤其是抵抗意志，为何一朝不如一朝，一代不如一代。如果没有真正的哲学反思，那么未来的屠杀，或许仍难避免，甚至更为残酷。

马大三此后的愤然复仇和慷慨赴死，正是编导对小说水到渠成的颠覆性改编，完成了马大三从奴隶到英雄的成长史。然而英雄马大三没有死于战争结束前的日寇屠杀，却死于战争结束后的当局代表高少校的荒谬判决。这一判决的荒谬性，不在于马大三是否该判死刑，而在于高少校命令对马大三执行死刑的，竟是已经放下武器的日军战俘，而且行刑的武器竟是日本武士的军刀。尤其至惨至痛的是，奉高少校之命，对马大三行刑的日本鬼子，竟是马大三对之仁至义尽的花屋小三郎。这个冒充武士的日本农民，高高举起"我"拱手送还的日本军刀，施行了马大三此前一直未能如愿的"借刀杀人"。这就最终揭示了本片的根本寓意：无论屠戮中国人的具体行凶者是谁，最终的罪魁祸首不是外国鬼子，而是中国鬼子。即使罪魁祸首确是外国鬼子，中国鬼子也不可能为惨遭屠戮的中国死难者讨还公道。自称"最有权力"，斥马大三为"败类"的中国鬼子高少校，站在那里"我""我"不休，正是草菅人命的中国之"朕"。

然而马大三已经从盲目服从的奴隶，成长为人格独立的英雄。马大三的独立宣言是：

> 他说好三十取人，他取了吗？半年都过去了，他要一辈子不来取人，你还给他养活一辈子？啥事总听他们的，就不兴自个给自个做回主！

整部《鬼子来了》，只有马大三一个人从奴隶中脱颖而出，在忍无可忍的压迫下奋起反抗，终于获得了自己的头脑。然而一个有头脑的人，在"朕即国家"的中国是没有活路的。高少校对马大三的最后审判是：

> 中华民族的美德在你身上已经荡然无存，你不配做一个中国人，甚至不配做一个人。

因为在专制中国的字典里，所谓"美德"就是无止境的逆来顺受，所谓"配做一个人"尤其是"配做一个中国人"，就是没头脑的奴隶。于是刚刚获得头脑的马大三，立刻被砍掉了脑袋，成了"顺朕者昌，逆朕者亡"的最新祭品。

然而马大三无疑比从南京到挂甲台的无数中华冤魂更死得其所，更死而无憾，所以他在高昂头颅"仰天长啸"之后，怒目圆睁地"含笑九泉"了。马大三或许没听说过古希腊哲学家伊壁鸠鲁的至理名言，但定格在漫天红色中的最后一笑表明，他已领悟到了类似的哲理：

在死亡尚未来临之前，有什么可害怕的呢？
在死亡已经来临之后，还有什么可害怕的呢？

<h1 style="text-align:center">五</h1>

卡夫卡的小说《万里长城建造时》，对一成不变的中国故事作了如下揭示：

许多人暗暗遵循着一条准则，甚至连最杰出的人也不例外，这就是设法尽全力去理解领导集团的指令，不过只能达到某种界限，随后就得停止思考。

帝制是不朽的，但各个皇帝却会跌倒垮台，即使整个王朝最终也会倒在地上，咕噜一声便断了气。

这是一种不受当今任何法律约束、只遵从由古代延续给我们的训示和告诫的生活。

《鬼子来了》为"不受当今任何法律约束、只遵从由古代延续给我们的训示和告诫"的中国生活增加了一点新意。《鬼子来了》决不是一部描写抗日战争的电影，日本侵略者只是这一中国寓言的道具，使"阳光底下无新事"的中国生活有了一点新意的道具。如果没有这个道具，整个故事就会像两千多年来一样毫无新意。

《鬼子来了》是一部真正的爱国主义电影，但它爱的并非"朕即国家"的专制帝国，而是"我就是我"的自由国度。它告诉观众，"鬼子"绝不是外来的，"鬼子"就在中国人心中，"鬼子"就在中国的土地上。只要心里没鬼，外鬼就无法作祟。赶走从长城以北、海岸以东入侵中国烧杀抢掠的外国鬼子，只是相对容易的暂时胜利；彻底终结从秦始皇以来残酷侵夺中华民族自由幸福的中国鬼子，才是千难万难的不朽伟业。

《鬼子来了》仅仅是为了提出，也仅仅是为了回答一个生死攸关的问题：我是谁？

这一问题，对自由人和奴隶的意义完全不同。前者是涉及精神生命的内在质疑，所以只需自问，不必向人打听"我是谁"。后者是仅及肉体生存的外在困惑，所以无法自问，只能到处打听"'我'是谁"。

《旧约·以赛亚书》曾经如此回答这一问题："自从有日子以来，我就是上帝。"对自由人来说，任何人都不可能是他的上帝。对奴隶而言，主人就是他的上帝。在秦始皇以后的中国，主人就是人主，人主就是皇帝，皇帝就是上帝。作为唯我独尊的"朕"，每一个中国皇帝都不允许任何人成为有尊严的"我"。在辛亥革命宣布"顺之者昌，逆之者亡"的世界文明潮流不允许任何中国人再自称"朕"以后，那些实质上的"朕"在中国已经名不正言不顺，不得不开始自称"我"，然而骨子里依然是"顺我者昌，逆我者亡"的"我"。中华民族与名为"我"实为"朕"的独夫民贼生命不息，战斗不止，付出了史无前例的惨痛代价。这就是全部问题的症结所在。

然而这不仅是中国人的问题，也是全人类的问题。出身武士阶级的日本导演黑泽明，也在其名片《七武士》中深刻揭示过日本农民的愚昧以及导致其愚昧的原因。片中主角菊千代这个冒充武士的农民，对一时冲动想杀掉全村农民的武士悲愤控诉道：

> 真是好主意！你们都把农民看成是什么人哪？一本正经的面孔，一个劲儿地低头行礼，可是尽撒谎！农民这号儿人，吝啬而且狡猾，又是软骨头，心眼儿坏，愚蠢，残忍。他们就是这样该死！
>
> 但是谁把他们搞成这样小气无能的？是你们！是你们武士！一打仗你们就烧村庄，糟蹋庄稼，把吃的给征去，到处拉夫，玩弄女人，有反抗的就杀了。
>
> 你们说他们怎么办好？老百姓怎么办才好啊！

中日两国的东方式奴性和愚昧，并无本质不同，只不过历史进程不同，因而表现方式略有差异。因此，不仅一刀刘、二脖子、马大三（觉醒前）、四表姐夫、五舅姥爷、六旺、疯七爷、八婶子、说唱艺人、刑场看客等中国角色是屈服于绝对权力的奴隶和愚民，花屋、酒冢、野野村、大小电话兵等日本角色也是屈服于绝对权力的奴隶和愚民。在握有绝对权力的"朕"或唯我独尊的"我"面前丧失自我，是全人类都要面对的植根于人性深处的问题。因此《鬼子来了》不仅是中国寓言，也是全人类无法回避的人性寓言。任何力量都阻止不了它成为中国电影史乃至世界电影史上的经典。

电影是成败取决于合作的综合艺术，任何一个环节的重大缺憾，都会成为木桶的最短木板，并限定最终结果的整体艺术水平。集编、导、演于一身的姜文，堪称当代中国最优秀的电影艺术家，他不仅找对了原创小说，而且找对了剧本改编者，挑选的演员也无一不精，组建了一个优势互补的超强创作班底。姜文的全方位天赋和敏锐艺术直觉，保证了《鬼子来了》没有出现一块过短的木板。《鬼子来了》围绕着"我是谁"的寓意核心，运用一丝不苟的缠绕，愈出愈奇的变奏，韵味无穷的台词，精湛绝伦的表演，不断强化寓意，又不断增生寓意，终于抵达了深者得其深、浅者得其浅的艺术高境。

《鬼子来了》启示每一个追求自由、向往幸福的中国人，不必骑马找马地到处打听"我"是谁，更不必诚惶诚恐地到处打听"朕"是谁，而应该自尊自信地追问生命的终极命题——

我是谁？

2004年10月20日—25日

（本文应中国电影学院教授吴迪〔启之〕之约而写，刊于启之主编《姜文的前世今生：鬼子来了》，台湾新锐文创出版社2011年版。收入张远山文集《文化的迷宫》。）

胡兰成论：流氓才子，轻薄文章
——从《今生今世》冷观"胡兰成热"

胡兰成的自传《今生今世》在大陆出版（中国社会科学出版社2003年版），书前有止庵的序，称之为"才子文章"，与林语堂、梁实秋、钱锺书、董桥辈并提。出版方大概认为董桥的市场号召力不够，于是在封套上偷梁换柱："从林语堂、梁实秋、钱锺书到余秋雨，才子散文，胡兰成堪称翘楚。"止庵在序末说："近年来散文领域整理发掘之功甚伟，有所成就者大都已经出土，大概够这个档次的，也只剩下这么一本了。该书面世，庶几功德圆满。"此言十分有效，冲着"功德圆满"，我也很不热心地翻阅一过。是的,《今生今世》确是才子文章，可惜并未跳出才子文章的必有窠臼：轻薄。轻薄是才子文章的正味，不轻薄不成其为才子文章。胡兰成是流氓才子,《今生今世》是轻薄文章，其流氓与轻薄，弥漫全书，无处不在。

一 迷胡捧胡的一派胡言

历来有捧胡贬胡两派，两派都有张迷和非张迷，所以实为四派。

张迷的贬胡，是因为胡对张始乱终弃，但凡有人对不起张爱玲，均不假辞色。此派角色过于投入，高举道德大旗，实则纯出私怨，不足以否定胡的艺术成就。

非张迷的贬胡，有两条理由：一，胡是汉奸；二，胡是浪子。前涉政治，后涉道德，因人废言，也不足以否定胡的艺术成就。

张迷的捧胡，是出于爱屋及乌，"世上但凡有一句话，一件事，是关于张爱玲的，便皆成为好。"（《今生今世》143页，下引均略书名，仅标页码）此派捧胡只为迷张，同样角色过于投入，不足以肯定胡的艺术成就。

非张迷的捧胡，貌似不因人废言，以艺术标准作公允之论，实际上完全违背事实，捧胡愈甚，愈是搞笑；徒然以丑为美，自曝其丑。

大抵而言，对胡的评价，前三派均与艺术无关，最后一派尽管言必称艺术，然而纯属一派胡言。此派大将余光中说："《今生今世》文笔轻灵圆润，用字遣词别具韵味，形容词下得尤为脱俗。胡兰成于中国文字，锻炼极见功夫，句法开阖吞吐，转折回旋，都轻松自如游刃有余，一点不费力气，'清嘉'而又'婉媚'。"最可怪的是，此派先锋卜少夫竟然认为："都说张爱玲才气高，其实胡兰成才气更高。"真是睁着眼睛说瞎话！即使没读过张爱玲，或者读不懂张爱玲，那么对《今生今世》中胡兰成反复申说的自惭形秽，起码不该视而不见吧？

在她面前，我才如此分明的有了我自己。（145页）

我使尽武器，还不及她的只是素手。（146页）

在爱玲面前，我想说些什么都像生手拉胡琴，辛苦吃力，仍道不着正字眼。（147页）

我在爱玲这里，是重新看见了我自己与天地万物。（156页）

我在爱玲这里亦有看见自己的尸身的惊。我若没有她，后来亦写不成《山河岁月》。（156页）

我却不准确的地方是夸张，准确的地方又贫薄不足，所以每要从她校正。前人说夫妇如调琴瑟，我是从爱玲才得调弦正柱。（157页）

我自中学读书以来，即不屑京戏、绍兴戏、流行歌等，亦是经爱玲指点，我才晓得它的好，而且我原来是欢喜它的。（157页）

我都伺候看她的脸色，听她说哪一幅好，即使只是片言只语的指点，我才也能懂得它果然是非常好的。（159页）

我是从爱玲才晓得中国人有远比西洋人的幽默更好的滑稽。（160页）

爱玲是其人如天，所以她的格物致（知）我终难及。（158页，大陆版讹误极多，括弧内为笔者意补）

我是凡我所做的及所写的，都为的是从爱玲受记，像唐僧取经，——向观音菩萨报销。（260页）

我读自己的文章时，以为已经比她好了，及读她的，还是觉得不可及。(342页)

除了上引诸条，胡兰成的主要服输语如下："我是生平不拜人为师，要我点香亦只点三炷半香。一炷香想念爱玲，是她开了我的聪明。"(270页)然而不少极端捧胡派（男名人居多）竟认为是胡兰成开了张爱玲的聪明，似乎若无胡兰成浮花浪蕊的两年垂爱，张爱玲的成就不克臻此。胡兰成为了自我贴金而转述的张爱玲语，也强烈反驳着这一谬见："我倘使不得不离开你，亦不致寻短见，亦不能再爱别人，我将只是萎谢了。"(246页)

短暂的胡张恋之后，张爱玲的后半生，就是一个长长的萎谢慢镜头：她为了生存而与美国左翼剧作家赖雅缔结的异国婚姻，证明了情感世界的萎谢；她把后半生作品极少因而"没写出更多的《连环套》，始终自视为消极的成绩"，证明了艺术才华的萎谢；而她手持金日成逝世报章的最后留影，则证明了萎谢的彻底程度，惨不忍睹一如罗丹的欧米哀尔。可见并非小才子胡兰成造就了大才女张爱玲，而是小才子胡兰成毁掉了大才女张爱玲。幸亏张爱玲不是在周训德的年龄遇到胡兰成，否则必将没有张爱玲，仅有张佩纶的孙女张煐。

另一句话也值得玩味："美是个观念，必定如何如何，连对于美的喜欢亦有定型的感情，必定如何如何，张爱玲却把我的这些全打翻了。"(144页)胡兰成大张爱玲十五岁，遇张之时已近不惑之年，中国旧式文人已经自称老夫，却不怕腻心地装嫩扮小，说什么"我今使用的言语文字，如小孩乳齿才堕，真齿未生，发音不准确，连我自己听了都未见得能意思明白。"(273页)其实胡之一切早已定型，不可能被张爱玲彻底打翻，更不可能重开聪明。胡的发音不准确，意思不明白，决非新长真齿所致，而是原本固有的才情寡浅，心怀鬼胎的吞吞吐吐，再加上真齿被张爱玲打落以后，头童齿豁的口齿不清。

承认张爱玲"不可及"，"太厉害"(342页)，说明胡兰成的所有自负语，都是哗众取宠的做戏，根本没有自负的底气，更没有自负的资本，实在心虚得很。如此寡廉鲜耻的油头小光棍，居然至今能把众多读者乃至众多名人骗得团团转，可见中华大地至今仍是骗子流氓纵横驰骋的"王天下"乐土。

胡兰成的《中国文学史话》，津津乐道"王天下"，扬言要以中国礼乐文章，开出世界新文明的一统天下，俨然自居教主，宣布什么"大自然的五法则"，可笑得不值一驳。《山河岁月》未见，不过尝一脔可知全鼎，估计也高明不到哪里去。所以本文只想对其最获赞誉的《今生今世》略施薄惩，而且蛇打七寸，擒贼擒王，仅从文章之道的艺术角度立论，单挑捧胡派极赏的文章之好，至于其流氓无行，史迹斑斑，毋庸赘言。

二 张爱玲的馋唾水

《今生今世》全书，透着一个"旧"字。当代中国的文化节令，正处于旧文化死而不僵、新文化呼之未出的尴尬时代。尴尬时代的尴尬人们，普遍情绪是怀旧，而且所怀之旧的最短时间距离是五十年，于是胡兰成这个五十年前的旧式无行才子走了大运。当代人的怀旧，不是因为旧确实好，而是因为对五十年来的中国社会不满，对自身状况无奈，同时无力开新，因此只能怀旧。所怀之旧既然乏善可陈，故而只能欣赏那些恶之花，如胡兰成氏。

胡文之旧可分四类：其一，张爱玲的尖新语，被他一用再用，于是用旧用滥，滥得令人生厌。其二，传统的陈言套语。其三，旧式文艺腔。其四，旧式流氓腔。以下摘引《今生今世》文句，破折号后略加点评。此书触目皆是腻心语，多引令人作呕，所以摘引不欲其全，评点不求周延。翻阅过的另外两本胡著《中国文学史话》、《禅是一枝花》，此类腻心语同样极多，为免过于"雾数"，基本放弃。

> 我与爱玲在一起，从来是在仙境，不可以有悲哀。（246页）
> 我是与凡人亦相悦，所以能遇仙（指周训德）。（190页）
> 将近半夜，灯下惺忪迷离，人（胡兰成、周训德）成了像壁上的

和合二仙。（190页）

她（范秀美）这样一个本色人，偏是非常艳，好像游仙窟里的。
（289页）

——胡兰成重彩浓墨描写的三个女人，居然都是仙。仙字的两个出处均为张爱玲。一是张爱玲告诉胡兰成，《水浒传》形容宋江所见的九天玄女"天然妙目，正大仙容"（163页）。二是"一次听爱玲说旧小说里有'欲仙欲死'的句子，我一惊，连声赞道好句子，问她出在哪一部旧小说，她亦奇怪，说'这是常见的呀'，其实却是她每每欢喜得欲仙欲死，糊涂到竟以为早有这样的现成语"（154页）。直到多年以后写《今生今世》，胡兰成仍在自作聪明地说张爱玲"糊涂"，以为"欲仙欲死"并非旧小说常见套语，而是张爱玲自铸伟词，足证学问之差，读书之少，难以想象张爱玲当年竟然着了他的道儿。恋爱中的女人真是智力低下！

她（白蛇娘娘）即刻心里对他（许仙）非常亲。（24页）

他（胡父）的人与事物皆如此历然，使我对于自己亦非常亲。（45页）

元明剧曲小说里常有说"天可怜见"，我们（胡兰成、周训德）就是天可怜见儿的两人，在灯火人丛中只是觉得亲。（199页）

我只觉此身甚亲，训德甚亲。（205页）

往时在金华道上逃难，只觉得两人（胡兰成、范恩美）非常亲。
（296页）

——这个自诩天道无亲，实则天性凉薄的无行浪子，从来不把任何亲人当亲人，竟如此爱用"亲"字。此字窃自张爱玲的"现代的东西纵有千般不是，它到底是我们的，于我们亲"（159页）。胡兰成不过是鹦鹉学舌地乱用。

半炷香谢池田笃纪，最早是他使我看见汉唐文明皆是今天。（270页）

——此句窃自张爱玲的"漫山遍野都是今天"（165页），本来谈不上好，基本上是病句，顶多是张爱玲的馋唾水，胡兰成却有唾面自干、窃窃自喜的旧式不要脸。

胡兰成不打自招地承认："我现在看一样东西能晓得它的好，都是靠的爱玲教我。又我每日写《山河岁月》这部书，写到有些句子竟像是爱玲之笔，自己笑起来道：'我真是吃了你的馋唾水了。'"（273页）

胡兰成吃的是张爱玲的馋唾水，捧胡派吃的是胡兰成的馋唾水。

三　胡兰成的旧脑筋

除了从张爱玲那里鼠窃狗偷，胡兰成就是背靠传统好乘凉。《今生今世》用词旧，文法旧，意识旧，见解旧，胡兰成实在是旧得不能再旧的旧式才子。

> 我总觉两人（胡父胡母）没有变老过，说金童玉女，大约是从现世有这样的人而想出来的。（46页）
>
> 她与我父亲数十年夫妻如金童玉女，是第一贵。（53页）
>
> 两人（胡兰成、张爱玲）怎样亦做不像夫妻的样子，却依然一个是金童，一个是玉女。（155页）
>
> 我与她（张爱玲）亦不过像金童玉女，到底花开水流两无情。（297页）

——"金童玉女"之类又旧又乏的陈词滥调，正是胡兰成自己供认的"道不着正字眼"，却被他误视为正字眼，所以乐此不疲，一用再用。"花开水流"的正字眼，应为"水流花谢"，因为"花开水流"仅是"一无情"，并非"两无情"。捧胡派或许会强辩说，此处的道不着正字眼，乃是故意的，意在暗示张爱玲对胡"花开"有意，胡兰成对张"流水"无情。尽管这一顾盼自雄的流氓嘴脸见于全书，但是胡兰成从不具备如此绵里藏针的文心，所以胡氏笔下出现过无数次"花开水流"，却未出现过一次"水流花谢"。胡兰成只要背熟一句现成语，总是"小和尚念经，有口无心"地照搬，从不根据语境略做变通，所以文句根本经不起推敲，一旦推敲必定句句不通。即使文法勉强可通，也必前言不搭后语，逻辑完全不通。整部《今生今世》，只听得无数癞蛤蟆纷纷跳入池塘，不通不通。余光中称许的"锻炼极见功夫"，实为郢书燕悦的莫大误会，胡兰成根本不懂何为"锻炼"。

　　我父母的一生都是连没有故事。（46页）

　　我连不以为她（张爱玲）是美的。（144页）

　　她（周训德）的人是这样鲜洁，鲜洁得如有锋棱，连不可妥协，连不可叛逆。（181页）

　　邻房是个德国人，悭吝得叫人连不好笑。（153页）

——这种"连……"字句式，是旧而不通的胡文标记，几乎每页都有。并非"叫人连不好笑"，而是叫人连连好笑。

　　（父亲）坐在我对面，使我只觉都是他的人。（46页）

　　她（张爱玲）的亦不是生命力强，亦不是魅惑力，但我觉得面前都是她的人。（144页）

　　听我说话，随处都有我的人。（148页）

　　小周每当大事，她脸上就变得好像什么表情亦不是，连美与不美亦不是，而只是她的人。（187页）

　　她（周训德）的没有受过技术训练的声音里都是她的人。（192页）

　　我什么思想都不起，只是分明觉得有她（范恩美）这个人。（214页）

——"都是他（她）的人"句式，也属道不着正字眼，决非不著一字，尽得风流，而是又旧又笨，朽木不可雕。

世界上唯有中国，儿女与父母是平人。（49页）

中国是民间亦贵，因为人世有礼。（50页）

原来佛经的美，中国的诗词里都有。（261页）

这两部书（《易经》、《周礼》）里的天道人事，原来还比佛经更好。（261页）

——这种横空出世、毫无依据的武断语，是浸透了旧意识的旧见解，脑筋不新的中国人听来实在舒服，可惜又旧又酸，只有半瓶醋。

十分对的东西反为好像不对似的。（47页）

一时又讲我的生平，而张爱玲亦只管会听。（145页）

——"反为不对"、"只管会听"之类绍兴方言，与"亦"、"唯"之类文言词，合成为极其拙劣的夹生文风。在革命语言一统天下之后，与绝大多数缺乏语言特色的作家作品相较，这种夹生文风一如近体诗中打破平仄的拗体，因其少见而翻旧为新。

《今生今世》使用了大量绍兴方言词汇，诸如"逆簌"，"寸当"，"各异"，"出山"，"半下昼"，"萎瘪瘪"，"呆鼓鼓"，"自有一经"，"闹热堂堂"，"脸上有毛"，"耐心耐想"等等，这都容易让难明其义的外乡人感到新颖别致，难怪并非绍兴人的余光中，觉得"用字遣词别具韵味，形容词下得尤为脱俗"。实际上又旧又霉，恰如绍兴霉干菜。

四 胡兰成的文艺腔

胡兰成的旧脑筋，在文本中表现为一种霉气熏天的旧式文艺腔。张爱玲极其鄙薄"新文艺腔"，胡兰成却是满纸旧文艺腔。胡兰成学张远未出师，所以张爱玲避而不受胡氏的第一炷高香。新文艺腔的特征，是一知半解地滥用革命词、进步词、新名词、新式大词。旧文艺腔的特征，是一知半解地滥用陈言套语、传统大词。两者的共同点，就是缺乏亲切真知，决无独到见解，热衷于滥抒情、伪抒情、浮泛抒情、矫情煽情，永远道不着正字眼。

> 中国文明里惊天动地的事是看见了人（发妻玉凤）的素面。（100页）
> 张爱玲的顶天立地，世界都要起六种震动。（144页）
> 佛经里说的不可以三十二相见如来，她（张爱玲）的人即是这样的神光离合。（152页）
> 佛经里描写如来现相，世界起六种十八相震动。（156页，形容张爱玲）
> 你不禁想要叫她（张爱玲），但若当真叫了出来，又怕要惊动三世十方。（166页）
> 被她（张爱玲）一叫，才知道惊动了人天。（260页）

——由于道不着正字眼，新旧文艺腔都极其夸张。美妙的夸张是生动泼辣的，不可移易的，文艺腔的夸张却是程式化的，千篇一律的。"三十二相"，"六种十八相"，"三世十方"，都是佛学皮毛，粗知佛学者羞于挂齿。由于今人不读佛经，这些为下根说法的程式化口诀，居然也能卖个新鲜。

> 我母亲陪坐说话，唯是清嘉，亦令人不厌。（50页）
> 中国人的伦常称为天性，不可以私昵，而唯是人世的大信，使我对于自身现在作思省。（47页）
> 我五哥的坟却是人世的委婉循良，令人叹息思省。（53页）

——"清嘉"，"私昵"，"循良"，"思省"之类带文言色彩的旧词遍布全书，是缺乏文心巧思的标准旧文艺腔。由于道不着正字眼，半吊子作者最爱乱用这些并不真懂的华丽词汇，半吊子读者也最为佩服，谓之"有文采"。为了有文采，中国旧式文人笔下大量出产这种莫名其妙的病句，几乎无病不成文。乱用不确切的华丽词汇这一特殊文艺腔，另有更为精确的别名：学生腔。老来学艺的胡兰成，只有荒腔走板的学生腔，压根儿不明白文章之道的最高境界是朴素。

> 我父母在郁岭墩的坟，他年行人经过或已不识，但亦这自是人间岁月。……他们生前虽只是平民，但与良将贤相同为一代之人，死后永藏山阿，天道悠悠皆是人世无尽。（47页）
>
> 宾主相对虽只得一个时辰，却似人世迢迢已千年。（51页）
>
> 竹子的好处是一个疏字，太阳照进竹林里，真个是疏疏斜阳疏疏竹，千竿万竿皆是人世的悠远。（66页）
>
> 远山远水，皆在斜阳蝉声里，如我此生的无穷尽。（79页）

——"但亦这自是人间岁月"，"皆是人世无尽"，"人世迢迢已千年"，"人世的悠远"，"此生的无穷尽"，怎一个滥字了得！胡兰成的所有空泛议论，可用一词概括：不及物。这是一切冬烘头脑的通病：以思想的姿态不思想，以现成的空洞大词概括一切，却自以为一招鲜，吃遍天。

> 对于好东西亦要像君子之交淡如水，不落情缘，才得性命之正。（59页）

——此类逻辑混乱的传统大词杂耍，充斥于胡氏笔下。中国人被传统大词洗过脑后，就不可能再有自己的头脑，还把会背种种现成口诀，视为"有文化"。无数人念叨过令人诚惶诚恐的"性命之正"，但是没人能够阐明何为"性命之正"。"有文化"的中国骗子，只让每个人自己悟！悟不出来是你笨，必须自惭悟性不够。一旦"悟"出来，你就成了一路货，也开始用"性命之正"之类不及物的贫泛话头蒙人。

> 我家这样七零八落，但亦总是民国世界的事。（53页）
>
> 我大起来，富贵荣华与贫苦忧患都过，不挑东嫌西，而凡世人过的日子亦果然是好的。（58页）

——这种没意思的破话，除了把富贵荣华者、贫苦忧患者全都哄得欢天喜地找不着北，还有什么作用？佞人胡兰成的最大本事，就是擅长用没意思的破话，把无知浅学哄得欢天喜地找不着北。

> 阿含经里佛与阿难乞食，唯得马麦，阿难觉得委屈，佛告阿难："如来所食，乃天人馔。"还不及我们家的世俗真实。（45页）
>
> 嵊县溪山入画图，我父亲即可比那溪山，不靠仙佛来护佑，倒是仙佛来依住。（46页）
>
> 胡村是男人有名字亦不传，何况女人，我母亲只是胡门吴氏。胡村人是好像皇帝后妃，只有朝代年号，名字倒反埋没。（50页）
>
> 原来佛度众生，以及真命天子的天下人来到他面前都变好了，变有用了，亦不过是这样。（115页，此语赞美斯太太的待人接物。）
>
> 我觉她说生老病死，还比释迦说得好。……小周这种宜嗔宜喜的批评人，使我晓得了原来有比基督的饶恕更好，且比释迦的慈悲亦更好的待世人的态度。（183页）

——这是佞人胡兰成先用极度夸张，无限抬高与己相关者，借以无限拔高自己的数例。养育胡氏的伧父村妇，居然可比仙佛帝后！窝藏胡氏的斯太太，居然可比佛与真命天子！爱慕胡氏的周训德，居然比基督、释迦更好！踩着如此高跷的胡氏，于是高到九霄云外，无可比拟了。

> 她（周训德）的烦恼是像三春花事的无收管。（184页）
>
> 说时她（周训德）眼眶一红，却又眼波一横，用手比给我看那鞋的形状，我听着只觉非常艳，艳得如同生，如同死。（182页）

——此类颇具"禅意"的蠢话，最为浅学无文者激赏。不知哪位捧胡派，能够解释究为何意。"禅意"均为此类买空卖空的货色，自己实为没悟性的钝根下愚，倒怪上当者没悟性。不上当者，反被目为钝根下愚。

我父亲的慷慨豁达是《古诗十九首》里的。(46页)

——胡父居然如此有"古意"。与"禅意"一样,"古意"也是令人大脑瘫痪的精神核武器,闻者辟易,无不缴械。捧胡派若是认定佳妙,我愿洗耳恭听妙在何处。

西洋雕刻或绘画人像,总强调表情,唯印度佛像能浑然不露,但中国民间的画工有本领单是画出天地人的人。(39页)

——请教捧胡派,何为"天地人的人"?按照这种"开阖吞吐,转折回旋"(余光中语)的句法,西洋画家画出的表情,不过是"喜怒哀乐的乐",当然不好;浑然不露的印度佛像,毕竟是"神鬼仙佛的佛",总算比西洋略好;至于中国画家的画,因为是"琴棋书画的画",所以最好。读者诸君且莫笑,此类大脑休克的填字游戏,在《今生今世》中满谷满坑。这种弱智逻辑,不仅见于一切胡著,而且大言不惭地自称"理论"。

她(周训德)的人就如同《旧约·创世记》的第一句:"太初有字。"只是一个字。(185页)

——真是只著一字,尽得风流。胡兰成毕竟是"民国世界"的人,旧中颇有新,同时粗知一点西学。不仅知道中国的《古诗十九首》和礼乐仙佛,而且知道西洋的雕刻绘画和《旧约》基督,然而旧学不深,仅得其皮,新学更浅,略沾其毛,只能骗骗嘴上没毛的浅人,包括嘴上有毛、自居深人的浅人。

她(胡母)走路这样安稳,没有一点夸张,亦只是人与天地为三才,日月丽于天,江河丽于地,而她的人则在天地间,与世人莫失莫忘,仙龄永昌。她在家里,是洗出衣裳或饲过蚕,稍有一刻空,就自己泡一碗茶来吃吃,我在傍嬉戏,见母亲一人坐得这样端正,室中洒

落悠闲，只觉有道之世真是可以垂衣裳而治。（51页）

　　——此节可作《今生今世》的标准样本，陈列于胡记杂货铺的样品橱窗。"只是人与天地为三才"，又是传统不及物大词的可笑杂耍。"日月丽于天，江河丽于地"出自《易传》，"莫失莫忘，仙龄永昌"出自《红楼梦》，与胡母根本挨不上，夸张得令人血压升高。从胡母洗衣裳，居然联想到黄帝"垂衣裳而治"，亏他想得出！并非妙得亏他想得出，而是蠢得亏他想得出。只有空壳脑袋才会这么想，也只有空壳脑袋才会激赏。余光中赞曰，胡氏行文"轻松自如游刃有余，一点不费力气"。如此生吞活剥、硬装榫头的堆砌，当然不用费一点力气。余光中并非空壳脑袋，居然也会临时大脑缺氧。

　　罗西尼听一位蹩脚作曲家弹奏自度曲，频频脱帽。作曲家喜不自禁，不料罗西尼说，我在先生的作品里，遇到很多熟人，只好不断行礼。我读胡氏烂文，也不得不频频脱帽。以胡氏之弱智，终究不懂何为创调之才。作为流氓才子，胡氏固然并非毫无才学，上海滩的流氓为了欺压良民，也会几招花拳绣腿。胡氏泛泛读过有限几部当代国人基本不读的寻常旧书（有捧胡派在《新民晚报》上推崇为僻书），然而全无会心，绝无心得，仅仅记住少量口诀套语，就霸王硬上弓地乱用，鼻子里插葱地装象。尽人皆知，胡氏是升迁运不错的窃国小贼，又是桃花运更佳的采花大盗，但是少有人知，胡氏还是剽窃旧书的飞天神偷。偷盗成性的胡氏，乃是到处伸手、不偷手痒的惯犯，终生贼心未改。捧胡派宽恕胡氏的偷权窃国，艳羡胡氏的偷香窃玉，理由乃是胡氏文章极好，殊不知胡文之好，根本不是自己的。胡氏习惯成自然地把旧书的七宝楼台拆散，毫不贴切地砌入自己的违章建筑，明眼人觉得碍眼，知道是驳杂不纯的百衲衣，更是漏洞百出的乞丐服，剥去这身外衣，胡氏必将一丝不挂，片缕不存。浅学者不知胡文每丝每缕的来历出处，于是误以为胡文珠玉闪烁，斑驳陆离。昏愦者自己也逻辑混乱，当然看不出胡氏的逻辑短路，反而误以为胡氏博学横通，才高八斗。于是窃钩者诛，窃国者侯，胡氏烂书闹中华，乱花渐欲迷人眼，举国若狂，如中巫蛊。天下英雄，人间白痴，尽入胡氏彀中。

五　胡兰成的流氓腔（上）

作为轻薄的小才子，胡氏烂文充满文艺腔，已如上述。作为无行的大流氓，胡氏烂文大耍流氓腔，略举如下。

> 我是幼年时的啼哭都已还给了母亲，成年后的号泣都已还给玉凤，此心已回到了如天地不仁。（129页）
>
> 李白诗"永结无情契"，我就是这样一个无情的人。（317页）

——才、情二调，在中国语境中各有三种境界：生而知之，学而知之，学而不知；太上忘情，情之所钟，最下不及情。其实被推为最高境界的"生而知之"、"太上忘情"根本不存在。中国式假谦虚真自负的惯技是：假谦虚地承认自己尚未抵达不存在的最高境界，真自负地宣布自己仅仅抵达了实为最高的第二境界，既表达了自负，又额外赚取了谦虚之名。所谓"爱玲开了我的聪明"，正是蹈袭孔子的"非生而知之者，学而知之者"，假谦虚第二境界，真自负最高境界，实际上是"学而不知"的蠢材。胡兰成的小聪明，就是文章反做，宣布自己无情，自诩最高境界"太上忘情"，以此掩盖"最下不及情"的浪子本色。直承自己是无情的真小人，当然比假谦虚的儒林伪君子"可爱"，于是胡兰成的流氓腔大获彩声。

> 我每回当着大事，无论是兵败奔逃那样的大灾难，乃至洞房花烛，加官进宝，或见了绝世美人，三生石上惊艳，或见了一代英雄肝胆相照那样的大喜事，我皆会忽然有个解脱，回到了天地之初。像个无事人。且是个最最无情的人。当着这样的大事，我是把自己还给了天地，恰如个端正听话的小孩，顺以受命。（124页）

——所谓"端正听话，顺以受命"，实为流氓对其全无心肝的动听托辞。表面上是对好事祸事都不动心，实际上是好事我自享之，视为天赐，祸事决不"思省"，拒绝忏悔。

我应当是个善恶待议论的人。(213页)

　　——这是胡兰成故示闲暇的障眼法，以示自己超越于世俗道德的善恶评判。

　　为敷衍世情，不欲自异于众。(275页)

　　——这是胡兰成自述心曲的掩映法，以示自己大异众人，其实是泯然众人一俗物。多数真小人，都是得逞以后偷着乐。胡氏敢在得逞以后亮出底牌，确是真小人中的异数。

　　原来人世邪正可以如花叶相忘，我做了坏事情，亦不必向人谢罪，亦不必自己悔恨，虽然惭愧，也不过是像采莲船的倾侧摇荡罢了。(116页)

　　——流氓的"惭愧"，仅是"倾侧摇荡"的做戏，当不得真。唯一的真消息，是不谢罪、不悔恨的流氓式傲慢。

　　其实我的生气伤心有一半是假的……其后我做了时局的弄潮儿，遇到大惊险大困难，每每忧伤憔悴亦像这样有一半是假的，会得对自己的感情游戏，才不至于掩脸沉没。(103页)

　　——游戏风尘，在中国语境中是极为高妙的，胡兰成堪称此道高人，尤其高在供认不讳。有贼心没贼胆者，固然仰之弥高。有行动的贼胆，却没承认的贼胆者，同样仰之弥高。

　　我长大了能不因毁誉扰乱心思。(54页)

　　——可见"中国文化"予以高评的"宠辱皆忘"，"四十不动心"，未必都是丧忘名利的高远境界，也可以变成"富贵荣华我自享之，哪管他人毁誉笑骂"。

> 旧时中国家庭，则小孩是到了日月雨露的人世，做人真刀真枪，虽父母亦如天地不仁。我大起来若有豁达与认真，即因我是这样的出身。（61页）
>
> 大起来我也读过一回西洋哲学，但是不想求真理，因我从小所见的东西都是真的。（66页）
>
> 不喜欢基督教的无故郑重其事。（83页）
>
> 那种现代西洋的严肃其实只是认真的儿戏，计算得极精密的浪费，到头是个大诳。（104页）

——胡兰成是有故也不郑重其事的中国式流氓，当然必须反对认真。混淆"真东西"与"真理"，正是中国式流氓的胡搅蛮缠，暗示别人所见都是假东西、伪真理，唯有他独得天启，独得便宜。流氓式"豁达"乃是全无操守，流氓式"认真"乃是逢场作戏。胡氏断言西洋式严肃认真"是个大诳"，是对其不严肃不认真的流氓式自我辩护，因而赢得了君子其表、流氓其里者之欢心。

> 我二十几岁时真也危险，因为实在什么本领也没有，竟不被社会打落，要算是天意。衣食的事我切心是切心，但即在彼时，我亦少有幻想或惊怖绝望，并非我有自信，却是人性的存在自是个有余，我就如此的生在天道悠悠里。（109页）
>
> 我且要把知识收起，当心好不要于不知不觉之间流露出威严与慷慨豪爽，要装得是个未见过大场面的人。（281页）

——"要把知识收起"假装无知，可见"实在什么本领也没有"是个假谦虚的大诳。对自己"见过大场面"如此得意，俗得与"先前阔过"的阿Q无异。

胡兰成的真自负是，游戏风尘一世，始终如鱼得水，有惊无险。不仅玩得过瘾，而且无须支付任何代价，因为总有贵人相助。但他并不真心感激相助的贵人，只认为"不被社会打落"，乃是吉人天相的"天意"。胡兰成自信"有余"的，决非什么"人性的存在"，而是自古至今纵横"王天下"的流氓手腕。

> 《维摩诘经》里有一节写天女散花，不着佛身，不着菩萨身，我亦如此，罪福一时皆尽，不着于身。（213页）

——胡兰成对于失节事敌以后，竟能侥幸逃脱惩罚，得意之极，因而自比佛菩萨。如此贱人，即使佛法广大，菩萨慈悲，护法金刚也必一棒打杀。

> 中国民间则从来不信坏事情坏东西会长久，长久的只有是好的事情，好的东西。（71页）

——中国民间的真正盲信，并非胡兰成所言，而是与之相反的"好人不长命，祸害传千年"。胡兰成一切为我所用，对我有利则信之，对我不利则不信之。以自己成功逃亡，安度余生，证明自己并非不长久的坏东西，而是能够长久的好东西，于是得意于"不被社会打落"，"此生的无穷尽"。张爱玲情迷心窍，帮助胡兰成躲过正义的惩罚，诚然难辞其咎，但她不必为胡兰成的流氓本性负责，因为她也是这个流氓的受害者。

> 她（张爱玲）是陌上游春赏花，亦不落情缘的一个人。（150页）
> 她（张爱玲）非常自私，临事心狠手辣。（148页）
> 她（张爱玲）亦一概无情。这与我的做人大反对。（149页）
> 她（张爱玲）这个人呀，真真的像天道无亲。（158页）

——胡兰成一方面自称"不落情缘"和"最最无情"，另一方面却把张爱玲描写得比他更不落情缘也更加无情，甚至说张的为人与他的做人"大反对"，似乎他原本是有情有义的君子，张爱玲为他开了聪明以后，他才变成了无情无义的流氓。这是《今生今世》编织的最大的大诳，胡兰成刻意利用张迷对张爱玲的偏爱，为其流氓无行和全无操守开脱。

张爱玲虽非完人，但是起码决不游戏风尘，具有胡兰成根本没有的西洋式严肃认真。

六　胡兰成的流氓腔（下）

胡兰成的最大流氓，是对他人的无不利用。他对汪精卫、日本人的利用自不必说，因为汪精卫、日本人也利用他。但他对世人乃至亲人的无不利用，却是十足的流氓本色。

> 我在忧患惊险中，与秀美结为夫妇，不是没有利用之意，要利用人，可见我不老实。（236页）

——直承"不老实"，就让乡愿们觉得毕竟还算老实。这是真小人的小聪明。

其实他对路易士（即诗人纪弦）的评论，正可用于自况："老实人装狡狯，不过使人笑，而狡狯者装老实，却使人憎，使人恐怖。"（胡兰成《中国文学史话》164页，上海社会科学出版社2003年版）

> 我与她（张爱玲）为夫妇一场，钱上头我先给她用的与她后来给我用的，差不多是平打平，虽然她给我的还稍许多些，当然两人都没有计算到这个，却仿佛是天意。（333页）

——胡兰成对张爱玲的利用，最后竟以算账的方式流露出来，真是俗之又俗的俗物！他敢于雾数泼皮到这种地步，难怪张爱玲被吓得不敢吱声。

可见他自称对张爱玲"感激",纯粹是糊弄张迷、"敷衍世情"的做戏。明明算到了"平打平","稍许多些",却说"两人都没有计算到这个"。况且所言均非事实,与另两处一比便知:"爱玲的书销路最好,稿费比别人高,不靠我养她,我只给过她一点钱,她去做一件皮袄。"(166页)"她是等我灾星退了,才来与我诀绝,信里还附了三十万元给我。……我出亡至今将近两年,都是她寄钱来,现在最后一次她还如此。"(274页)这件皮袄可真值钱!

> 我说你做我的学生罢。但过得多少日子,又说你还是做我的女儿。后来又说要她做我的妹妹,但到底觉得诸般不宜。没有法子,只好拿她(周训德)做老婆。(184页)
>
> 我已有爱玲,却又与小周,又与秀美,是应该还是不应该,我只能不求甚解,甚至不去多想,总之它是这样的,不可以解说,这就是理了。(238页)
>
> 我于女人,与其说是爱,毋宁说是知。(316页)

——在流氓眼里,竟然无理也是理。想得出歪理就是"性命之正",想不出歪理就是"天意天道",反正自己不错,永远是真理化身,难怪"不想求真理"。既已明言对女人无情无义,仍敢自我贴金"知女人",捧胡派竟也心悦诚服。其实胡兰成的知女人,不过是了解女人的弱点。有情有义的男人了解女人的弱点,是以正当方式爱护怜惜;无情无义的男人了解女人的弱点,则以流氓手段制服利用。所以无情无义的胡兰成,比有情有义的男人,更加容易降服女人。捧胡派佩服胡兰成之"知女人",实为看错表情会错意。

捧胡派男人,与胡兰成的区别,并非对女人更无知,而是对女人更有情。捧胡派男人大概不会把《今生今世》视为流氓勾引妇女的最佳指南,渴望仿效胡兰成的流氓手段吧?

> 我把这意思写信给北大教授冯文炳,想能勾搭到一个新友亦好。(261页)

——战后亡命温州之时，胡兰成化名张嘉仪，先后投书许多名人。他的自售方略纯为纵横家套数，持论仅为迎合主顾之好恶，与信仰无关，决无诚意。他先想勾搭冯文炳即废名，幸而废名不仅才学远高于胡氏，而且没有扩展个人势力的野心，所以根本不上当。

> 我也想在此地能结识一个人，或可于我的安全有益。（262页）
> 我是意图勾搭。……（刘景晨）问我府上哪里，我冒爱玲的家世，答丰润。刘先生说丰润清末有张佩纶，我答是先祖。（263页）

——由于刘景晨颇欲网罗人才，扩展自己势力，于是胡兰成有了可乘之隙，略施小计，稍逗小狯，刘君子就咬了胡流氓之钩。

> 我总算结识得刘景晨先生了，在此地多少可以安全，但将来我还是要出去到外面天下世界的，那里的熟人经过这次浩劫，已经荡尽，我得事先布置，想法子结识新人。我就写信与梁漱溟。……我信里说他于学问之诚，可算今日中国思想界第一人。（269页）

——奉上一顶廉价的纸糊假冠，并且假作诤言，胡兰成就把梁漱溟骗得团团转，不能说无才。梁漱溟虽然才学不逊废名，又比废名更加眼高于顶，但是野心比刘景晨更大，以天下为己任，欲做帝王之师，更加迫切需要人才辅翼，于是与所有腐儒一样，被奸邪小人胡兰成玩弄于股掌之上。1949年，梁圣人在四川筹办勉仁学院，居然欲聘胡兰成去做教授，后因战事阻断交通而未果（297页），侥幸躲过了终生之羞。

最为可恨的是，胡兰成竟把抗战胜利称为"浩劫"，鼠辈敢尔！仅此一词，就泄露了胡兰成的全部天机。仅此一词，胡兰成就死有余辜。仅此一词，《今生今世》乃至一切胡著，即使无比美妙，也注定只能做反面教材，何况并不美妙，只是借风扬帆浪得虚名。捧胡派对此词视若无睹，不知其民族尊严何在？

用传统的儒家标准来看，胡兰成是一个巧言令色的佞人。以绍兴人的民间标准来看，胡兰成是一个嘴上涂蜜的"小花脸"（语义特殊的绍兴方言）。独家配方的胡记迷魂汤，尽管是下三滥武器，然而帮助胡兰成纵横一世，所向披靡。堪称一绝的胡记迷魂汤，在胡兰成身前死后屡建奇功，确实比江湖草寇的蒙汗药厉害得多。凭着精神胜利法，阿Q的"我要谁，就是谁"只是妄想。凭着胡记迷魂汤，胡兰成的"我要谁，就是谁"却是事实。胡兰成生前，其流氓无行令众多男女找不着北，以致"胡阿姨"（贬胡派网友的绝妙谑称）生前可以拍手大笑"倒也，倒也，喝了老娘洗脚水"。胡兰成死后，其轻薄文章又让无数读者找不着北，以致"胡阿姨"的鬼魂至今仍然可以拍手大笑"倒也，倒也，喝了老娘洗脚水"。流氓才子的轻薄文章，既能博得身陷"王道乐土"的中国女人之欢心，也能博得身陷"王道乐土"的中国男人之欢心。虽然捧胡派未必都是流氓，但是众多国人昧于民族大义地追捧这个妖孽谬种，说明中国至今仍是流氓的"王道乐土"。缺乏流氓之才或流氓之胆的众多国人，内心深处无比艳羡流氓之享尽风流艳福和富贵荣华，尤其艳羡流氓之作恶不报和逢凶化吉。他们从不仰慕顶天立地的伟丈夫，仅仅神往快活恣纵的真小人。

胡兰成是中国版的卡萨诺瓦。卡萨诺瓦是欧洲有史以来第一浪子，然而他真爱女人，愿意为钟爱的女人赴汤蹈火，所以尽管一生猎艳无数，并非流氓。他既不会像胡兰成那样自命高雅，更不会像胡兰成那样文过饰非，他有胡兰成不具备的清澈透明的诚实，天真可喜的粗俗。其自传《我的生平》有中译本，有兴趣的读者不妨比较一下。不过中译本改名为《冒险和艳遇》（中国电影出版社2001年版），再次见证了中国出版界和某些读者的趣味低俗。

《今生今世》是男性版的琼瑶。琼瑶小说令小女生心跳：啊呀，终于找到了白马王子!《今生今世》令小男人兴奋：爽啊，每个女人都把自己当成了白马王子! 琼瑶的小说毕竟出于虚构，胡兰成的情史则是属于"实录"，因此胡兰成博得了众多渴望艳遇却甚少艳福的男士之热爱。况且恬不知耻的胡兰成，又是如此坦白："常时看见女人，亦不论是怎样平凡的，我都可以设想她是我的妻。"（305页）怎不令小男人们佩服得五体投地?

七　张爱玲为何沉默

其实《今生今世》这部"自传"，绝非"实录"那么简单。起码最为张迷称道的《民国女子》，不被张爱玲本人认可。张迷们误以为，张爱玲的沉默，就是默认。然而张爱玲并未完全沉默，仅是出于高贵和自尊，才对胡兰成顾影自怜的一面之词，不屑公开辩驳。而胡兰成的小聪明足以预知，只要分寸拿捏得当，无论自己怎样胡说，最怕雾数的张爱玲，一定不会公开辩驳。

胡兰成写其他女人，全都无所顾忌，唯有写张爱玲，明显有所顾忌。一旦涉及张爱玲，必为投张爱玲和张迷所好的大量谄言谀词，胡记迷魂汤剂量加倍，大下猛药。本文首节所引十余条，并非全部，另有许多令张迷心花怒放的"莲花身"（150页），"水晶心肝玻璃人"（158页），"临水照花人"（159页）等等。其佞人手段，甚至扩展到张爱玲的挚友炎樱身上："与炎樱说话，的确好像闻得见香气。"（164页）然而胡兰成敢于得意洋洋、不厌其繁地详述如何哄骗其他女人上钩的细枝末节，唯独不敢泄露哄骗张爱玲上钩的任何细节。之所以避实就虚，是因为胡兰成知道，详尽披露张爱玲必感羞耻的细节，必将激怒张爱玲，导致张爱玲不计后果地愤然反击。胡兰成对张爱玲的谄媚，主要目的是稳住张爱玲，同时一箭双雕地稳住无数张迷。因为任何人谄媚自己的偶像，张迷们都会信以为真，而且谄媚越肉麻，越把谄媚者引为知己。张迷们喝了胡记迷魂汤还嫌不够，恨不得用胡记迷魂汤洗澡，恨不得在胡记迷魂汤里游泳，恨不得被胡记迷魂汤淹死。就这样，佞人胡兰成施展"乾坤大挪移"神功，使大量张迷神魂颠倒地成了胡迷，甚至迷迷瞪瞪地以为，迷胡是迷张的必然延伸。

人之本性，乃是闻誉则喜，女人尤甚，恋爱中的女人最甚。张爱玲的沉默，主因是惭愧，惭愧于自己当年不异常人，不异凡庸女人，如此聪明绝顶，居然也被胡记迷魂汤灌得一度找不着北。她的沉默，也是对胡兰成流氓手腕的无奈，不知道自己如何反应，方能不被胡兰成进一步利用。由于患得患失，又找不到万全之策，只能避嫌疑、怕雾数地消极沉默。但是胡兰成知道，仅仅谄媚哀求不够保险，万一张爱玲一时冲动，就会不顾必有的雾数后果，公开予以辩驳，所以他又以赞扬的方式，阴险地警告张爱玲："爱玲的清坚决绝真的非常好。她是不能忍受自己落到雾数，所以要自卫了。"（275页）意思是说：如果《今生今世》得罪了你，你的最佳"自卫"方式是免开尊口。你要是愿意重蹈覆辙，忍受我的雾数，那就跟我打笔仗，为我做广告吧！

由于不能忍受落到雾数，当年张爱玲不留余地，决绝地与胡兰成解除了婚约。由于担心公开反驳胡兰成，必将落到雾数，张爱玲对《今生今世》涉及自己的一派胡言，只能沉默。聪明绝顶的她，年轻时因情而昏，已经悔不当初地雾数过一次，晚年早已心如止水，不愿再次发昏，再自暴自弃地雾数一次。就这样，通过软硬兼施的言语挤兑，胡兰成达到了目的，张爱玲终于没有公开辩驳。张爱玲的沉默，固然又被胡兰成利用了，但是张爱玲的任何公开辩驳，只会被不惜满地打滚的胡兰成进一步利用于做广告。

张爱玲若是公开反击，胡兰成只需嬉皮笑脸地说，我在书里赞你当年"这样小气，亦糊涂得不知道妒忌"（193页），"我有许多女友，乃至挟妓游玩，她亦不会吃醋，愿意世上的女子都欢喜我"（154页），没想到三十年后，你竟会老房子着火，吃起陈年干醋来。张爱玲必将百口莫辩，只能一头撞死。

胡兰成在书中借张爱玲之口，为自己做广告曰："你怎这样聪明，上海话是敲敲头顶，脚底板也会响。"（155页）且不说只有空壳脑袋才有如此音响效果，即使张爱玲指出当年并未说过此话，纯为胡氏向壁编造，捧胡派只需义正辞严地问："那你当年怎么会爱上他？"就能把张爱玲噎死。

《今生今世》以"却为何爱玲你呀，恁使我意气感激"（345页）煞尾，是精心设计的摇尾乞怜，哀求张爱玲不要拆穿他的西洋镜。其实这完全不合文章做法，因为全书后半部分，已与张爱玲完全无关。

胡兰成心机极深，在《今生今世》下卷临近书尾的地方，故意假撇清地录入张爱玲收到上卷后预索下卷的"清坚决绝"的信。

兰成：

    你的信和书都收到了，非常感谢。我不想写信，请你原谅。我因为实在无法找到你的旧著作参考，所以冒失地向你借，如果使你误会，我是真的觉得抱歉。《今生今世》下卷出版的时候，你若是不感到不快，请寄一本给我。我在这里预先道谢，不另写信了。

爱玲

十二月廿七

（《今生今世》343页，全书共345页。）

录入此信的表面作用，是向张爱玲表白：我没有利用你，我没有向读者暗示，你对我犹有余情。然而录入此信的根本意图，却是对张迷们催眠：张爱玲不仅读过《今生今世》，而且亲笔写信向我索书。这意味着什么？再笨的人也不会不明白吧！

胡兰成当然不可能误以为张爱玲对他犹有余情，但他希望张迷们有此误会，并且竭力促成这一误会。结果胡兰成再次心想事成，张迷们果然猜疑嘀咕开了：张爱玲与胡兰成分手几十年后，居然亲笔写信向胡兰成借书，终究还是犹有余情！张爱玲读了《今生今世》上卷还不过瘾，又急不可耐地预索下卷，读毕全书又从不反驳，足证《今生今世》完全可信，起码涉及张爱玲的文字完全可信！

事实决非如此。张爱玲对《今生今世》下卷有兴趣，只是想知道这个卑劣龌龊的前夫，又将如何编派她，又将如何利用她，任何人都不可能对此无动于衷。"犹有余情论"者或许会说，张爱玲对《今生今世》有兴趣，完全可以委托友人代购，如果决无余情，为何不怕误会地向胡本人索书？至少有两条理由：其一，委托友人代购，难保不传开去，被八卦记者喧腾得无人不知，反而显得偷偷摸摸犹有余情。其二，措辞冷峻地致书胡兰成，正是为了明确警告胡兰成，不要忘乎所以，不许穷形尽相。

张爱玲事先去信，事后沉默，乃是极为高明的最佳对策，事实上也基本达到了目的，在《今生今世》下卷中，胡兰成没敢进一步抖出胡张情史中更龌龊更秽亵的陈年猛料。有窥隐癖的张迷或许有些失望，但是迷一个人迷到见隐私就大乐，实已堕入魔道，决非艺术欣赏正途。其实男女私情举世皆同，有何新奇之处？只有作为想象之奇葩的艺术，才会匪夷所思，出人意表。

既然已经达到目的，张爱玲收到《今生今世》下卷以后，再也未与胡兰成有过任何联系，而是给夏志清写了一封信。这封信，实际上是写给文学史的，也是写给所有张迷的——

　　　　胡兰成书中讲我的部分缠夹得奇怪，他也不至于老到这样。不知从哪里来的quote（引用——编者注）我姑姑的话，幸而她看不到，不然要气死了。后来来过许多信，我要是回信势必"出恶声"。

　　（1966年11月4日张爱玲致夏志清信，《张爱玲文集补遗》295页，中国华侨出版社2002年版。）

　　张爱玲的"不可及"在于，决不提及胡兰成写自己的地方何处编造，何处属实，何处不尽不实，仅仅指出胡兰成编造姑姑语录，又以"缠夹得奇怪"、"出恶声"等寥寥数语，就四两拨千斤地全盘否定了"胡兰成书中讲我的部分"。试想，如果张爱玲像捧胡派那样认可《今生今世》，又何至于"出恶声"？欲出恶声却隐忍未出，乃是避吃醋之嫌疑，怕纠缠之雾数。然而欲出恶声却隐忍未出，又让晚年张爱玲耿耿于怀，意绪难平。于是九年以后，她又在给夏志清的信中，补充了欲出恶声的最大原因——

　　　　胡兰成会把我说成他的妾之一，大概是报复，因为写过许多信来我没回信。

　　（1975年12月10日张爱玲致夏志清信，《张爱玲文集补遗》294页。）

　　细检《今生今世》全书，胡兰成从未把张爱玲称为自己的妾，"妾"字仅出现于周训德口中："我娘是妾，我做女儿的不能又是妾。"（187页）周训德之所以自居为"妾"，是因为她把张爱玲视为胡兰成当时的"妻"。然而胡兰成却明确宣布："我的妻至终是玉凤。"（121页）这就是张爱玲断言胡兰成"把我说成他的妾之一"的依据。张迷们毕竟事不关己，所以对这些令张爱玲意不能平的刺目锥心之言，视而不见。《今生今世》不仅不可能让张爱玲认可，而且让张爱玲对红尘旧事有了痛彻心扉的重新认识：胡兰成从未视自己为"妻"！连续弦之"妻"也不是！张爱玲不仅对周训德口中的"妾"字感到刺目锥心，而且必有非常"戳心经"（沪语）的联想：张爱玲早年遭到乃父毒手，差点死去，正是其父之妾唆使。

周训德的话更让张爱玲无法忍受的是，周训德是小妾之女，尚有志气不甘心做妾，而张爱玲之母乃是正妻，她原本也自以为是正妻，结果竟与周训德一样，成了胡兰成的"众多妾之一"。况且胡兰成对"小娘（即妾）生"（绍兴方言）的"贱胎"（妾生，绍兴方言）周训德，喜欢程度远远超过张爱玲。所以《今生今世》对书名的仅有一次点题："今生今世呵，端的此时心意难说。"（185页）正是对周训德而发。请问张迷：张爱玲读毕《今生今世》，怎么可能认可，怎么可能对胡兰成犹有余情？

胡兰成对张爱玲如此负心薄幸的荒唐理由是："我待爱玲，如我自己，宁可克己，倒要多顾顾小周与秀美。"（247页）实际上是因为，在周训德这种小鸟依人的传统女性面前，胡兰成可以尽享大人物的威福，而在张爱玲这样独立自信的现代女性面前，胡兰成只能感到真小人的卑琐。所以与其说胡对张始乱终弃，不如说胡是从张身边逃走的。他若不及时逃走，张爱玲早晚会识破：这个空心大老倌，不过是油头小光棍，比抢她钱包的上海滩瘪三好不到哪里去。到时候还不知道谁抛弃谁呢！

以张爱玲在其小说杰作中体悟人心的高度智慧，早在1947年与胡兰成决绝之时，即已识破胡兰成的真面目，最后赠以巨款，不应视为犹有余情，而应视为心高气傲的恩断义绝。不料厚颜无耻的胡兰成事隔多年之后，又在《今生今世》中以似赞实污的方式，再次企图把她拖下水，由于避吃醋之嫌疑，怕纠缠之雾数，她不愿公开辩驳令其贻羞终生的前夫之胡说，而是致信文学史大家夏志清，自明其志，留证后世。以她对文字的天才敏悟，信中言语无多，下语极重，自非不经意的泛泛之论，而是反复斟酌的终极判词。张爱玲知道，跨度九年的两封信，必会引起夏志清足够重视，后者必定心领神会，在她死后公布信件。张爱玲知道，"出恶声"三字，足以粉碎胡兰成的阴谋，使流言止于智者，而对热衷于捕风捉影的不智者，虽辩无益。这样既可避免尘世扰攘，又能确保身后清名。

总之，张爱玲既不认可《今生今世》，也未真正沉默。《今生今世》所述一切张爱玲语和胡张情史，除了张爱玲致胡兰成的三封信，以及必非胡兰成之歪才所能虚拟的那些张爱玲语，其他只能姑妄听之，不可视为信史。张爱玲的沉默，不应视为默认，而应视为不屑置辩的否定。至于《今生今世》涉及的其他男女，由于死无对证，也必不尽不实，不可全信。比如梁漱溟是否确如胡氏所言被他哄得团团转，颇可存疑，否则不择手段的胡兰成怎么可能不录入梁氏原信以抬高身价？《今生今世》只能供读者判断胡兰成之为人，不能据以判断其他人。

《今生今世》专写张爱玲的《民国女子》一章，曾被张迷单独摘出，我曾读过，当时觉得略有意思，但是现在读完全书，发现此章也平庸轻薄，除了为张爱玲添些未必可信的野史材料，别无好处。若有好处，也为张爱玲作品固有，无须胡兰成佛头著粪。赵明诚因为不甘心向妻子李清照服输，曾经作了三十首词，嵌入李清照的"人比黄花瘦"，然后请友人评品，友人看完，独赞此句。出于儒家大男子主义，赵明诚面对妻子的杰作，不是顶礼致敬，而是犯酸逞强，可见大男子主义往往是小男人的培养基。胡兰成的文才与赵明诚相当，人品则远逊。《今生今世》偶有尖新可喜的妙句跳出，若非张爱玲的成句，必是窃取张爱玲的文心笔意。所以不读胡兰成，张迷没有任何损失。读了胡兰成，张爱玲倒有点雾数，甚至沾上不少龌龊。梁漱溟侥幸躲过了终生之羞，张爱玲却未能躲过终生之羞，这就是她选择沉默的唯一原因。

本文批评的那些非张迷的捧胡派，大多是男人，有些人承认没读过张爱玲，甚至不知道张爱玲。读过张爱玲的捧胡派，若非缺乏文心慧眼而不知味，就是存有性别偏见，没有读进去，看不出好，甚至看出好也因性别上的犯酸而不予承认，因此才会两眼一抹黑地妄言胡比张才大。

捧胡派的领衔者，名头颇不小，除了上举止庵、余光中、卜少夫，还有王德威、贾平凹等人，其余籍籍无名的起哄之辈，不提也罢。我录下这些名人立此存照，是希望名人们发言前要爱惜羽毛，对自己负责，更希望名人们开口前要深思熟虑，对历史负责。切勿轻率掉价地滥用知名度，因为名人具有公信力，比非名人更容易误导公众。拙文的论难，或许正如胡兰成所说："自古喋喋众说未有因论难而被扫清的。"（269页）然而大义所在，责无旁贷；触犯众怒，在所不计。

八　世无英雄，竖子成名

颇堪玩味的是，江山代有才子出，为何堂堂中华，现在连胡兰成这种"档次"（止庵语）的羽量级才子也不再有，弄得这种不足道的小才子，竟被捧成不世出的大才子？中华自古多才子，胡兰成这种轻薄无行的小才子，搁在哪个时代都不稀奇，只有少见多怪的当代国人，才会当成稀世宝贝追捧。

止庵所列诸才子，与胡兰成的不同之处是，这些才子都是书生，因此尽管在文章上均不无轻薄，但在道德上却不像胡兰成那样无行。细加分辨，钱锺书是才子加学者，林语堂是才子加隐士，梁实秋是才子加教授，董桥是才子加雅士。余秋雨倒与胡兰成相近，均非书生。两者的区别是，前者是才子加市侩，后者是才子加流氓。胡兰成是二十世纪三四十年代上海滩上标准的"才子加流氓"，这一名称的发明者鲁迅则是才子加战士。乡先贤鲁迅翁最讨厌的两种人，正是市侩和流氓。

顺便一提，像胡兰成一样出任伪职的鲁迅之弟周作人，也与胡兰成不同，周作人是才子加叛徒，胡兰成却够不上叛徒的档次，只配做流氓。周作人是真心认为日本文化优于中国文化，所以出任伪职与自己的思想并不矛盾，因为早在出任伪职前，已是文化叛徒。请注意，"文化叛徒"并无贬义，任何有生命力的强势文化都不怕出叛徒，反倒欢迎挑战者和反叛者，只有衰竭垂死的弱势文化才害怕挑战者和反叛者。然而胡兰成认为，百弊丛生、日薄西山的中国文化优于一切文化，所以出任伪职与自己的思想无法兼容，仅仅暴露了玩世不恭的流氓本性，举凡政治、文化、学术、思想、异性，无不亵玩，无一当真。所以胡兰成的"中华文化优越论"也不能当真，他赞美任何事物，都是为了赞美自己，抬高任何人，都是为了抬高自己。令浅学者感到天花乱坠的一切胡氏议论，都不是从严肃的普遍意义立论，而一定玩世不恭地具有个人性的特殊前提，是对其轻薄无行的拙劣辩护。胡兰成的"中国文化优越论"，只是改头换面的自我优越论，根本经不起推敲。难以置信的是，胡兰成赞美有加的"中国文化"，如今已经"优越"到了如此地步，竟然如此追捧这个轻薄无行的小才子！或许捧胡派之所以捧胡，是对胡兰成"中国文化优越论"的投桃报李。在狭隘民族主义情绪浓烈的当代中国，一个背叛祖国的无耻汉奸，尚且如此膜拜祖国文化，就比某些洋人偶尔别有用心地谬赞中国文化，更令国人感到意外之喜，所以有了格外垂青的特殊理由：到底是浪子回头金不换的吾邦才子！然而我的观点反是：终究是永无特操的本土流氓！

我说中华自古多才子，是否也有"中华文化优越论"的意味？没有。中华自古多才子，只有一个简单理由：中国的人口总数亦即基因库，自古以来全球最大。以概率来看，全球最大的基因库能够产生的基因变异数量，必为全球最多。不知基因和概率的古人，凭着天才直觉，正确地称为"异数"。因此中华自古多才子，是不足为奇的稀松平常事。真正令人称奇的是，自古盛产才子的中国，到了二十世纪下半叶不再出才子，尤其不出世界级大才子。

自古以来的历朝历代，中国无不出产大量世界级大才子、大才女。群星闪耀的先秦诸子不用说了，争奇斗妍的魏晋才士和唐代诗哲也不必提了，中国文化开始走下坡路的宋代，尚有世界级大才子苏东坡和世界级大才女李清照，即使是中国文化沦入末世的明、清两朝，依然有施耐庵、罗贯中、金圣叹、徐文长、袁中郎、李笠翁、张宗子、曹雪芹、纳兰容若、郑板桥、袁子才等等无数世界级大才子。到了古典中国已经死亡的二十世纪上半叶，还有鲁迅、周作人、林语堂、沈从文、丰子恺、曹禺、老舍、钱锺书、张爱玲、汪曾祺等等一大批世界级才子才女。

然而从二十世纪下半叶起，整整半个多世纪以来，中国还有谁堪称世界级才子才女？借用当代世界级才子昆德拉之言，一开列当代中国才子才女的名单，上帝必发笑。上帝要笑且莫管他，是中国人就该问一问：为什么不再有李清照，为什么不再有曹雪芹，为什么不再有鲁迅，为什么不再有张爱玲？为什么半个世纪以来中国不再出世界级大才子？为什么比中国人口少得多的国家也能出世界级大才子而中国再也出不了？难道巨大的基因库不存在了？决不是。当代中国的基因库比任何时代都大，作家协会颁发的专业写作执照数量已很可观，从事文学练摊的业余写作人口更相当于全球其他地区业余写作人口的总和。难道基因变异的概率突然降低了？不可能。先天的天才概率是不变的科学常数，后天的成才概率只会随着教育普及和资讯发达而大为上升。以有史以来的最大基因库，乘以不变的先天概率常数，"人多好办事"的当代中国理应产生有史以来最多的世界级才子，然而事实是引无数才子竞折腰。唯一的解释是，按先天概率出生的天才儿童一个不少地出生了，但是政治文化环境让这些天才儿童难以成长为世界级才子，所以中国才子的后天成才率，在半个多世纪中下降为零，因为任何大数乘以零，仍然等于零。与美人坯子只有在合适环境中才会出落成美人、大美人一样，才子坯胎也只有在合适环境中才会成长为才子、大才子。没有合适的成长环境，美人就会"红颜薄命"，才子就会"英才遭嫉"，被环境扼杀于摇篮之中。上帝播下了无数龙种，我们收获了一群跳蚤。

公允地说，由于见多了当代名作家的畅销烂书，普通读者欣赏胡氏的微末才学还情有可原，但是当代名作家如此推崇胡氏就太离谱了。这些胸无点墨、腹中空空的当代名作家，之所以在小才子胡兰成面前矮了半截，仅是因为所读古书比胡氏还少，记性学问比胡氏还差，连胡氏的胡乱掉文也难以做到，所以他们的捧胡，并非英雄见英雄的惺惺相惜，仅是猴子照镜子的自称自赞。读者迷恋胡氏，根本原因正是当代名作家的集体没出息。他们极其有限的可怜才能，全部用于诗外，没有用于写好作品，成了想巧言却不能巧言的蹩脚佞人，想甜言蜜语却结结巴巴的下等小花脸。于是胡兰成这个巧言令色的佞人，清嘉婉媚的小花脸，就成了侏儒中的巨人。由于世界级才子在中国绝迹长达半个世纪之久，胡兰成这个轻薄无行的羽量级流氓才子，就令不少国人疯魔了。

2004年1月28日—2月12日

（本文未曾入集。刊于祝勇编《阅读》创刊号，中国社会科学出版社2004年版。）

刘小枫论：废铜烂铁如是说

——读刘小枫《尼采的微言大义》

我的学说遭遇着危险。他们改换了我的学说之头面。

——尼采[1]

缘起　谁的微言，不可大意

刘小枫先生长达三万字的《尼采的微言大义》(《书屋》2000年第10期），是一篇令人震惊的奇文，其精妙佻荡既令人拍案叫绝，其晦涩艰深又令人大惑不解。我一向偏爱佻荡艰深之文，所以虽然读完一遍没全看懂，还是立刻打电话、发电子邮件向朋友广泛推荐，私心也是希望有朋友助我解惑。这些朋友都是《书屋》的忠实读者，对《书屋》的文章几乎从无遗漏。但在我推荐之前，不少朋友居然根本没读，在我推荐之后有人硬着头皮读，竟然没有人读完，所以没有人能解我大惑，于是我只好一遍又一遍反复拜读，每读一遍都有更深的理解，我就想写一篇读后感与其他读者交流，我想在我不认识的数万《书屋》读者中，不可能没有一个人读完此文吧，否则此文怎么可能经读者评选获得去年的"《书屋》读书奖"呢？[2]可惜此后半年我被各种杂事缠身，直到今年四月底从北京回到上海，才终于有时间来料理这段公案。

此文头绪繁多，歧义纷出，但依我看，刘文引用的海德格尔的一句话，

---

[1]　《查拉图斯特拉如是说·持镜的孩子》第95页。尹溟译，文化艺术出版社1987年版。

[2]　据我所知，"《书屋》读书奖"的奖牌是一块精美的铜质奖牌。尽管精美，毕竟是铜质，金质人刘小枫似乎应该拒领，免得沾上废铜烂铁的铜臭铁锈。

是提纲挈领的关键："对于尼采（柏拉图同样如此），**哲学问题首先不在于沉思什么，而是哲学与人民的关系**。"只有从这句话入手，才有可能通过《尼采的微言大义》，弄明白刘小枫的微言大义。

一 "不理会尼采文章自身，自己说自己的"？

在据说是二十世纪最具革命性的三个"后现代先知"马克思、弗洛伊德和尼采中，刘小枫认为："冷战之后，不是弗洛伊德或马克思，而是尼采显得更具生命力。"[1]刘小枫以右派不会喜欢马克思，而左派却特别喜欢极右的尼采为例，证明尼采的魅力不可抗拒。同时又认为，由于前两位的论著是学究性的，需要经过解释或几度传递才能到达大众，而尼采**似乎**不需要二传手，他的非学院化美**文似乎**可以直接到达一切未经哲学训练的耳朵。[2]

于是刘小枫提出疑问：真是如此吗？尼采那么容易懂吗？你们以为懂得了的那个尼采（借由扎拉图斯特拉之口）是真尼采吗？刘小枫问，扎拉图斯特拉的话是否就是尼采想说的话？他的回答是"难说"。他认为尼采的扎拉图斯特拉也许像柏拉图的苏格拉底一样，只是哲人笔下的一个角色。由于我们无法断定柏拉图是否全部同意他笔下的苏格拉底的每一句话，所以也难以断定尼采是否同意"扎拉图斯特拉"的每一句话。

不过既然刘小枫同意尼采是哲人而非文人，那么他想必知道，文人常常不赞同自撰的文学作品中的主角（哪怕是自传体）的话，而哲人必定赞同自撰的寓言性作品的主角的意见。这是文人与哲人的基本区别。柏拉图的《对话录》中，苏格拉底说的话分为两部分：一是苏格拉底实际说过的，这是真苏格拉底；二是苏格拉底没说过，而柏拉图借他之口说的自己的话，这是假苏格拉底，即真柏拉图。柏拉图未必赞同真苏格拉底的每句话，但柏拉图必定赞同假苏格拉底的每句话，因为那就是他自己的话。尼采与扎

---

[1]　本文所引刘小枫语，全部出自《尼采的微言大义》,《书屋》2000年第10期。

[2]　本文所有粗体，均为笔者为了醒目而强调。

拉图斯特拉的关系只能属于第二种，因为柏拉图是真苏格拉底的学生，尼采不是真扎拉图斯特拉的学生，因此尼采的扎拉图斯特拉，就是假扎拉图斯特拉即真尼采。刘小枫大费周章花费了许多脑力和篇幅来证明扎拉图斯特拉并非真尼采，完全是劳民伤财的白费劲。

哲人为什么喜欢这种借别人之口表达自己意见的寓言手法？哲人为什么不直接说"我认为"，偏要说"他（我的恩师苏格拉底，我的精神导师扎拉图斯特拉）说过"？因为大部分哲人认为自己掌握了唯一的绝对的最高真理。然而处处以真理在握的姿态出现，哲人担心触犯众怒，被众人用石头砸死。所以古今中外无数哲人都喜欢矫传圣旨，比如苏格拉底矫传阿波罗神谕[1]，孟子矫传孔子之旨[2]，圣保罗矫传耶稣之旨[3]，佛徒矫传佛陀之旨[4]，神会矫传惠能之旨[5]，但丁矫传维吉尔之旨[6]，孟德斯鸠矫传波斯人之旨[7]……姑列这些，其他由熟知中外哲学史者自行补充。

寓言手法的作用之一，是哲人可以如同面对镜子的猴子[8]，大言不惭地指着镜中的自我影像自称自赞：他（即"我"）多么伟大光荣正确，多么超凡入圣！他的话句句是绝对真理，一句顶一万句。你们不听他的话，不亦步亦趋追随他，不五体投地崇拜他，就是愚蠢透顶、自甘堕落、不可救药、罪该万死的下等人——用刘小枫的说法，就是"铜质人"或"废铜烂铁"。寓言手法的巧妙之处在于，哲人既可以自称自赞，又可以假装谦虚，废铜

---

[1]　据苏格拉底说，阿波罗神谕称"没有人比苏格拉底聪明"，苏格拉底不相信，从此专门向具有极高智慧声誉的人讨教，希望找到对神谕的反证，不料从未成功，但他依然不相信神谕，所以直到受审一直在找反证。柏拉图《苏格拉底的最后日子·申辩篇》第44页，余灵灵、罗林平译，上海三联书店1988年版。

[2]　《孟子》所引孔子之言多不可信。

[3]　耶稣复活是圣保罗等人编造的神话。

[4]　佛经常以"如是我闻"开篇。与佛陀不共时的后世佛徒也多妄称"如是我闻"。

[5]　参阅胡适《荷泽大师神会传》，胡适认为神会仅凭一人之力即把其师惠能的"南宗禅"从地方性小宗派鼓吹成了影响深远的全国性大教派。

[6]　在《神曲》中，古罗马诗人维吉尔是但丁的引路人，维吉尔对但丁所言"走你的路，让别人说去"，实际上是但丁对自己说的。

[7]　孟德斯鸠《波斯人信札》，借波斯人之口表述了三权分立的民主政治理念。

[8]　当然还有其他作用，详见拙著《寓言的密码》。

烂铁们还非常羡慕哲人的运气如此之好，能够"如是我闻"永远正确者的耳提面命，得其衣钵和不传之秘，并感激哲人无私慷慨地金针度人，肯把哲人之师的不传之秘传给废铜烂铁。

尼采同样喜欢矫传圣旨，他借扎拉图斯特拉之口表达自己的思想，同时谦虚谨慎、不骄不躁地退在一边，对扎拉图斯特拉竭尽赞美。直到尼采晚年因性病（这或许是他仇视女人的重要原因）复发而步入濒疯状态[1]，他终于厌倦了不爽快的寓言手法，撕下了"托物言志"的羞答答假面，于是尼采在其自传《看哪这人》中，对自己"一泻千里地抒情"起来："我为什么这样智慧"，"我为什么这样聪明"，"我为什么写出了这样的好书"（前三章的标题），"为什么我是命运"（末章的标题）[2]。如此往自己脸上贴金，等于代替上帝为自己再造金身，然而揭去自贴的金箔，露出的是与废铜烂铁一样的肉身凡胎。

刘小枫的论证方式令人困惑，他一方面说"我们切不可轻率地把扎拉图斯特拉的'如是说'当作尼采的真言，扎拉图斯特拉这个角色是谁，并不重要"，另一方面又说"重要的是，扎拉图斯特拉的'如是说'可能是谎言"。刘小枫就这样为自己打造了废铜烂铁难以反驳的自由舞台：他可以无限自由地阐释标题所示的"尼采（或扎拉图斯特拉）的微言大义"。略知汉儒治学方式者立刻会引起警觉，一切微言大义都是捕风捉影的，而刘小枫的捕风捉影，业已到了疑神疑鬼的程度。

微言大义本是吾国孔门后学试图"六经注我"时的惯用伎俩："代圣人立言"的不可分割的另一面，就是"让圣人代己立言"，精通此道者可以把自己的任何意见说成是圣人隐藏的微言大义，当然只有"金质人"才能领

---

[1] 罗素《西方的智慧》（马家驹、贺霖译，世界知识出版社1992年版）第344页："1889年，他在求学期间未根治的一种性病复发，导致精神错乱。"参阅乔治·勃兰兑斯《尼采》（安延明译，工人出版社1985年版）第193—195页：1889年初，尼采在发给友人的两封信中，分别自称"钉在十字架上的人"（即耶稣）和"尼采—恺撒"。如果读者记得耶稣尚且说过"恺撒的当还给恺撒，上帝的当还给上帝"，就能明白尼采的自大狂达到了何等程度。

[2] 《权力意志》（内附尼采自传《看哪这人》），张念东、凌素心译，商务印书馆1991年版。"看哪这人"原为彼拉多指耶稣，尼采用于自指。

悟，"废铜烂铁"肯定看不出来，这就是"半部《论语》治天下"和"一本红宝书治天下"的理论依据。也就是说，"隐微的尼采"其实是刘小枫版的"扎拉图斯特拉"，尼采成了刘小枫自说自话的替身。经过如此这般闪烁其辞的繁琐"论证"，实际上刘小枫想说任何话，都可以借尼采之口说出来。于是刘小枫经过充分的铺垫，也进入了"寓言"境界，只不过刘小枫缺乏尼采式诗人哲学家的语言才能或立言勇气[1]，他明知学究的马克思和弗洛伊德没有非学究的尼采影响大，却偏偏还要走学究的道路，使这篇洋洋三万言的雄文，比他以往的文章更加磕磕绊绊、佶屈聱牙、令人难以卒读。

如上所述，让替身代己立言，自己站在一边善颂善祷的寓言手法，是古今中外无数自以为真理在握的独断论哲人爱用的称手家什和表述策略。文人会塑造许多文学形象，而哲人往往只塑造另一个哲人的形象，亦即自己的替身。爱读哲学书的读者若是了解这一表述策略，就不易被哲人轻易骗过。阅读刘小枫的《尼采的微言大义》，也要谨防被其"寓言"手法骗过。你完全不必管尼采是否真有这样那样的微言大义，你可以断定的是刘小枫确有一些微言大义，只不过借了尼采的口。陈家琪先生对此文的评述可谓一语中的："人其实只能注意到自己想注意到的东西。所以**移花接木，借别人的话来表达自己的意思**也就成为不可避免的事，尽管倒并不一定真有'微言'要曲折地表达。"[2]

但是刘小枫想让尼采成为自己的替身，即代言人，还需要对尼采略施易容术，因为尼采的著作毕竟人人可以翻阅，想让尼采成为泥塑木偶任你拿捏，刘小枫还需要一个易容高手的帮腔，博学的刘小枫博士很容易就找到了这样的高手，那就是海德格尔。刘小枫带着难以抑制的兴奋揭秘道："海德格尔开始解释尼采解构整个西方形而上学传统的'**革命性**'行动：尼采是西方形而上学传统的最后一人，以摧毁这一传统的方式继承了**柏拉图**

---

[1]　我曾在《齐人物论》(与周泽雄、周实合著，《书屋》2000年第9期，单行本上海文艺出版社2001年版）里举《记恋冬妮娅》为例，赞扬过刘小枫高于学者平均水准的语言才能。

[2]　陈家琪《在学问之外——也谈尼采的微言大义》，《书屋》2001年第1期。

主义的精髓。""海德格尔的尼采解释功不可没，他第一个深刻地把尼采哲学与柏拉图主义联系起来。"

请允许我在此稍作停留，问一个小问题（至于"柏拉图主义的精髓"到底是什么这个大问题，留给下文）：海德格尔的尼采解释的"革命性"是什么？刘小枫告诉我们："维洛特**可能没有看错**：海德格尔的尼采解释的革命性，并不在于接着尼采摧毁西方形而上学传统，而在于**不理会尼采文章自身，自己说自己的**。"感谢刘小枫如此坦率地不打自招，否则我还真难以猜破这个闷葫芦：原来此文的关键是"不理会尼采文章自己说自己的"，同时又坚持说那就是尼采的真意，坚持说那就是"废铜烂铁"们都没看懂的微言大义。

二　贩毒者供出大毒枭和贩毒祖师爷

到了这一步，刘小枫已不再羞羞答答、吞吞吐吐，他已经非常肯定了：尼采"追求真理，只不过不直言真理"。而刘小枫不仅追求真理，还敢于直言真理。刘小枫从尼采的"超越自我"中挖掘出的微言大义是："'超越自我'就是哲人克服想向世人宣讲真理的冲动。"可惜刘小枫没能克服这种冲动，终于没能超越自我，但他居然超越了哲人海德格尔和超人尼采，因此尽管没能成为哲人和超人，却一跃成了超级哲人。真是可喜可贺！

读者一定是一头雾水吧？为什么追求真理的哲人不肯把自己苦苦沉思得到的真理告诉世人？难道哲人小气到这种程度，居然像不肯与小伙伴分享美味的小孩一样不肯与世人分享真理？非也。刘小枫所说的真理，只对"哲人"自己是美味，对世人却是毒药。刘小枫"移花接木"的最高明一笔，正是全文最后引用的尼采的话："如今，哲学应是文化的毒药。"所以刘小枫要如此鬼鬼祟祟、藏藏掖掖，同时把尼采也打扮成鬼鬼祟祟、藏藏掖掖的贩毒者。其实真正的贩毒者是刘小枫自己，可惜他既不是有史以来第一个，更不是最大的贩毒者，他只不过是一个怯懦的小毒贩，甚至连毒贩子也算不上，只是一个偷偷摸摸的吸毒者。并且对无偿供应毒品给他的大毒枭（从柏拉图到海德格尔）感恩戴德，非要在缉毒者尼采（当然在缉毒过程中难免沾上一些毒品）的鼻子上也抹上白粉，把他也说成是一个隐秘的吸毒者或贩毒者。

刘小枫此文曲里拐弯，写到一半突然又去解说康有为的《大同书》，大谈康有为为何不肯在生前刊布此书，原来康圣人也认为真理"不忍白"，"不能言"，"言则陷天下于洪水猛兽"。"康子虽不晓得柏拉图氏'高贵的谎言'术，却谙'道心唯微'、'大道可安而不可说'等古训"。仿佛康圣人或古代中国圣贤与西方古哲柏拉图等人一样早就彻悟了真理，只是"东海西海，心理攸同"（钱锺书语），大家都不肯明说。唯有得闻大道的刘小枫没能忍住不说，于是他图穷匕见。

所谓**"柏拉图主义的精髓"**，也就是海德格尔或刘小枫既想喂给民众又唯恐他们拒绝的毒药，究竟是什么？尼采，扎拉图斯特拉，或实际上与他俩根本无关，只是刘小枫想借尼采—扎拉图斯特拉之口扭捏作态说出来的骇人真理究竟是什么？刘小枫早就说过：尼采是哲人。现在经过离题万里的繁琐引证，他终于揭开谜底："这里的哲人看来不是通常意义上的，而是柏拉图《理想国》中的所谓**哲人—王**。"也就是说，尼采的"超人"就是柏拉图的**"哲人—王"**，尼采不肯直言、康有为不忍白的就是《理想国》中的**柏拉图主义的精髓**"高贵的谎言"：人分四等，有金质人、银质人、铜质人、铁质人。金、银质人应该统治铜、铁质人[1]。阿弥陀佛！原来弄了半天，哲人还是想称王，想做与其高智商相称的高高在上的统治者。

刘小枫绕不过去的死结是：他如获至宝地在《理想国》中找到的"真理"金银铜铁之说，柏拉图竟然坦白承认是谎言。由于《理想国》并非武林秘笈，人人均可查阅，他无法公然否认柏拉图说过这是"谎言"。刘小枫多么恼恨啊：娘希匹你柏拉图为什么要功亏一篑地承认是"谎言"？既然这段谎言是借由你的替身苏格拉底之口说出来的，而你写《理想国》时苏格拉底早已喝毒芹汁翘了辫子，你干吗不水到渠成地让这死鬼黑锅背到底，让假

---

[1] 柏拉图《理想国》第88页、第127—129页，郭斌和、张竹明译，商务印书馆1986年版。由于刘文引述不全，我把它作为本文附录供读者参考。

苏格拉底硬挺下来，坚持说这就是颠扑不破的终极真理？既然你已承认这是谎言，我也没法替你赖掉，只好死马当活马医地替你兜圈子圆谎。

于是一会儿说神学家有"神圣的谎言"，一会儿说哲人尼采有"无辜的谎言"，一会儿说尼采的替身扎拉图斯特拉有"隐微的谎言"[1]，指东打西，言此意彼，假痴不癫，装疯卖傻，圈子绕了大半个地球，浪费了大量篇幅和读者不少时间，就是为了再次兜售略知哲学史皮毛者尽人皆知的旧货。[2]

刘小枫此文之所以一反其固有的优美流畅文风，弄得如此格涩难通，怎么读怎么别扭，关键在于他为自己立下了一项几乎没有任何凡人能够完成的艰巨任务：把柏拉图自己承认的谎言，论证为真理；甚至创造一个奇迹，论证到让读者相信，柏拉图也认为这个谎言就是真理。我相信即便是智慧女神也不敢逞才接手这件难于上青天的苦差使。然而才智超人甚至超神的刘小枫真是手段高强，本领了得，他居然挖空心思地找到了方法。

先是论证：

哲人就爱撒谎。

也就是说，哲人说A时其实是说B，而哲人说B时其实是说A。这已经够难了，但他自以为做到了，为此他花了十分之九的篇幅，然后就顺理成章地推论：

所以当哲人自称宣布真理时，一定是在撒谎；
而当哲人自称撒谎时，一定是在宣布真理；
因此柏拉图自称的高贵的谎言，就是真理。

---

[1] 理查德·斯蒂尔："一个谎言需要许多谎言提供印证，这好比在歪斜的地基上盖楼房，盖得越高，越要支撑。"《论谎言》第63页。侯勇、赵光欣译，中国对外翻译出版公司1995年版。此书辑有西方古今四十六位哲人（包括柏拉图、尼采）论谎言的名篇。

[2] 《查拉图斯特拉如是说·旧榜和新榜》第240页："他们退让，他们自己屈服；他们的心复述着自来所说过的，他们深处的灵魂服从：但服从的人，并不听自己！"

不管你信不信，刘小枫就是用三万字完成了对这一荒谬观点的"论证"。当然"显白"如此，是我归纳的，而他是"隐微"的。不知道别的读者怎么想，反正我佩服得无以复加，忍不住要喝一声彩：干得真漂亮！比圣托马斯关于上帝存在的四个证明还要漂亮得多。我还从未读到过一篇如此匪夷所思的哲学论文。联想到王国维的感叹"可爱者不可信，可信者不可爱"，我觉得刘小枫太可爱了！他虽然想为从启蒙时代以来地位一落千丈的哲人打抱不平，但是假如其论证成立，那么他几乎把所有的哲人都打入了十八层地狱，所有的哲人都成了那个乱叫"狼来了"的撒谎孩子，或者说他通过自由狂想，把所有的哲人都关进了克里特迷宫，那里已被刘小枫改建成无不撒谎的哲人集中营了。既然如此，读者是否有权问一句：你刘小枫是不是哲人？你刘小枫是不是言必撒谎的克里特人？[1]

　　柏拉图幻想"哲人"当为"王"，与汉儒妄想孔子为"素王"一样，只不过是身居下位的智力相对优越者的白日梦。之所以说他们的智力仅仅相对优越，因为智力更为优越的入世者苏格拉底和孔子本人都没有南面为王的政治野心，更不必说智力绝对优越的出世者佛陀之鄙弃王位以及间世者庄子之峻拒相位，他们乐于在野，乐于过沉思生活，并且用沉思所得对社会现实不断提出批评，真诚地说真话，对人类文明的发展做出了不可磨灭的巨大贡献。如果哲人真的成了王，成了世俗统治者，哲人又如何过沉思生活？刘小枫解释说，哲人的权力意志是一种特殊的权力意志，也就是不当实际的世俗统治者，仅仅是当灵魂统治者。是的，这正是所有传统哲人或传统型哲人的通病，他们都自以为掌握了宇宙最高最终的唯一真理，他们不是像世俗统治者那样要所有的肉体都向自己臣服，而要所有的灵魂都向自己臣服。但是这样的黄金时代或白银时代亦即野蛮时代已经永远一去不复返了，启蒙运动以来，人类历史进入了青铜时代、黑铁时代，现代民主社会是废铜烂铁的时代。难怪以金质人自居的传统型哲人要大为不满，认为现代社会黄钟毁弃，瓦釜雷鸣，颠倒纲常，道德沦丧，群氓统治，庸

---

[1]　撒谎者悖论：一个克里特人说，所有的克里特人都是撒谎者。参见拙文《理性的癌变——悖论》，《书屋》1999 年第 5 期，收入拙著《美丽新世界》。

众专政，混乱不堪。用阿Q的话来说，就是"儿子打老子"。

鲁迅曾经这样提到自己的儿子："他有时对于我很不满，有一回，当面对我说：'我做起爸爸来，还要好……'甚而至于颇近于'反动'，曾经给我一个严厉的批评道：'这种爸爸，什么爸爸!?'[1]那些自以为未受足够重视的柏拉图式哲人一定也是这么想的："我这种金质人做起统治者来，一定比现在当政的废铜烂铁好得多。"鲁迅如此评论儿子的反动宣言："我不相信他的话。做儿子时，以将来的好父亲自命，待到自己有了儿子的时候，先前的宣言早已忘得一干二净了。"我也不相信金质人一定是好的统治者。我认为在柏拉图理想国式的专制体制下，即便是金质人做统治者，也一定是恶政和暴政。而在启蒙运动以来的现代民主体制下，即便是克林顿式废铜烂铁当政也不会太恶，一定比金质人的专制统治好得多。

三 "谎言人生是哲人无从逃避的命运"？

刘小枫认为："哲人的'危险'来自高贵的沉思天性（一种特殊的权力意志）与民众的权力意志的冲突，如果哲人的**求真意志**非要支配国家、民族、人民的命运，必然害人又害己。因此，苏格拉底之死是哲人的事，而不是榜样[2]，柏拉图为这个问题思索了整整一生。既然天生我为沉思人，**为了不至于害人又害己，谎言人生就是无从逃避的命运**。"

然而刘小枫居然没有回答一个如此简单的问题：为什么有**求真意志**的哲人要自愿选择"**谎言人生**"？如果哲人通过沉思得到的真理一旦宣之于口真会害人害己，为什么不能闭上鸟嘴，到一边或沉思或陈尸去凉快凉快？为什么找到了骇人真理的哲人一定要撒谎？难道哲人连"你有权保持沉默"

---

[1] 《且介亭杂文·从孩子的照相说起》，《鲁迅全集》第六卷第82页，人民文学出版社2005年版。

[2] "苏格拉底之死是哲人的事，而不是榜样。"这句话我无论如何都读不懂。不知道是否又有什么隐微术？是否也可以不知所云地说什么"布鲁诺之死是哲人的事，而不是榜样"？

都不知道？是谁对哲人进行了刑讯逼供，逼得哲人如此违背**求真意志**而撒谎？你现在宣谕的谎言，难道就益人益己？最后，刘小枫的哲人真正"无从逃避"的质问是：金银铜铁之说，究竟是真理还是谎言？如果是真理，为什么柏拉图承认是谎言？如果是谎言，为什么刘小枫要故布疑阵，诡称这是哲人欲言又止的真理？ [1]

其实金银铜铁之说，既不是纯粹谎言，更不是什么真理，仅是符合万物之不齐的一个非常粗糙的比喻[2]：人的资质天生有高下。这是每个人都了解因而没有人会否认的客观事实。对于这一客观事实，可有无数种比喻性表达。除了四分法，比如柏拉图的金银铜铁，中国的士农工商，印度的四大种姓，冯友兰的四境界说[3]。还有三分法，比如法国的三级会议。还有五分法，比如金银铜铁锡，工农兵学商，印度的四大种姓加"不可接触"的贱民。还有七分法，比如日月加五星。还有八分法，比如天龙八部。还有九分法，比如龙生九子。还有十分法，比如元代的人分十等，现代中国的红五类加黑五类。还有十二分法，比如十二生肖，十二星座。还有十三分法，比如红五类加黑八类。还有三十六分法，比如三十六天罡。还有六十四分法，比如伏羲六十四卦。还有七十二分法，比如孙悟空七十二变。还有一百零八分法，比如梁山泊一百零八将……稍有巧智者，可以按照自然数做出任何划分，给出自以为圆满的说法。

可见柏拉图的金银铜铁之说，实为似是而非的"系统"胡说[4]。试问，迄今为止哪一个社会的统治者不自视为赤金纯银？迄今为止哪一个社

---

[1]　奥古斯丁："甚至宣扬应该撒谎的人也想显得是在传授真理。"《论谎言》第19页。

[2]　详见笔者未刊札记《下齐上不齐》，参看《庄子·齐物论》。

[3]　冯友兰《三松堂全集》第4卷《新原人·境界》："人所可能有底境界，可以分为四种：自然境界，功利境界，道德境界，天地境界。其需要觉解多者，其境界高；其需要觉解少者，其境界低。自然境界，需要最少底觉解，所以自然境界是最低底境界。功利境界，高于自然境界，而低于道德境界。道德境界，高于功利境界，而低于天地境界。天地境界，需要最多底觉解，所以天地境界，是最高底境界。"

[4]　尼采《希腊悲剧时代的哲学·序言一》："哲学体系仅在它们的创立者眼里才是完全正确的，在一切后来的哲学家眼里往往是一大谬误，在平庸之辈眼里则是谬误和真理的杂烩。然而，无论如何，它们归根到底是谬误，因此必遭否弃。"周国平译，商务印书馆1994年版。

会的大多数人不被或隐或显地视为废铜烂铁？虽然柏拉图不得不留有余地说"有时不免金父生银子，银父生金子"，甚至铜铁父母也会生金银之子（因为人人皆知统治者的子孙也有天赋不厚者，而卑贱者的子孙也有不世出的超级天才），似乎意味着最高统治者的尊位不该世袭，然而最高统治者并非只有一个儿子，他大概总是能够在自己的众多子侄中找到一个纯金之子来继承自己的尊位。说到从平民中选拔优秀者，中外哪一个朝代的帝王不曾给予某些渴望恩宠的谄媚平民以登龙门的机会？中国自古就有布衣入卿相，英国女王至今还在册封新爵士，难道凡夫俗子一被世俗权力册封为贵族，立刻就点铁成金、化腐朽为神奇了？在民主制的美国，难道两院的议员，各州的州长，更不必说总统，不自视为赤金纯银吗？难道美国选民不认为自己选出的是杰出者，反倒认为自己的选票是投给废铜烂铁的？由此可见，这套"高贵的谎言"几乎可以为一切政治体制的统治者（当然包括而且尤其是为专制统治者）提供合法性，因而没有任何真理性。

事实上，金银铜铁之说一点也不骇人，远没有刘小枫故作惊人之语夸张的所谓"言则陷天下于洪水猛兽"那么可怕。类似的话头，人们在讲课撰文，乃至茶余饭后，评品人物高下的无数场合，都在言说。柏拉图在《理想国》中说出来，没有引起任何真正的反响。现在刘小枫胆战心惊地说出来，自以为祸从口出，会激怒大多数人，所以要大兜圈子，结果也没有引起铜铁之质的普通读者任何反响。不过他早就做好了没有反响的准备，而且早就为自己留好了退路：没有反响是因为他故意"含糊其辞"，而他故意"含糊其辞"是"为了社会的安定团结"。真是怎么说怎么通，令人不得不佩服其高明或圆滑。

聪明绝顶的刘小枫是这么说的："为了社会的安定团结讲些含糊其辞的话，说东道西，这是'高贵的谎言'。'高贵的谎言'并不迎合人民，而仅是不说穿真理。"刘小枫自以为"高贵的谎言"没有迎合人民，只是"为了社会的安定团结"，然而"安定团结"如果不是迎合意志薄弱、苟且偷生的人民，又是迎合谁呢？更何况正因为这种谎言是"含糊其辞"的，因此恰恰是迎合了大多数人心里潜藏着的自大和自恋。因为大多数人都会自欺欺人地自作聪明，在自我幻象中拔高自己的资质品级，不仅铜质人会自视为银质人，甚至铁质人还会自视为金质人。自居金质人者，也未必没有自我拔高。大多数人虽然不敢以聪明绝顶自居，起码认为自己比那个自作聪明的博士，那个自作聪明的上司，那个自作聪明的暴发户，那个自作聪明的邻居，要更聪明些，所以大多数废铜烂铁都十分欢迎这类"高贵的谎言"，并且把这种谎言视为对自己有利的真理。

刘小枫说："很清楚，谎言之所以'高贵'，正当理由在于人的资质不同，一个国家的良好公正的秩序基于人按其资质的高低被安排成一个等级秩序。低资质人应该受高资质人统治，美德总归出自黄金人而不是废铜烂铁。依据人民的天性（如今称为人的自然权利），不可能产生出道德的社会。这话当然不能明说，不然，人民会不高兴、甚至会起来造反——'奴隶道德'起义。"

所谓"这话不能明说，否则人民会不高兴"，要看怎么说，如果像柏拉图那样抽象而含糊其辞地说，人民不会不高兴，因为没有几个人把自己看作"人民"，尤其是如果"人民"等同于愚民的话。不过在"人民"意味着"卑贱者最聪明"的特殊时期，当然就人人争当"人民"。因此只要哲人抽象而含糊其辞地批判群氓和庸众，群氓和庸众中的大多数一定高兴或起码会假装高兴，以此表明自己并非群氓庸众之一员。只有当哲人明确地说出类似于"只有得过博士学位的教授（或其他任何明确的界限）才是金质人，除此之外都该受奴役"（其谎言特性也立刻昭然若揭）的昏话时，没有博士学位和教授职位的人民才失去了心理防空洞，真正地不高兴起来乃至造反。然而迄今为止还没有一个哲人说过这种昏话（原因之一是大部分伟大哲人都不是博士和教授），要是有人这么说，人民也一定不会不高兴，更不会造反，只会嘿嘿一笑：这人傻得像博士，笨得像教授，一定不是哲人。

金银铜铁之说的真理成分是：人的资质先天有高下。这是三岁小孩都知道的老生常谈，不配作为真理郑重宣布出来。金银铜铁之说的谎言成分是：人类社会应该"损不足而奉有余"，用后天的制度设计强化先天的不平等；而不是"损有余而益不足"[1]，通过后天的教育和启蒙尽可能弱化（但永远不可能消除）先天的不平等。除去其中的老生常谈，金银铜铁之说就是彻头彻尾的丛林原则，在文明社会中只能是不折不扣的谎言，没有任何"高贵"性和"真理"性可言。如果金质哲人自作多情地以为，他的伟大使命就是从古代丛林赶到现代城邦，向废铜烂铁们宣布这谎言，那就请哲人离开现代城邦，滚回古代丛林里去！[2]

四　哲人在日常生活中而不是在著作中撒谎

人皆或多或少会撒谎，这使少撒谎或在关键场合不撒谎成为一种品德。那么哲人是否也撒谎？是的，这是肯定的。由于我并非哲学史专家，更不像刘小枫那样精通尼采著作，所以我就偷偷懒，用刘小枫引用的尼采的话来反驳刘小枫自己："为什么**日常生活中**人们处处说真话？——肯定不是因为上帝禁止撒谎。毋宁说，首先，因为说真话舒服，撒谎得有发明、编造和好记性。……可是，一个小孩在扯不清的家内纠纷中被拉扯大，撒谎就是再自然不过的事了，他**总会违背意愿**地说自己想要的东西……全然无辜地撒谎。"

尼采的意思十分明白，非常想在日常生活中说真话的哲人，在朋友中间或人类大家庭中，就像原本非常想舒舒服服说出真话的小孩，仅仅是由于扯不清的家内纠纷，在朋友中就是无休止的争论和恩怨，他**在日常生活中就总会违背意愿地、全然无辜地**被迫撒谎。尼采说："和人们一起生活是难的，因为沉默很不容易。"[3]然而出于追求真理的高度真诚，哲人在日常生活中撒谎，精神压力远远大于非哲人，因此尼采在著作中为自己在日常

---

[1]《老子》初始本第41章："天之道，损有余而益不足。人之道不然，损不足而奉有余。"

[2]《查拉图斯特拉如是说·离开》第213页："傻子哟，在临别的时候我对你说这教言：自己不能再爱的地方自己应当——离开！"

[3]《查拉图斯特拉如是说·慈善者》第104页。

生活中的撒谎加以辩解，然而这一辩解竟被刘小枫误以为或故意反其意而用之地解释成尼采乃至所有哲人**在其哲学著作中也总会违背意愿地撒谎**，让我深刻领教了什么叫聪明反被聪明误。

再就地取材地转引一段刘小枫引用的尼采关于撒谎的议论来反驳刘小枫："一个出于本能需要把想说的话咽回去隐瞒起来、千方百计逃避推心置腹的隐匿者，想要、而且要求一副面具在朋友们心目中晃荡。"

尼采的意思同样十分明白，哲人有两部分生活。一是孤独的几乎没有对话者的精神生活。由于没有对话者，他只能与想象中的自我影像对话，尼采的扎拉图斯特拉就坦白承认："我与我自己常在太热烈的会话中。"[1]"我对我自己说起我自己。"[2]二是必须吃喝拉撒、与朋友交往的世俗生活。在日常生活中，哲人也有朋友，而哲人的朋友未必达到哲人的思想高度，不大可能真正理解哲人，因此哲人如果把自己离经叛道的思想在生活中每时每刻都表述出来，就会惊吓到朋友们，包括异性朋友。哲人如果把对现实生活的全面批判直言不讳地具体落实到朋友身上，就更会成为对朋友的严厉斥责，那么哲人就会完全失去朋友，乃至失去性爱机会，却惹上无穷的麻烦。无论是碍于情面还是怕麻烦，哲人在日常生活中都难以做到直言不讳，常常只能全然无辜地撒谎。所以尼采认为，哲人在日常生活中，在朋友们面前，必须有一个面具，必须逃避推心置腹，必须常常把想说的话咽回去，隐瞒起来。[3]

著作时的尼采是哲人，他说真话，即便用寓言手法并虚构对话者；生活中的尼采不得不扮演俗人，甚至常常不为人知地故意"自污"，让朋友们觉得这个人虽然有些怪僻和狂妄，还是亲切可交的朋友。"人是一条不洁的河，我们（指超人，即尼采自指）要是大海，才能接受一条不洁的河而不致自污。"[4]所以哲人的自负是，我可以降低高度甚至有限度地自污，接受

---

[1]《查拉图斯特拉如是说·朋友》第63页。

[2]《查拉图斯特拉如是说·旧榜和新榜》第235页。

[3]《查拉图斯特拉如是说·人间智慧》第174页："我也要化装坐在你们一起，——使我不能认出你们或自己：这是我最后一宗人间的智慧。"

[4]《查拉图斯特拉如是说·序篇之三》第7页。

你这个废铜烂铁的朋友，但我是大海，我在生活中的有限度的自污和无辜的谎言，最终无损我人格的清澈和著作的真诚。

除了礼貌或免于纠缠的原因，我认为哲人全然无辜地撒谎还出于慈悲和同情心，但尼采是个例外，他完全不懂什么叫慈悲和同情。富于同情心的哲人在生活中不愿伤害别人，尤其不愿伤害亲近的朋友，他知道他期待的"超人"在生活中还极其稀有，甚至"超人还不曾存在过"[1]，他不能以这种至高标准苛求朋友。但在著作时，哲人却是直言不讳的："猿猴之于人是什么？一个讥笑或是一个痛苦的羞辱。人之于超人也应如此：一个讥笑或是一个痛苦的羞辱。"[2]"我教你们什么是超人。人类是应当被超越的。"[3]尼采乃至其他哲人能对朋友这么说吗？他能够如此毫无顾忌地讥笑羞辱所有人吗？只有当忍无可忍之时，他才会哲人脾气大发作，无情地讥笑羞辱过去的好友，比如尼采对后期瓦格纳[4]。在生活中讥笑和羞辱任何人，哲人必将面临反讥笑和反羞辱。尼采非常清醒地认识到："在人群里，我遇到的危险比兽群里还多些。"[5]这就是哲人在日常生活中面对非哲人必须"无辜地撒谎"的理由，但他唯一不撒谎的，是在著作里。

可见刘小枫完全把尼采乃至一切哲人的撒谎领域弄反了。这样的尼采解释或哲人解释，实在颠倒得令人啼笑皆非。即便哲人的前后期著作观点不一致，也仅仅是因为哲人的思想在发展和修正，或原本就没有全然打通，毕竟没有人像上帝那样全知全能。因此决不能根据哲人前后期甚至同期著作中的矛盾而认为是在故意撒谎。在著作中故意撒谎的人，一定不是真正的哲人，更不可能是伟大哲人。伟大哲人必然是大无畏的，除了有头脑，更有胸膛[6]。只有并非哲人的怯懦者，才会想象伟大哲人像他一样胆小，胆

[1] 《查拉图斯特拉如是说·教士》第109页。

[2] 《查拉图斯特拉如是说·序篇之三》第6页。

[3] 《查拉图斯特拉如是说·序篇之三》第6页。

[4] 详见尼采自传《看哪这人》之《瓦格纳事件》。

[5] 《查拉图斯特拉如是说·序篇之十》第19页。

[6] 参见拙文《告别五千年》关于头脑、胸膛的表述，《书屋》2000年第1期。

小到不敢说真话而只敢用谎言来苟且偷生[1]。刘小枫所知道的柏拉图思考一生的关于苏格拉底之死的问题，正是因为伟大哲人苏格拉底终其一生直言不讳地在雅典街头把真话告诉每一个自居金质人的废铜烂铁，结果废铜烂铁们判了金质哲人死刑[2]。于是相对怯懦一些的柏拉图不敢再像乃师那样在街头直言不讳地说真话，而把真话藏在著作里，并且还让苏格拉底做他的替身，所以他得以安度余生。但柏拉图毕竟也是真正的哲人，他仅仅是不再鸡蛋碰石头地蛮干，他顶多也就是在街头即日常生活中说一些"无辜的谎言"，他毕竟没有怯懦到在以伟大先师苏格拉底做主角的著作里公开撒谎，来玷污伟大先师以及所有哲人的求真意志。当他在著作中提出一个明知不真实但他认为很可能有益的观点时，强烈的求真意志和所有伟大哲人皆有的自我质疑精神，使他坦然承认那是一个"高贵的谎言"[3]。

刘小枫说："仅从字面来感觉，'无辜的谎言'显得说谎者要为自己撒谎辩护，'高贵的谎言'却不存在自我辩护问题。"一点不错，"无辜的谎言"正是指日常生活中的谎言，"高贵的谎言"却是指著作中的谎言。哲人们在著作中的谎言是什么呢？就是生命根本没有先验的前定意义。这是哲人与神学家不同的地方，神学家会假借上帝之口给出一个先验的前定意义。哲人要为生命给出一个意义，由于这个意义是哲人主观赋予的，而非客观前

---

[1] 弗兰西斯·培根："蒙田曾探求谎言这个词为什么会使人感到那么大的耻辱，使人感到受到万分可憎的指责，他很贴切地说：'深思熟虑后可以这样说，指责一个人撒谎就是指他藐视上帝而在人的面前怯懦。'"《论谎言》第42页。

[2] 参看拙文《苏格拉底是否该死》："有史以来一切像苏格拉底这样的杰出者，大多具有贵族倾向，是精英主义者，他们先天地具有自我优越感，认为人是先天不平等的：有的人是用金子做的，有的人是用银子做的，有的人是用铜和铁做的。因此，让用金银做的高贵者做统治者，而让用铜铁做的卑贱者做统治者，就成了理所当然的结论。这种言论必然会威胁到民主本身的存在基础。……让具有民主倾向的非杰出者与具有贵族倾向的杰出者进行自由辩论，后者的杰出口才几乎必然使前者不堪一击。哪怕民主思想具有更多的真理性，但民主的平庸辩士很可能由于才情的有限而把一个具有极大真理性的论点辩护得漏洞百出，而反民主的杰出斗士却更可能把真理性不足的反论点阐述得天衣无缝。……苏格拉底虽然死了两千多年，然而他的反民主幽灵，或许还将长时间阴魂不散，并不时地在民主的面纱下露出狰狞的微笑。"《社会科学论坛》2001年第2期。

[3] 雨果·格劳修斯："普罗克洛评论柏拉图（高贵的谎言）时道出了原因：'因为有益的胜于真实的。'"《论谎言》第49页。

定的[1]，因此出于高度的真诚，哲人必须承认他所赋予的意义是一个"谎言"。由于这个谎言不是出于自私的目的，而是出于为人类生命"立法"的公益目的，因此哲人认为这个谎言是"高贵的"。但每个哲人为生命"立法"，仅是众多哲人的"立法"提案之一，他的提案是否被采纳，由每个自由人自己决定。人民固然不过沉思生活，也没有能力沉思，但人民需要哲人提供众多提案供他选择[2]。哲人过沉思生活，仅仅因为他有这能力，仅仅是一种分工。哲人也可能没有能力做鞋，但鞋匠做出各种鞋子给哲人挑选哪一双更合脚。所以哲人与鞋匠只是依其能力大小和先天倾向的分工不同，没有金银铜铁的等级之分。雅典哲人苏格拉底或柏拉图出于对混乱无序的民主雅典的痛恨和对等级分明的非民主的斯巴达的美好想象，才设想出金银铜铁之说，试图让各色人等各安其位。虽然这一愿望难以实现，方案也过于简单甚至反动，但在古代世界有其时代合理性，因此现代人可以一笑置之，犯不着对古典哲人的时代局限性求全责备。现代人应该汲取的，是这些古典哲人的思想中对于现代文明乃至未来文明依然有价值的成分。正如尼采思想中也有反动和消极的一面，但真正的哲人应该从他的思想中挖掘有益的成分，而扬弃其糟粕，决不该反过来。

五 "只有哲人才有资格当社会的道德立法者"？

刘小枫在文章最后一节开头，就大放厥词："施特劳斯的'魔眼'看得很准：尼采最关心的是哲人在现代处境中的位置。只有哲人才有资格当社会的道德立法者，因为只有哲人沉思什么是美德、什么是美好（幸福）的生活、应该过的生活。……哲人沉思首先是为了自己个人的生命，不是为

---

[1] 《查拉图斯特拉如是说·一千零一个目的》第67页："人类为着自存，给万物以价值。——他们创造了万物之意义，一个人类的意义。"《查拉图斯特拉如是说·旧榜和新榜》第236页："创造者是创造人类的目标并给大地以意义和未来的人。"

[2] 《查拉图斯特拉如是说·重力之精灵》第233页："我名仅有一种选择的人为不幸福。"

了人民（遑论国家、民族）才去沉思。启蒙之后，哲人成了首先为人民服务的人，而不是首先关心自己的德性生命；哲人已经不思'何为高贵'，而是为国家、民族、人民出谋划策，纷纷跑去引导人民起来争自由、平等、民主，忘了自己的本份是过沉思生活。……不是吗？如今那么多的有了'制度经济学'、'分析哲学'、'文化人类学'、'社会批判理论'、合乎国际学术规范的'社会科学'专业知识的人，真以为自己就是国家医生，要引导人民甚至给国家、民族治病（殊不知不过一个现代工匠，在苏格拉底的人谱中算铜质人）。"

原来对现代社会的弊端的批判，可以用金属来定性，真是新鲜得很。如果哲人对社会的批判如此简单，那么根本不需要什么金银之质，由铁匠来干就行了。刘小枫反对哲人"纷纷跑去引导人民起来争自由、平等、民主"，真想问一句"干卿底事"？你有什么资格对别的哲人多嘴多舌？你以为你是谁？哲人王？超级哲人？你不喜欢这么干，完全可以去过你的沉思生活，沉思你的美德，过你应该过或愿意过的任何生活，没有人会干涉你。你如此气急败坏，无非是发现铜质人抢了你的饭碗，成了国家医生，社会的道德立法者，没你这个自封的金质人什么事了，所以你要来宣布，你才是真正有资格的道德立法者，你才是真正有资格的国家医生。我不知道究竟是谁给了你这块镀金的开业执照？[1] 你不按你的本分去过你的沉思生活，却跳出来说东道西，说明你还是不甘寂寞，说明你其实并不真爱沉思生活。不甘寂寞，不爱沉思生活，也没什么可羞，那就请你拿点新鲜货色出来，别再炒柏拉图、尼采、海德格尔的冷饭、馊饭、隔夜饭。

刘小枫居然说："'高贵的谎言'之所以高贵，是因为撒谎为了人类，颓废的谎言刚刚相反。"因此反启蒙哲人的蔑视人民的"高贵的谎言"是好谎言，而启蒙哲人的尊重人民的"颓废的谎言"是"坏谎言"。"启蒙哲

---

[1] 雨果·格劳修斯："柏拉图把说谎的权利赋予大权在握的人。柏拉图似乎一时认为医生有此特权，一时又认为他们无此特权，显然我们必须分清，前一个场合他指的是得到公开任命担负此任的医生，而后一场合是指自称有此职责的医生。"《论谎言》第50页。

学的'坏谎言'从斯宾诺莎开始，到康德完成。……从斯宾诺莎到康德的转变中起关键作用的现代谎言哲人就是鼓吹平等主义、写市井文字的卢梭。……'废铜烂铁'说被自由平等主义哲人铲除之后，'高贵'的谎言变成了颓废的谎言。"

你的非市井的"高贵"谎言如此侮辱人民，如此蔑视人民，居然是为了人类？亏你说得出口！你反对启蒙哲人"为了人民"争自由、平等、民主，你却要来"为了人类"撒什么高贵的谎，这算哪门子高级逻辑？难道人民不属于人类？难道废铜烂铁不属于人类？你是金质人，有统治者皇恩浩荡恩赐给你的特权性自由，所以你不想给废铜烂铁以同等的自由。你是金质人，在宣扬并强化不平等的"苏格拉底的人谱"中占据着最高等的位置，所以你不想给废铜烂铁以最基本的尊重。然而历史的潮流、文明的脚步不可阻挡，你失去了你的高贵，终于变得如此颓废，成了不说人话、只会鹦鹉学舌、学究气十足的废金烂银。

刘小枫在阐释《扎拉图斯特拉如是说》的一个片段（文长不引，参看《如是说·幻象与谜》）时几乎赤膊上阵了："那种可以被称为贵族制理由的自然秩序，近代以来、尤其是启蒙运动以来被颠覆了。谁颠覆的？民众吗？不是！恰恰是本来因有'深邃的思想'与百姓不在同一个存在位置的哲人。哲人放弃自己本来应该过的沉思生活，到市上来搞什么启蒙——其实是抹平人的资质，甚至抬高苏格拉底的人谱中的资质低的人。近代哲人发明的自然状态和自然权利取代了自然秩序，再按高低不同的金属来划分人的资质并安排社会秩序，就成了**不道德**、甚至**反动**。这一所谓'现代性'事件导致的后果是：'高贵的谎言'的正当基础不复存在，国家秩序的基础根本变了——'废铜烂铁'也可以统治至少参与管理国家。"

刘小枫自己也很清楚这段话的**不道德**和**反动**，这不会因为他以反讽的口气故示闲暇地先自己说出来，就改变其性质，就能堵住天下悠悠之口。推翻贵族制度、废除血统论的等级制度、开展全民教育的道德价值和进步性是一个不争的事实，无论从理念上还是实践上，启蒙运动以来，人类社会的文明程度都取得了有史以来最大的进步和发展，只有难以忘记自身相对智力优势的自大狂才会对此忿忿不平，像个破落户一样丧心病狂地信口雌黄。某些自以为智力优越者想象自己在古代贵族制中，可以享有巨大的特权，这种想象的特权被他当成必有的事实，认为他的天赋特权被近代社会的平等主义所剥夺，所以牢骚满腹。事实上在古代贵族制社会中，所谓的优越者或贵族的特权没有任何保障，最高统治者随时可以对之生杀予夺，但以金质人自居的自大狂总是在想象中认为自己可以幸免于暴君的暴政，独享暴君的恩宠。出于自恋，他们甚至愿意与"不患寡而患不均"相反，宁可自己的权利被专制制度和暴君剥夺得所剩无几，但只要专制制度和暴君能够对他蔑视的低资质人剥夺得更多，剥夺到一无所有，与自己的有限权利拉开差距，他就心满意足。也就是说，只要贵族制度能够保证我金质人比你们废铜烂铁优越许多，哪怕在贵族制下我金质人的权利还不如民主制下一个废铜烂铁的权利，我也宁愿回到过去，无限怀念那"失掉的好地狱"[1]。这种心理，可以称之为"不患寡而患太均"。这种心态，一点不像超越高蹈的哲人乃至超人，实为俗之又俗的庸人，而且是庸人心态中最坏的怨妇心态。

刘小枫说近代哲人用自己发明的自然权利取代了自然秩序。一点不错，因为他所主张并无限惋惜其已经失去的所谓"自然秩序"，是强弱各居其位、弱肉强食的丛林秩序，事实上这种自然秩序也在血腥厮杀中不断变动，决非一劳永逸地铁定不变。近代人文主义的精髓正是赋予每个人（只要是人，不管其资质高低）以不可侵犯的基本人权。视大多数人为"废铜烂铁"，就是对近代人文主义精髓的否定，其反动实质不言自明。这种论调与纳粹思想和"文革"血统论有一目了然的内在联系，一旦把这种思想主张付诸社会实践，就必然会管制、清洗、迫害乃至"根本解决"（纳粹用语）低资质人或不顺从这种贵族等级制的金质人，并且以"消灭废铜烂铁"的神圣名义。

严格说来，反对启蒙就是反对给予"低资质人"以天赋的、神圣的基本自然权利。"什么是启蒙？启蒙就是以理性的光芒照亮专制主义与蒙昧主

---

[1] 鲁迅语。参看《查拉图斯特拉如是说·旧榜和新榜》第244页："你们的高贵不当向后流盼，乃是向前凝视！"

义的黑暗。"[1]所以反对启蒙就是为专制主义与蒙昧主义招魂。然而尼采不仅不反对启蒙主义，而且是近代启蒙主义的最后一位健将，他对基督教及其奴隶道德的批判，在哲学史上是光辉灿烂的重要篇章。[2]

刘小枫的最后结论竟然是：尼采根本不反对基督教乃至一切宗教，"尼采是反宗教之徒？——无稽之谈！尼采与马基雅维利、霍布斯一样，充分了解民众的宗教对于民众生活和国家何等重要性、何等不可或缺。"尼采也不仇视教士，"尼采仇视教士吗？的确。但他仇恨过会讲'神圣的谎言'的教士吗？没有。……尼采仇视的'教士们'究竟是谁？说出来也许有点可怕——甚至有点危险……就是我们知识分子！……我们这些知识分子自鸣得意：瞧！尼采多么讨厌群众，殊不知尼采憎恨的恰恰是**他把自己也算在其中**的我们知识分子。……在知识分子统领世界的时代，这话能明说吗？"

必须承认，当我看到刘小枫受虐狂似的对尼采痛殴"我们知识分子"如此欣喜若狂，我差一点被感动。不是吗？多么高尚的自我批判精神！多么罕见的闻骂则喜精神！多么了不起的不被一己得失左右的求道精神！但当我看到下文说尼采憎恨的对象"**把自己也算在其中**"时，我恍然大悟：既然据说胆小如鼠而不得不撒谎的尼采可以谦虚地把自己算在其中又金蝉脱壳而去，随后照样被刘小枫尊为后现代先知、伟大的哲人，那么胆大包天到敢于把从柏拉图到尼采的所有哲人都不敢说的话直言不讳说出来的刘小枫，难道就不会依样画葫芦地同样施一个金蝉脱壳之计？所谓"我们知识分子"，不正是"你们知识分子"的谎言形式吗？刘小枫认为尼采的教士指的是"我们知识分子"，是明目张胆地指鹿为马和移花接木。而否认尼采

---

[1] 李慎之《回归"五四"，学习民主》，《书屋》2001年第5期。

[2] 参看为纪念尼采逝世100周年所撰拙文《跟随你自己》："一切传统的思想家，无论宗教家或哲学家，在教导别人时都坚信，唯有自己真理在握。因此他们教导别人'认识你自己'，其实是'认识你自己的无价值'，而你一旦认识到了自己的'无价值'，你就会无条件放弃自己，成为一个精神上的奴隶——'跟随我'。尼采的伟大在于，他教导别人'认识你自己'，是'认识你自己的价值'，而你一旦认识到了自己的价值，你就学会了独立思考，成了一个精神上的自由人——'跟随你自己'。"《书屋》2001年第1期。罗素《西方的智慧》（马家驹、贺霖译，世界知识出版社1992年版）第343页，认为尼采是"贵族式的人文主义者"。

反对基督教及其奴隶道德，更是需要惊人勇气的颠倒黑白和公开撒谎。[1]

刘小枫说："人的资质不同，是天生的自然秩序使然，不是谁凭一己权力造出来的。资质或低或高，没有必要得意或自卑。"那么在不受教育就等于白痴的文明社会，资质的高低是怎么"天生"地排列出来的？在自然界，是由撕咬打斗排定的。"天生的自然秩序"只有通过霍布斯所谓"一切人对一切人的战争"才能产生。你面色苍白、手无缚鸡之力的荏弱哲人，在严酷残忍的撕咬打斗中有多少胜算？柏拉图似乎是哲人共和国中唯一的体育健将[2]，这或许是他敢于宣扬这种谎言的理由之一，然而其他哲人有几个能对一个街头小混混战而胜之？所以你刘小枫毕竟还是对自己能够在文明的淘汰赛（比如考试）中获得优胜相当得意，你毕竟还是认为那些在文明的淘汰赛中的落败者应该自卑，只不过你大人大量，姿态极高地说自己不太得意，却又难以掩饰得意地劝慰落败者不要自卑。然而事实上，大多数废铜烂铁根本就没机会参加淘汰赛。但这不是"自然秩序"使然，而是诸多社会因素或曰"安定团结"的社会秩序使然。哲人眼里的废铜烂铁并非"天生"就是废铜烂铁，他们被"安定团结"的社会秩序剥夺了受教育、受高等教育、出国深造、提拔重用、升官发财的机会，才成了看台上的观众。现代社会不是太平等，而是依然很不平等。要知道，如果换一种真正符合自然秩序的丛林规则来进行淘汰，应该得意的更可能是被你劝慰的自卑者，而应该自卑的恰恰是声称不得意的你。你刘小枫不应该得了便宜又卖乖，不应该从"安定团结"的社会秩序中得了便宜，然后又主张按"弱肉强食"的自然秩序来排定等级，并使这种偶然的高低和暂时的胜负，子子孙孙宿命论般地永远传递下去[3]。如果你真正主张按自然秩序来排定等级，那么比赛应该重新来过，也许你必须与被你蔑视（尽管你又劝他不要自卑）的街

[1] 塞缪尔·巴特勒："对撒谎我不介意，但我痛恨把话说得破绽百出。"《论谎言》第115页。

[2] "柏拉图"是其绰号，意为"肩宽背阔"，他曾在科林斯地峡运动会上两次获奖。见威尔·杜兰特《哲学的故事》，金发燊等译，生活·读书·新知三联书店1997年版。

[3] 《查拉图斯特拉如是说·旧榜和新榜》第257页："假使你们不愿成为反宿命论者而且不屈不挠，将来你们怎能将我战胜？"

头小混混单独放对，用拳头或者牙齿一决高低。

想必这是你不愿接受的，所以我想劝劝你：文明法则（而非丛林法则）筛选出你们这些高智商的哲人来，不是让你们来蔑视、侮辱、欺压、奴役那些街头小混混，而是让你为这些街头小混混谋福利，为他们服务，包括用你的高智商写出妙文，但这篇《尼采的微言大义》显然不算，而《记恋冬妮娅》可以算，当然这不是由我说了算，应该由街头小混混们说了算，因为他们是有选举权的公民，如果他们不用选票同意现行的社会秩序和文明法则，那么你就会被剥夺自由发表言论的"自然权利"。你应该用你的智慧来提升他们的思想境界，开阔他们的精神视野，愉悦他们的情感世界，软化他们的蛮性本能。这样的服务，并不失你的尊严，你不该感到降格和屈辱。况且街头小混混决没有要求道德高尚的你免费服务，他们为你的服务支付了不算太低的报酬。如果你支取了薪水和稿费之后，不能提供优质服务或金质服务，只能提供如此劣质的废铜烂铁服务，甚至侮辱供养你的纳税人，那么废铜烂铁们就有权认为你是寄生虫，而且是忘恩负义的寄生虫，那么连你在现代城邦是否有居住权或生存权，都是一个未知数。

六　丛林真理和人文公理

刘小枫认为与他的"高贵的谎言"即丛林式真理不同的近代哲人的关于自由、平等、博爱、民主、法治、人权等人文主义公理，是"颓废的谎言"。"'颓废的谎言'则是：哲人明明知道人民不关心真理，讲迎合民众信仰的话，充当人民的代言人，等于把'求真'的权力交给了人民……哲人与人民的关系发生了根本变化。本来'哲学不是为人民准备的'，如今哲学充当了人民的代言人发出'废铜烂铁'的声音……哲学不再是禁欲般的沉思生活，而是一种工匠式的手艺；学人、科学家终有一天理直气壮地驱逐了哲学，有什么好奇怪？"

如果金银铜铁之类的"高贵谎言"真是哲学真理，那么根本无须由高智商哲人来宣布，五百万年前的猴子们就已经懂得了。人民之所以需要哲人的哲学，正因为人民期望哲人能够用他们的高度智慧寻找到与丛林法则不同的文明法则，而人民需要的文明法则直到近代启蒙哲人手里才得到了较为完整的表述，但还远未完善。丛林哲学当然不是为人民准备的，但它根本不配称为哲学，因为它不需要智慧。为人民准备的，是具有高度智慧的文明哲学，因为它是上帝所造的丛林中从未有过的，所以才需要高度的智慧。丛林哲人眼里的"废铜烂铁"，现在被所有文明哲人视为文明发展的最终目的和最高目的，每一个人都是目的，而不是手段或工具。文明哲人作为废铜烂铁们的代言人所发出的声音，不是丛林式真理，而是人文主义公理。我不愿称之为真理，宁愿称之为公理，因为人文公理至今还不能，也永远不可能达到终极至善，这些公理需要未来的无数文明哲人不断探索，不断补充，不断修正。当这些探索的暂时结果得到大多数人民同意时，这些公理随时可以得到修正，并通过正当的立法程序付诸社会实践，调整和改良社会的政治结构。近代人文公理与古代丛林真理的最大不同是，它允许甚至尊重异议者的存在，包括允许从柏拉图到刘小枫的丛林式异议者的存在，只要他们也允许和尊重其他异议者的存在。这种尊重的最低要求，就是哲人再也不能侮辱性地蔑称供养他们的人民为"废铜烂铁"。

但是允许并尊重丛林哲人及其异议的存在，并不妨碍被启蒙之光照亮过的人民在精神上抛弃、远离甚至"理直气壮地驱逐"传统型哲人及其旧哲学。未来的文明社会和人民所需要的肯定不是这种旧哲学，他们需要充满人间智慧的新哲学，其中包括批判奴隶道德、主张"跟随你自己"的尼采哲学的一部分。如果哲人不能提供人民需要的新哲学，只能贩卖别人的、古人的、洋人的旧货，那么哲人只能怪自己没有真智慧和新智慧，或者爽快承认自己不是哲人，顶多是冒牌的伪哲人，是耶稣眼中的法利赛人。

刘小枫说："'何为高贵'的问题在自由平等的民主社会仍然是，哲人应该如何撒谎？"他自己也明白这种说法太荒谬，于是竭尽全力自圆其说。先退一步代替有疑问的读者问："自由平等的民主社会不是有言论自由、思想自由吗？为什么哲人还需要撒谎？"随后又毫无说服力地自我答疑，哲人撒谎"固然有避免哲人自己遭迫害的目的，但也有不要直接打扰民众信仰的意图。……既是为了坚持自己心中的真理，对民众信仰不予苟同，也是为了不伤害民众感情，维护社会的安定团结。……在自由平等的民主社会，一个哲人仍然要坚持'高贵'本分，岂不是比在贵族制社会更加危险？更需要撒谎？"

如果你真想"不要直接打扰民众信仰"，"不伤害民众感情"，那么你的"高贵本分"就是沉默。我真是奇怪，既然自命金质人，你似乎不该不知道"沉默是金"[1]。一方面说不想打扰，一方面又用含糊其辞的高贵谎言来混淆视听，肆无忌惮地骚扰民众，难道你以为骚扰比打扰更有礼貌，更为高贵？照此类推，莫非性骚扰是最有礼貌、最为高贵的恭维异性方式？

算了吧你，别危言耸听什么危险和迫害！你的思想再反动，再荒谬，在自由平等的民主社会根本没有人想迫害你，也没有人能迫害你，因为法律保护你的言论自由，你既不会像苏格拉底那样被判喝下毒芹汁，也不会像布鲁诺那样被判绑上火刑柱。自由平等的民主社会没有"思想犯"，所以你爽快说出来罢，别扭扭捏捏，别吞吞吐吐[2]，你所妄想的迫害或危险，顶多就是被我这样"迎合民众信仰"的人，用"颓废的谎言"驳斥一番而已。

古今哲人经常走的两个极端是：一，要么主张绝对的平等，无限度地抑制极少数智者、富人、美人、强者等在各方面占尽先天与后天优势者，强迫他们向愚人、穷人、丑人、弱者等在各方面处于先天与后天弱势的大多数人看齐，使文化发展失去动力，启蒙哲人尤其是近代乌托邦哲人就有此弊；二，要么主张绝对的不平等，无限度地纵容少数智者、富人、美人、强者，让他们放手欺压愚人、穷人、丑人、弱者，使人类社会成为一座险恶的野蛮丛林，从柏拉图到尼采的反民主哲人就有此弊。

---

[1] 蒙田："谎言比沉默更无礼。"《论谎言》第35页。

[2] 《查拉图斯特拉如是说·旧榜和新榜》第312页："我爱一切态度光明而正直说话的人。……那说教者之一类——他是暧昧的。他不分明。他如何地嗔怒我们，因我们不理解他！但为什么他不说得更明白些呢？"

毫无疑问，后者是违反文明发展总趋势的，但在如何给予弱势大众以基本权利的同时不过度抑制强势小众的创造力这一问题上，人类至今没有找到合适的方案，没有找到最佳的平衡点[1]。然而究其实，这一最佳平衡点应该是极少数强势者与大多数弱势者之间长期博弈的自然结果。在这博弈互动的永恒过程中，每一个过于自恋的弱势者都可能觉得社会对他不公平，认为他没有得到最基本的生存权利，他总是怨天尤人，觉得天道无情；而每一个过于自恋的强势者也可能觉得社会对他不公平，他没有得到足够的发展权利，他总是牢骚满腹，觉得怀才不遇。弱势者的声音很少能够传达到历史之中，他们的嘴太小，音量也太小，简而言之，他们没有多少话语权力，他们是沉默的大多数；而强势者的牢骚却充斥于历史之中，因为无论他们自以为多么怀才不遇，他们始终具有最大限度的话语权力。比如刘小枫觉得哲人在现代社会中越来越不受重视，所以他要为哲人来叫屈了，他的声音一下子就被许多人听到了，哪怕不想听也听到了。

从苏格拉底开始，哲人就受难了。无论是专制政体还是民主政体，有史以来的任何一种政治制度都没有给予哲人足够的恩宠。然而何为"足够"？哲人要求的恩宠是否有个够？又有哪一种政治制度曾经给予弱势群体"足够"的尊重？为苏格拉底之死叫屈的声音响彻历史，本身就是哲人并没有太受忽视的铁证。其他普通雅典公民的受审或屈死从来没有受到过

---

[1] 参见拙文《被愚弄的兔子和被弄愚的乌龟》："只要世上同时并存着巨人和侏儒，那么羞辱兔子的谣言和诽谤就永远不会绝迹。因为巨人永远是少数，而永远抱怨自己炮制的上帝对自己不公的大多数人，总是愿意看到极少数天之骄子受屈受辱受难。因此所有的龟兔赛跑永远是老套，其结局永远是兔子莫名其妙输掉。比赛主办者尽管未必是乌龟，但至少是自愿整容或被迫截肢的兔子，这些伪兔子是媚俗者。媚俗的比赛主办者，要赢得大多数人的喝彩，挤出大多数人的眼泪，掏空大多数人的钱袋，榨干大多数人的血汗，骗取大多数人的选票，必须经常对大多数人进行精神贿赂，因此才安排了兔子与乌龟的不公平比赛，并且从一开始就决定：无论用什么手段，最后必须让兔子输掉。这很落套，是吗？的确如此，而且令人沮丧。失败的悲剧英雄兔子，在这种永远落套的故事里，只能落入该死的圈套。其实兔子并非最倒霉的，因为再倒霉的兔子，依然是兔子。真正不幸并将永远不幸的，是落入圈套的乌龟。当侏儒站在最高领奖台上，以站在较低台阶上的巨人为自己的陪衬者时，侏儒恰恰是最不幸的，达到了不幸的顶峰。因为侏儒误以为自己与巨人同样高了，误以为一切众生真的平等了。受愚弄的兔子没有变愚蠢，但因兔子受愚弄而获利的乌龟，却被弄得更愚蠢了。"《书屋》1998年第1期。

如此大的重视。柏拉图为其师被判死刑的叫屈声，尼采为自己不受重视的抱怨声，海德格尔及其拥戴者为他上过纳粹贼船的辩解声，不是已在哲人著作中占据了太多篇幅吗？

刘小枫说："为了守护高贵精神，尼采显得不畏社会迫害，经常直接宣称自己的贵族主义。"尼采最可笑的正是夸耀甚至虚构自己的波兰贵族血统，不知道他的贵族谱系是从亚当时代就开始的，还是册封未久的新贵？如果是后者，那么他的某位祖先在被册封为金质人之前，就是废铜烂铁；或者他的这位祖先由于种种偶然原因未能得到册封，那么他就依然是废铜烂铁。无论是哪种情况，都说明一条铁的真理：所有人都来自共同的祖先，他们在上帝或法律面前完全平等，他们要么都是金质人，要么都是废铜烂铁。在亚当、夏娃的子孙中，如果确有某些天资卓绝的金质人，那么他们也必然是由废铜烂铁的父母孕育的[1]；或者他们生下来就是废铜烂铁（比如上述那位被册封前的祖先），只是通过文明的哺育（包括受文明哲人的启蒙）和自身的努力，才把自己提升为金质人（比如上述那位被册封后的祖先）。因此，已经成为金质人的人，无权剥夺其他金质人从废铜烂铁中脱颖而出的机会，更无权剥夺任何人向上提升和发展的空间。总之，充满矛盾的尼采学说有极其伟大的一面，但他炫耀贵族血统和贵族主义，只引来讪笑，人们把这当作一个有智慧的哲人美中不足的瑕疵而宽容地一笑置之，没有人想迫害他，没有什么"社会迫害"，这种受迫害妄想，尼采的以及刘小枫与之分享的，只能是刘小枫矢口否认的"文人式的夸张"。

结语　上帝说：尼采死了

任何一个伟大哲人的著作都具有无穷的方面，如果断章取义甚至"移花接木"，那么任何关于某哲人的微言是什么的立论都不难成立，但也非

---

[1]《查拉图斯特拉如是说·旅行者》第183页："最高者之达到它的高度，从最低处开始。"

常危险，很容易因为穿凿附会的过度阐释而强加于哲人。研究者必须具有与被研究者平等对话的思考能力，才有可能真正理解哲人。刘小枫说"从流行的所谓'尼采学说'来理解尼采，就会受尼采蒙骗"，然而从刘小枫的不流行的尼采微言来理解尼采，就会受刘小枫蒙骗。而且这样一来，尼采就没有什么价值了。刘小枫版的尼采，只是柏拉图的一个拙劣赝品。刘小枫版的隐微尼采，在哲人的"天才共和国"（叔本华）中，已经贬值为哲人里的废铜烂铁。

刘小枫用"六经注我"的索隐派功夫，煞费苦心地在充满矛盾的尼采著作中东拼西凑，代圣人立言，还要为这种没有多少根据的索隐强辩："尼采的隐微术炉火纯青。一句话或一段话的下文，往往在一本书中老远的别处出现，甚至在另一本书中出现。"这真是天大的笑话！毕生都在零零碎碎写一段一段格言警句的反体系的尼采，居然成了有史以来建立了最严密体系的哲学家。如果尼采真是这样通盘构思其毕生著作，而且其全部写作又仅仅是为了圆一个老掉牙的弥天大谎，那么他真是空前绝后的超人，真可以如传说中佛陀降生时那样宣称："天上地下，唯我独尊。"然而这样的神话和谎言，恐怕只有索隐功夫炉火纯青的刘小枫才能编出来，这样的谎言既不高贵，也不神圣，更不无辜，只是有些无聊。如此高的智力用于写这种废铜烂铁式的索隐派文章，真是浪费得有点可惜。如果尼采真是如此神经质和强迫症，那么他的影响不要说超过马克思和弗洛伊德，恐怕现在早就籍籍无名被人遗忘了。

尼采是复杂而丰富的，常常是充满矛盾的。他常有崭新的智慧，当他忘却自身的、世俗的需要时，当他不太自大地对文明与宗教的种种弊端进行批判时；但也不乏陈旧的自恋，当他忿忿不平于所谓命运对他的不公和德国公众对他的冷漠时，当他无法忍受他恋慕的女性对他的轻蔑时。他时而进步，时而反动；既是智者，又是疯子。对复杂而矛盾的尼采，可以有无数种解释，千万不要以为自己的解释才唯一正确。[1][2]

刘小枫同样是复杂而丰富的，常常是充满矛盾的。他具有足够聪明，当他写出《记恋冬妮娅》等优美文辞时；也会空虚无聊，当他不甘寂寞地搜罗旧货洋货并故作惊人之语时，比如写这篇弯弯绕的百衲衣式的《尼采的微言大义》时。另外，如果刘小枫乃至任何现代哲人还在主张禁欲甚至以禁欲自傲，我奉劝他们不要如此自苦，因为按照自然法则，力比多的压力应该适度释放[3]，否则过度压抑会导致身心两方面的变态，写出一些不自然的、令人难以卒读的文字来。这种文字在语言作品的等级中，只能居于"废铜烂铁"之列。

启蒙运动以来的人类文明尽管总体上是进步的，但远没有也永远不可能达到尽善尽美，真正有创造力的哲人，应该效法从苏格拉底到尼采的所有伟大哲人，对文明的弊端和不足进行不留情面、不计个人得失的深刻批判，而不是像弗兰西斯·福山那样高唱赞歌宣布"历史已经终结"[4]。如果

---

[1] 鲲西《对尼采的身后议论》（《文汇读书周报》2001年2月24日）提及，诗人T.S.艾略特对尼采的评价，他是斯多葛学派晚期的一个变种，"对于一个处于广阔、但却冷漠、无情或敌对世界的个人来说，斯多葛主义是一个避难所；它是各种不同版本使自己得到欣慰的办法的牢固基石"。艾略特认为，尼采是现代人当中自我欣慰的最明显的例子。斯多葛派的态度正好是基督教谦卑的反面。鲲西说："艾略特的话好像使我们窥见了尼采自身的秘密，尼采在面对这无情和广阔的世界时，他原是畏怯的，但他是有极高智慧的人，他终于以蔑视的态度拯救了他自己，而不是趋向谦卑，而是以更激昂的姿态发为言论。"

[2] 罗素《西方哲学史》第二十五章《尼采》第319—320页："假如他的思想是一种疾病的症候，这疾病在现代世界一定流行得很。然而他还是有许多东西仅仅是自大狂，一定不要理它。……他的'高贵'人——即白日梦里的他自己——是一个完全缺乏同情心的人，无情、狡猾、残忍、只关心自己的权力。……尼采从来没有想到，他赋予他的超人的那种权力欲本身就是恐惧的结果。不怕他人的人不认为有压制他人的必要。"何兆武、李约瑟译，商务印书馆1976年版。

[3] 《查拉图斯特拉如是说·禁欲》第61页："我忠告过你们扑灭本能吗？我只忠告你们要保持本能之无邪。……如果禁欲引起痛苦，禁欲是应当被抛弃的；否则禁欲会变成地狱之路。"《查拉图斯特拉如是说·三件恶事》第226页："耽欲：仅仅对于衰败者是一种甜的鸩毒；对于有狮心的人却是一种大慰藉。"尼采从未反对过男人"到女人那里去"，他仅是建议"带上鞭子"（同上，第77页），也许他的性经验告诉他，这样可以避免染上性病。

[4] 弗兰西斯·福山《历史的终结》，本书翻译组译，远方出版社1998年版。

刘小枫把自己对近代文明的不满，像尼采那样用直截了当的独创性思想表达出来，而不是像现在这样拐弯抹角，不知所云，那么恐怕就不会有那么多读者对你的宏文读不下去了。

刘小枫这篇宏文，为尼采重塑金身，几乎对主张"重估一切价值"的尼采进行了一切重估："尼采玩弄隐微术，把启蒙理性的'逻辑'推到极端（理性＝意志＝生命冲动），把启蒙精神的反基督教精神夸张到极致，装出比谁都更启蒙精神的样子（鲁迅就是上当受骗的显例）。尼采死后的一百年中，数也数不过来的文人学士以为这就是尼采留给他们创造新价值的启示。"幸而天佑吾国吾民，恰逢尼采逝世一百周年，"我们知识分子"中诞生了一个后现代先知刘小枫，告诉"我们知识分子"：尼采留给我们的只是一些陈芝麻烂谷子的旧价值，根本不值一提。我不知道尼采是应该感谢刘小枫，还是应该憎恨刘小枫？[1] 刘小枫这篇为尼采逝世一百周年而作的祭文，到底是为了纪念尼采，还是为了诅咒尼采？[2]

我在写于1990年的哲学小说《通天塔》里，曾为尼采造过一座坟墓，碑文是：

> 尼采说，上帝死了；
> 上帝说，尼采死了。

我的意思是，尼采说"上帝死了"，尽管吓坏了不少人，然而并非事实。在神学博士刘小枫看来，大概更是一个不高不贵的谎言[3]。上帝直到现在还活得好好的，而且会永远活得好好的，上帝是不死的。而上帝说"尼

---

[1] 《查拉图斯特拉如是说·离开》第213页："你的傻话伤了我，即使你说着真实！假使查拉图斯特拉的言语一百倍真实，你还是永远错误地应用了我的言语。"

[2] 《查拉图斯特拉如是说·高人们》第348页："提防着博学家！因为他们不生产，所以他们仇恨你！"

[3] 我不知道神学博士刘小枫如此深文周纳地把尼采对基督教的批判说成是批判"我们知识分子"的隐微术，是否为了报复尼采说出这句疯话"上帝死了"？当然，这仅仅只是我的"猜度"（陈家琪语）。

采死了"，却是铁的事实，尼采死去已经整整一百年，任何人想让他借尸还魂，都是无济于事的活见鬼。尼采是速朽的，而上帝是永恒的。起码尼采憎恨的斯宾诺莎的上帝，一定是永恒的，就像尼采憎恨的康德所说的我们（不仅是我们知识分子，包括所有废铜烂铁以及敌视民众的伪哲人）头顶上的星空那么永恒。同样，刘小枫版的尼采也是速朽的，刘小枫版的高贵谎言和神圣谎言也是速朽的，而真理永恒，人文公理永恒。

2001年4月28日—5月6日初稿，5月14日—15日定稿

附记：本文戏仿刘文，共分六节，并用"几近浅薄无知"的"所谓风格的多声道消解"刘文：一、三、五节的小标题均就地取材地引自刘文，二、四、六节的小标题则为我自拟。我从不喜欢拉大旗做虎皮地旁征博引，为撰此文却不得不花费大量时间翻检各种多年以前读过的枯燥沉闷的哲学著作，实在是十分气闷的苦差使。有参考、壮胆、助阵价值的哲学书还能找出上百种，但我偷懒不想翻检引用了，敬请读者原谅。

附录：柏拉图《理想国》"高贵的谎言"

苏（苏格拉底，下同）：**我们还必须把真实看得高于一切。**如果我们刚才所说不错：虚假对于神明毫无用处，但对于凡人作为一种药物，还是有用的。那么显然，我们应该把这种药物留给医生，一般人一概不准碰它。

格（格劳孔，下同）：这很清楚。

苏：国家的统治者，为了国家的利益，有理由用它来应付敌人，甚至应付人民。其余的人一概不准和它发生任何关系。如果一般人对统治者说谎，我们以为这就像一个病人对医生说谎，一个运动员不把身体的真实情况告诉教练，就像一个水手欺骗舵手关于船只以及本人或其他水手的情况一样是有罪的，甚至罪过更大。……在城邦里治理者遇上任何人……在讲假话，就要惩办他。（88页）

……

苏：不久前，我们刚谈到过偶然使用假话的问题，现在我们或许可以用什么方法说一个那样的**高贵的假话**，使统治者自己相信（如果可能的话），或者至少使城邦里其他的人相信（如果不能使统治者相信的话）。

格：什么假话？

苏：并没什么新奇的。这是一个老早以前在世界上许多地方流传过的腓尼基人的传说。它是诗人告诉我们，而我们也信以为真的一个故事。但是这样的故事在我们今天已听不到，也不大可能再听到，它也没有任何说服力可以使人相信的了。

格：你似乎吞吞吐吐很不愿意直说出来。

苏：等我讲了你就会懂得我为什么不肯直说了。

格：快讲吧，不要怕。

苏：那么好，我就来讲吧。不过，我还是没有把握我是否能有勇气，是否能找到什么语言来表达我的意思，首先说服统治者们自己和军队，其次说服城邦的其他人：我们给他们教育和培养，其实他们一切如在梦中。……

格：现在我明白你刚才为什么欲言又止，不肯把这个荒唐故事直说出来了。

苏：我这样做自有我的理由；不去管它，且听下文。我们在故事里将要告诉他们：他们虽然一土所生，彼此都是兄弟，但是老天铸造他们的时候，在有些人的身上加入了黄金，这些人因而是最可宝贵的，是统治者。在辅助者（军人）的身上加入了白银。在农民以及其他技工身上加入了铁和铜。但是又由于同属一类，**虽则父子天赋相承，有时不免金父生银子，银父生金子，错综变化，不一而足。**所以上天给统治者的命令最重要的就是要他们做后代的好护卫者，要他们极端注意在后代灵魂深处所混合的究竟是哪一种金属。如果他们的孩子心灵里混入了一些废铜烂铁，他们决不能稍存姑息，应当把他们放到恰如其分的位置上去，安置于农民工人之间；如果农民工人的后辈中间发现其天赋中有金有银者，他们就要重视他，把他提升到护卫者或辅助者中间去。须知，神谕曾经说过"铜铁当道，国破家亡",你看你有没有办法使他们相信这个荒唐的故事？

格：不，这些人是永远不会相信这个故事的。不过我看他们的下一代会相信的，后代的后代子子孙孙迟早总会相信的。

苏：我想我是理解你的意思的。就是说，这样影响还是好的，可以使他们倾向于爱护他们的国家和他们相互爱护。我想就这样口头相传让它流传下去吧！（127—129页）

（本文选自《告别五千年》。刊于《书屋》2001年第7—8期合刊，《社会科学论坛》2001年第9期，《人大复印资料》转载。德国学者译成德文，收入德文版《尼采在中国》一书。）

外国人物论

西洋美术家论：眼睛的狂欢节

以欧洲为主的西洋油画，是一个既在技法上有别于中国画传统，又在审美观上具有独特趣味的无限丰富的艺术宝库。上海人民美术出版社出版的"世界美术画丛"（1996年版），按题材分卷精印，为美术爱好者系统学习和全面鉴赏，为美术工作者系统研究和全面参考，提供了极大便利。"画丛"共分五卷：风景卷、静物卷、人体卷、肖像卷、宗教历史卷。以下是我应邀为"画丛"所作的分卷序。

一　风景卷

欧洲人对自然山川之美的感悟力，比中国人要晚许多年才得以萌发，因为他们的神话得到了充分的发育，一切自然物象都变成了人格化的自然神，比如大海是波塞冬，太阳是阿波罗，等等。而中国人的宗教思维和神话思维，却被儒家过早地历史化了，尚未充分发育就无疾而终，因而中国画的主要对象就是真实的自然山川。直到近代，欧洲人还是不太理解中国人对自然的一往情深和对山石草木的审美意趣：一块皱巴巴的怪石，一棵病歪歪的古树，有什么美呢？

中国文化习惯于将人予以自然化，而欧洲文化倾向于将自然予以人化。因此中国的山水画中，人是风景的点缀；而欧洲油画中的风景，最初是作为人物画的背景而出现的。美术史家的基本共识，认为这一传统发轫于文艺复兴时期的乔托。波提切利《维纳斯的诞生》背景中的大海，达·芬奇《蒙娜丽莎》背景中的山川，以及乔尔乔内《沉睡的维纳斯》背景中的树林（为提香所补）等等，都是人物画中最早最著名的风景范例。但在波提切利的《春》和提香的《弗罗拉》（一译《花神》）中，美丽的大自然已经以披叶缀花的人格化形象独立出现了。这可以看作是欧洲风景画出现的先兆。

此后，第一个杰出的尼德兰画家彼得·勃吕盖尔，用他一生的大部分时间致力于描绘阿尔卑斯山等欧洲名胜的美丽风光，成为欧洲风景画真正的开山祖师。继勃吕盖尔之后，第一个杰出的法兰西画家尼古拉·普桑，也在自己的晚年，留下了一些风景画史上的早期杰作。与普桑同时的另一个杰出的法国画家克洛德·洛兰，也热情描绘了法国南部普罗旺斯等地的秀丽景色。但在有史以来最伟大的风景画家、英国的约翰·康斯太勃出现之前，风景画无法与其他传统样式分庭抗礼。因此风景画作为一个独立样式的登场，是相当晚近的事。毫无疑问，让-雅克·卢梭关于"回到自然"的召唤，是推动风景画附庸蔚为大国的重要动因。

　　但是正如恺撒所言："我来了，我见了，我胜了。"千呼万唤始出来的风景画，一旦登上欧洲美术史的舞台，就再也没有什么力量能够与之抗衡了，风景画征服了所有的眼睛。此后，几乎每一个重要的欧洲画家，都会或多或少留下一些风景画杰作。而当画家们走出画室，直接在外光条件下面对大自然挥笔时，风景画全盛时代的到来，就成了不可阻挡的历史必然。因此列举印象派以后众多杰出风景画家的名字，似乎已经没有多大意义了：莫奈、柯罗、毕沙罗、西涅克、梵高……到了这时，风景画中即便有人物，也往往只是风景的陪衬。

　　现代读者阅读雨果、屠格涅夫等欧洲作家笔下那些冗长、啰唆甚至词不达意的风景描写时，常会感到厌烦，因为画家用画笔描绘大自然，显然比作家用文字描述大自然更得心应手。

　　实际上，伟大的风景画家让我们足不出户就饱览了世界各地的美丽风光。以我本人而言，我虽然没有在欧洲旅行的经验，但由于熟睹这些风景画，欧美诸国各具特色的自然山川，对我来说几乎历历在目。即便这是一种错觉，我也愿意相信这种美妙无比的错觉。画家的笔不仅"模仿"了自然，而且提升了自然。正是在这一点上，艺术帮助人类超越了现实的缺憾和人生的平庸。

　　几乎没有例外，所有杰出的风景画家，都是色彩大师。波提切利无疑是欧洲绘画史上第一个色彩大师，"提香的金色"更是遐迩闻名。普桑、洛兰的色彩，也至今熠熠生辉。至于此后的印象派大师莫奈等人在色彩学上前无古人的突破性成就，更为他们在风景画领域各擅胜场的大放异彩，提供了最直接最有力的技术支持。

当康斯太勃的第一幅风景画杰作《穿过浅滩的拉干草的大车》送展1824年巴黎国家沙龙时，德拉克洛瓦大受震动，立刻重画了他的参展作品《希奥岛的屠杀》，这是尽人皆知的色彩上的杰作和浪漫派的开山之作。而德拉克洛瓦无疑也是杰出的色彩大师，他曾经说过："一幅艺术杰作，就是眼睛的一个节日。"因此当你打开这本画册时，眼睛的狂欢节就开始了。

二　静物卷

古希腊传说：阿尔贝列斯和德甫克西斯是两个杰出的画家，他们互相闻名，互相钦慕，却从未见过对方的作品。有一次，德甫克西斯去拜访阿尔贝列斯，受到热情接待。客人要求看一看主人的作品，主人带他进入画室，指着墙说："请看吧！"整面墙被挂帘遮蔽着，德甫克西斯以为画放在挂帘后面，伸手去撩挂帘，不料却摸到了冰冷的墙壁，原来"挂帘"是阿尔贝列斯画在墙上的。德甫克西斯对阿尔贝列斯的画艺大为叹服，于是邀请后者去他的画室。阿尔贝列斯欣然前往，一进入德甫克西斯的画室，主人就端出一碟鲜艳欲滴的葡萄招待客人。阿尔贝列斯伸手摘食葡萄，不料主人的猫扑上来与客人争夺葡萄。主人生气地把猫斥退，客人也已发现，碟子里的"葡萄"也是主人画上去的。主客相视大笑，惺惺相惜。

不少美术史家认为，后者更了不起，因为他不仅骗过了人的眼睛，而且骗过了比人眼更敏锐的动物的眼睛。我无意于评判两位画家的高下，只是借此说明，这大概是欧洲绘画史上最早的静物画。而且这一故事已经包含了后来欧洲静物画经典程式（当然不乏变通之例）的两个要素：背景衬布（挂帘）和人工摆件（葡萄）。

如果说风景画旨在表现人对自然的热爱和对宇宙的敬意，那么静物画从另一个角度（有别于人物画），表现了对万物之灵长——人自身的狂喜和赞美。上面那个故事也足以表明，这种异教式人文主义的源头，就在希腊。

欧洲绘画中对人的物质形式（身体和形象）的狂喜和赞美，主要体现在与希腊传统一脉相承的人体画和人物画；而对人的精神形式（智慧和技艺）的狂喜和赞美，则主要体现在静物画。首先，背景衬布如绸缎、天鹅绒等各种织物本身，就是人类创造的一个重要方面；其次，各种各样的人工摆件也同样负载了人的精神创造和精神力量。如果摆件是陶瓷、玻璃器皿等艺术品或生活用品，固然是人类创造。如果摆件是葡萄或鱼虾等自然物品，同样是人类摘取和捕获的对象，因此也体现了人的力量对自然力的征服。从画艺的角度来说，静物画是欧洲绘画史上最直接地用于判别画家技艺之高下优劣的竞技场。

　　尽管某些大画家对略嫌平凡琐碎的静物画不屑一顾，但任何大师描绘室内场景的任何作品，局部上都不可能彻底回避"静物画"。所以真正的大画家，无论是否专意于静物画，必然都是静物画大师。况且静物画这一欧洲绘画中的特殊样式，已逐渐成为任何一个试图跻身杰出画家之列的学徒的入门必修课。有些大画家之所以没有静物画杰作传世，并非他们从来不画静物画，而是对学艺期间的习作弃之不顾罢了。而一旦某些大画家以"入门课"为登堂入室之阶，甚至安身立命之所，静物画就从一般意义的竞技场，变成了无所不用其极的炫技场，成了画家表演高超画艺的舞台。因此以静物画名世的大画家，都是在绘画技艺上对美术史作出独创性贡献的大师。以夏尔丹为例，他热爱平民生活和普通人的简朴生活，把一生中的主要精力倾注于描绘生活中的日用器物，成为欧洲绘画史上以静物画的突出成就名传后世的第一个大画家。他的静物富有人情味，一反当时盛行的罗可可颓废画风，给画坛吹入了一股清新活泼的生气。由于静物画较为专注于用绘画自身的语言表现世界，夏尔丹成为现代诸多绘画流派的先驱者。同样，现代最伟大的静物画大师塞尚，也被印象派以后的几乎所有画派奉为共祖。我之所以认为静物画是人对自身的狂喜和赞美，还有一个尚未提及但或许更为重要的理由，那就是静物画家对自己的独创性杰出画艺，具有充分的自信。

　　如果你希望学习绘画技艺，固然无法回避这些静物画杰作。如果你愿意了解欧洲绘画在形式上的最高成就，也同样无法回避这些静物画杰作。

三　人体卷

　　裸体艺术，是希腊最伟大的传统，也是希腊留给全人类的宝贵精神遗产之一。当全体希腊人在每四年一次的宙斯神大祭中停止一切纷争，举行全裸体的奥林匹克运动会时，人性的光辉，即神性，照亮了尘世的天空。正是如此健康的肉体观，直接启迪了苏格拉底、柏拉图等早期文明中最伟大、最丰富的灵魂。

　　最早的裸体艺术，是米隆、菲狄亚斯等希腊雕刻家为奥林匹克优胜者创作的裸体雕像，比如著名的《掷铁饼者》。奥林匹克运动会主要是男性的竞技场，后来希腊女性也加入了裸体角逐，维纳斯的女祭司们也为后人留下了许多不朽杰作。

　　希腊传统被罗马继承下来，有一个美丽的故事曾使我感动不已。意大利旷世美女西蒙内塔，是佛罗伦萨实际统治者美第奇家族两兄弟的亲密女友，不幸于23岁青春早夭。她出殡时没有使用棺椁，而是仰卧在灵车的鲜花丛中，让全城居民瞻仰遗容。整个佛罗伦萨城万人空巷，人们在静默之中，用无邪的目光瞻仰并告别这美的奇迹。假如有一位伟大的艺术家有幸躬逢其盛，美的奇迹就不会消失。使奇迹永驻人间，是更加不可思议的奇迹。本书中的大画家，就创造了这样的奇迹。波提切利的名画《维纳斯的诞生》，模特儿正是西蒙内塔。

　　热爱人体，是生理健康的重要标志。欣赏优美的人体，则是心理健康的重要标志。然而人体艺术在中世纪消失了整整一千年，文艺复兴的主要成就之一，就是人体艺术的复兴。此后几乎没有一位大画家不留下一些人体艺术的杰作：乔尔乔内《沉睡的维纳斯》，波提切利《维纳斯的诞生》，提香《休息中的维纳斯》，米开朗琪罗《创世纪》，拉斐尔《拉福尔纳里娜》，伦勃朗《凭窗的亨德丽克耶》，委拉斯凯兹《维纳斯和丘比特》，鲁本斯《劫夺吕西普的女儿》，戈雅《裸体的马哈》，安格尔《大宫女》……然而所有这些人体杰作中的女性，都被赋予了非人间的神性意味：她们是天使，是女神，她们那"静穆"的表情，似乎在为自己堕入人间而悲哀。她们甚至在为自己的美丽而羞愧，仿佛美丽的肉体是罪恶的渊薮。因此她们的目光是斜睨的，偷觑的，羞怯的，回避的，甚至是沉睡的。古典的美，不是理直气壮的美。

直到马奈的杰作《奥林匹亚》问世，美才开始直面人生：奥林匹亚直视着每一个人，她为自己的美丽而骄傲。她的目光，不再是神性的目光，而是人性的目光。她确实是"无耻的"，因为她已经明白，无须为美而羞耻，美不需要无花果叶，美丽比任何事物更有权裸露在阳光下。只有丑陋才需要遮羞，只有充满邪念的孱弱灵魂才会拒绝美丽，只有扼杀生命的罪恶才会逃避阳光。追求美，欣赏美，是每个人的天赋自由和神圣权利。

《奥林匹亚》是美术史上伟大的人权宣言，用真实的人性击败了虚构的神性，用人间的幸福驱逐了天国的幻象。它阐明了一个真理：人性中的一切优美，无论灵与肉，只要是真实的，就是真正的、充分的神性。《奥林匹亚》使美术史从古代跃入了现代，震惊和动摇了羞答答的古典趣味，并最终走出了中世纪的阴影，完成了文艺复兴，高奏起胜利的"马赛曲"。

马奈以后的欧洲大画家在人体艺术上的成就，既不可能也无须在此一一罗列：德加，劳特雷克，高更，马蒂斯，莫迪里阿尼……我愿意特别提到的是雷诺阿在人体艺术中的突出地位。在人体艺术领域，古今任何大画家都无法在质与量的总体成就上与雷诺阿相提并论。雷诺阿充分享用了马奈争取到的自由，一生创作了三百多幅裸体画，其中几十幅被公认为不朽杰作。他神奇地描绘出了女性肌肤的柔软透明，鲜活灿烂，并以史诗式的丰厚博大，达到了奇迹般的极致。他的作品，是对女性心灵和人性至美的无与伦比的颂歌。

卢那察尔斯基曾经怀着无比崇敬的激动心情，称颂雷诺阿的作品是"人性绘画"，认为雷诺阿是"最伟大的大师，是一位表现幸福的圣者"。因为只有当每个女人都得到了幸福，只有当女性的和平与善良、宽容与仁慈遍及世界的每个角落，人间乐园才会降临。

四　肖像卷

未必人人奢望青史留名，但是几乎每一个人都希望青史留影，至少留给自己的子孙。中外所有的名门望族，都在自己的厅堂上悬挂着显赫祖先的遗像。然而中国画在写真方面并不擅长，因此大部分中国家族的祖先遗像大同小异。古代中国的《历代名人写真集》，也无法让我们通过面容特征来理解和猜测先贤大德的人格风采。即便毛延寿竭尽所能，大概也无法为王昭君传神写照。因此清朝皇帝宁愿让二流的西洋画家郎世宁代替一流的中国画家，为自己留下尊容。而晚年赶上摄影术发明的慈禧太后，则不顾老丑地大拍其照。与别有一功的中国画家相比，西洋画家在肖像领域独擅胜场，他们为后人留下了一部洋洋大观的历史名人肖像长卷，当然还包括各个阶层的普通民众，只不过画家大多没有记录画中人的真实姓名，或者即便记下姓名，他们的生平事迹也无从了解，于是那些画成了人物画和风俗画。

古埃及法老不满足于仅仅留下一具面目全非的木乃伊，他们用金子完整地复制了相当接近真人面相的面具。古希腊人为后人留下了大思想家们的石雕头像，古罗马人为后人留下了历代帝王的石雕全身像。值得庆幸的是，有心人在贝多芬死后复制了一个石膏面模，使后人得以通过他的面容读到雄奇的精神乐章。近代的例子中，乌东为后人留下了伏尔泰的雕像，罗丹为后人留下了雨果、巴尔扎克的雕像，等等。然而有资格、有机会留下雕像或面模的历史名人实在太少了，因为大雕刻家远比大画家少得多。于是文艺复兴之后，摄影发明之前，肖像画成了一个越来越兴旺的画种。乔托画下了诗人但丁，荷尔拜因画下了哲人伊拉斯谟，安格尔画下了小提琴鬼才帕格尼尼，雷诺阿画下了歌剧之王瓦格纳，惠斯勒画下了历史学家卡莱尔……不胜枚举。

几乎所有的大画家，都画过肖像画。而出身贫寒的画家，则靠为贵族画肖像维持生活，比如杰出的英国肖像画家庚斯勃罗，以及第一位杰出的美国画家萨金特。米开朗琪罗大概是唯一一个没有画过肖像画的大画家。因为米开朗琪罗认为，没有一个凡人的脸是完美的，而好的画家理应表现完美。不得不说，这一观点略有偏颇。画家应该追求的，是画艺的完美，而非画中人或画中物的完美。又有什么人什么物是完美的呢？画艺的完美，在肖像画中体现为，以敏锐的观察力抓住人物一瞬间的表情，并以高超的表现手段，精确刻画出像主的性格特征、内心风景、人性深度、灵魂真相。那位意大利少妇焦孔多夫人（蒙娜丽莎的原型），并非无可挑剔的绝世美女，然而达·芬奇《蒙娜丽莎》的微笑是完美的。那位阴险奸诈的教皇，更是十足的丑陋，然而委拉斯凯兹《教皇英诺森十世》的画艺是完美的。

许多画家有画自画像的习惯（部分原因是雇不起模特儿），这些画家的自画像构成了肖像画的一个特殊品种。古典画家常常会把自己的肖像，含蓄地混杂在人物众多的风俗画中，这类似于作家在小说中让某个人物做自己的替身。不少画家在自己一生的不同时期，为自己画了不止一幅的肖像画。梵高可能是画了最多自画像的画家，当然他也留下了许多肖像画，他自杀前的最后一幅画《加歇医生》，正是一幅肖像杰作。

摄影发明以后，西洋绘画的写实性以及与之相关的记录功能，受到了极大的挑战和冲击，印象派以后的现代画家不仅较少致力于肖像画，连自画像也变得面目全非，比如夏加尔那幅《有七个手指的自画像》。在毕加索的自画像中，我们只能了解他的画艺，无法知道他长什么样和性格如何，倒是那幅桌上放着两只手形面包的著名照片，透露了许多关于画家本人的真实信息。民主时代的到来和贵族阶层的式微，也是肖像画逐渐衰落的历史原因之一，因此大部分杰出的现代画家都不是肖像画家。未来时代的人们，若想领略二十世纪杰出人物的音容笑貌，或许不得不到摄影家的作品集中去寻找。

五　宗教历史卷

宗教与历史，无法严格分开。以欧洲与中国两大文明来做比较，中国不妨称之为"宗法的中国"，其中宗教气息稀薄而尘世万象更替；欧洲不妨称之为"宗教的欧洲"，无论是中世纪基督教会鼎盛时期的一千多年，还是此前希腊罗马异教时期乃至文艺复兴以后教会势力逐渐衰落、异教精神重新崛起的时期，宗教的超越精神自始至终贯穿了欧洲历史。一部欧洲史，几乎就是各种教派的争战史和兴衰史。不同时期的欧洲艺术家，从希腊罗马神话和圣经传说以及基督教义中汲取了大量创作灵感，比如达·芬奇《蒙娜丽莎》之外的两幅不朽杰作，一幅是异教母题的《丽达与天鹅》，一幅是基督教母题的《最后的晚餐》。

不同时期的宗教画，往往体现出当时的世俗思潮和社会风貌，比如波提切利的《维纳斯的诞生》，就是文艺复兴初期宣告异教精神重获"新生"的划时代事件。而丁托列托的《银河的起源》，也是标志近代欧洲文化"起源"的重大象征。最具时代精神的宗教画，莫过于米开朗琪罗的《创世记》，题材取自《圣经》，表现方式却是纯粹异教的，全是裸体，以至于教皇不得不命人为这些裸体重新"穿"上衣服，幸而后来又恢复了原貌。

文艺复兴以后，欧洲画家表现神话传说的作品，主要取材于希腊罗马神话，也有一些取自不同民族自己的神话史诗，比如北欧神话；甚至取自亚洲民族的神话传说，比如阿拉伯故事《一千零一夜》。宗教画的题材则很少越出《圣经》，少数取材于《旧约》，比如米开朗琪罗的《创世记》，克洛德·洛兰的《示巴女王登舟图》；大多取材于《新约》，比如乔托的《犹大之吻》，达·芬奇的《最后的晚餐》，丢勒的《四使徒》。尤其是《新约》即基督教母题，更被画家们不避重复地画过无数次。同一母题的宗教画，在不同时期的不同画家笔下，往往传达出大相径庭的价值取向。宗教题材同题重画的最突出例子，是拉斐尔。他一生仅仅活了短短的三十七年，而在他留下的近三百幅杰作中，大部分是圣母像，以至于不得不用《西斯廷圣母》、《椅中圣母》等等名目加以区别。作为意大利文艺复兴三巨人之一，拉斐尔当然不可能具有中世纪式的虔诚，他的圣母并非冷冰冰的无玷圣女，而是热爱尘世、充满人文精神的美丽少妇，史家公认这些亲切动人的"圣母"形象取自同一个模特儿，即画家的情妇拉福尔纳里娜。甚至有人猜测，"圣母"怀中的"圣子"也是画家本人与"圣母"的私生子，这就有些"亵渎"意味了，尽管这倒恰好可以暗示圣处女神话的真相。

高更几乎是走出基督教和希腊罗马异教这两大欧洲传统宗教神话题材的唯一例外。高更不仅反对基督教传统，而且反对希腊罗马的异教传统，他是欧洲全部文明和全部传统的激烈反对者，因此他以塔希提土著的宗教信仰为题材的作品，具有非同一般的特殊价值:《我们从哪里来？我们是

谁？我们到哪里去？》

不同时期的历史画，往往体现出当时占统治地位的宗教观。由于不同的画家出身于不同的民族、不同的国家和不同的历史时期，他们画笔下的历史画自然大异其趣，但这些历史画多多少少受到当时当地的主流宗教观的影响。比如席里柯的《梅杜萨之筏》，取材于一次真实的海难，但画家把它与宗教联了起来，不过并非与基督教，而是与异教的希腊神话联系了起来，这在中世纪是不可想象的。德拉克洛瓦的名画《自由女神引导人民》，也属于此类。这是时代精神体现在艺术中的雄辩例子。

当然不带宗教色彩的历史画也很多，而且越到近代越多，这是科学和理性的胜利，还历史以客观的本来面目。比如戈雅的《法国士兵枪杀西班牙起义者》，大卫的《马拉之死》，格罗的《拿破仑在雅法鼠疫病院》，德拉克洛瓦的《希奥岛的屠杀》，以及毕加索的《格尔尼卡》，等等。

这些宗教历史题材的作品充分证明，从来就没有什么"为艺术而艺术"的艺术，全部人类文化都具有千丝万缕的联系，不存在任何真正独立的精神飞地。因此欧洲画家在为眼睛的狂欢节提供舞台时，也为后人留下了一部栩栩如生的宗教历史长卷。

1995年4月初稿，8月定稿

（本文应上海人民美术出版社总编乐坚之约而写，是"世界美术画丛"第一卷至第五卷的分卷序，上海人民美术出版社1996年版。收入张远山文集《永远的风花雪月，永远的附庸风雅》。）

西洋神话家论：众神的狂欢

一口气读完荷马两大史诗，心情之欢快，精神之振奋，灵魂之狂喜，在我二十多年的读书史上实不多见。我随着"足智多谋的奥德修"一起忧愁，随着"捷足的阿基琉斯"一起愤怒。希腊希腊，教我怎能不朝思暮想！

纯属偶然，我先读了《奥德修纪》，除了震惊，没有任何其他感觉。我的唯一念头，是立刻销毁自己写过的每片纸每个字，彻底删除电脑硬盘、软盘里的几百万字。我产生了严重的犯罪感，试图销赃灭迹。当然我没这么做，因为希腊哲人教导过我，除了面对巨人的敬意，每个人的重要工作是面对自己，无论自己多么卑微渺小和软弱无力。留着自己的丑陋，是为了促使自己时时反省，并像蜗牛和乌龟那样努力爬行。

于是我又读完了《伊利亚特》。必须坦率承认，辉煌的《奥德修纪》使我产生了过高的心理预期，《伊利亚特》让我大大失望了。但是这种失望，又是后世文学给我的满足无法比拟的。冷静下来想想，或许是残缺的天赋和特殊的性向使我对《伊利亚特》产生了排斥，它给我的思想启迪依然是巨大的。实际上，不宜把荷马史诗视为纯粹的文学作品，荷马史诗是人类难以超越的思想金字塔，因为众神在这里狂欢。

一

两大史诗都直截了当地推出史诗的主角，具有后世文学难以企及的素朴性。

《伊利亚特》这样开篇：

> 歌唱吧，女神！歌唱裴琉斯之子阿基琉斯的愤怒。

《奥德修纪》如此起兴：

> 女神啊，给我说那足智多谋的英雄怎样，
> 在攻下特罗神京后，又漂游到许多地方……

与之相比，掌握了繁复技巧的后世文人感叹着"万事开头难"，"一语之成，踌躇旬月"，"吟安一个字，捻断数茎须"，"好的开头是成功的一半"，等等，为作品的第一句话煞费苦心，以至于或者仅留下一句"满城风雨近重阳"而难以为继，或者激赏《百年孤独》开头那句"许多年后……"而纷纷效尤，令人疑心当代人已经失去了直接说出内心思想的能力，更不必说直接道出真理的勇气。

两大史诗还直接说明自身的形成原因。在《伊利亚特》中，荷马借海伦之口对特洛伊主帅赫克托耳说：

> 为了我，一个不顾廉耻的女人，和无知莽撞的帕里斯，
> 宙斯给我俩注定了可悲的命运，以便——即便在后代
> 生活的年月——让我们的秽行成为诗唱的内容！

在《奥德修纪》中，荷马借希腊主帅阿伽门农的鬼魂之口说：

> 足智多谋的奥德修，你真得到了一个非常好的妻子。高贵的潘奈洛佩，伊加留的女儿，有这么纯洁的思想，这样念念不忘她的丈夫奥德修，她的美名将永垂千古；永生的天神将在世人中谱作一首诗歌来颂扬贞洁的潘奈洛佩。

两大史诗也因而在特洛伊战争的统一背景之上，提炼出了统一主题：《伊利亚特》谴责了曼涅劳斯之妻海伦的不忠，《奥德修纪》颂扬了奥德修之妻潘奈洛佩的坚贞。因此两大史诗的共同主题都是爱情。如果说爱情是文学的永恒主题，那么这一主题似乎首先是由荷马史诗确立的。

然而疑问并非没有，抽象地看，两大史诗依据的史实（已被德国人谢里曼的考古发现证实），是特洛伊王子帕里斯拐走了希腊美女、斯巴达王曼涅劳斯之妻海伦，引起了希腊人的公愤，从而进行了长达十年的远征，奥德修称为"可恶的远征"。这是令人欣慰的，历史上最早的战争，竟是一场爱情战争。如果战争确实不可避免，那么还有什么比爱情更应该成为战争的正当理由呢？

不过请允许我先补叙一段希腊神话——我很奇怪两大史诗竟然均未提及，难道是因为希腊人妇孺皆知？据说奥林匹斯神山上的某次众神欢宴，忘了邀请不睦女神厄里斯。于是心怀不忿的厄里斯，别有用心地把一个金苹果送到奥林匹斯山上，声称"献给最美的女神"。三位女神自荐为候选者：宙斯之妻赫拉，宙斯的两个女儿智慧女神雅典娜和爱神阿芙洛狄蒂。骑墙的宙斯不愿开罪任何一个，让最聪明的凡人特洛伊王子帕里斯进行裁判。三位女神纷纷对帕里斯进行许诺，赫拉许以人间最高的权力，雅典娜许以人间最高的智慧，阿芙洛狄蒂许以人间最美的美女。由于"最聪明的王子"既不缺权力，也不缺智慧，"帕里斯的裁判"结果也就毫无悬念：阿芙洛狄蒂得到了金苹果，帕里斯得到了海伦。阿芙洛狄蒂之子、小爱神丘比特向两人的心脏各射一支金箭，于是海伦与帕里斯私奔而去。

厘清了这团乱麻，疑问就来了：海伦与曼涅劳斯有婚姻，海伦与帕里斯有爱情，荷马的立场不是站在获得爱情胜利的帕里斯一边，而是站在代表婚姻主权的曼涅劳斯一边。原来荷马真正维护的是婚姻，而非爱情。同样，不直接描写特洛伊战争的《奥德修纪》之所以能够与直接描写特洛伊战争的《伊利亚特》相关联，是因为奥德修在特洛伊战争结束后，在外流浪了足足二十年，所花时间是特洛伊战争的两倍，才历尽艰辛回到家里。在奥德修离家三十年期间，他的妻子潘奈洛佩想尽一切方法抵抗着众多求婚者，打了另一场生死攸关的战争。奥德修为了夺回曼涅劳斯之妻，与众多希腊勇士一起，在特洛伊城外打了十年婚姻战争。奥德修的妻子为了永做奥德修之妻，却独自一人，在自己家里打了三十年婚姻战争。两场战争都不是爱情战争，都是婚姻战争。说爱情是文学的永恒主题，在作为文学源头的荷马史诗里，竟然有些牵强。

在文学中，爱情并不总是胜利者，倒经常是失败者。不仅因为爱情在事实上经常失败，更因为文学家往往不站在爱情一边。罗密欧与朱丽叶虽然失败了，但莎士比亚站在他们一边。然而莎士比亚站在爱情一边，不是因为爱情与婚姻冲突，而是因为爱情与家族仇恨冲突。如果罗密欧、朱丽叶的爱情与婚姻发生冲突，莎士比亚恐怕也未必站在他们一边。所以爱情能够抵抗一切，却不能抵抗婚姻。因此在婚姻是人类两性关系唯一合法形式的历史阶段，爱情的失败几乎是必然的。帕里斯的爱情并不比罗密欧的爱情更失败，他的最大失败，是荷马以及荷马代表的主流文化没有站在他一边。

由于荷马的立场与爱情主角的立场有冲突，因此两大史诗中的海伦有不少令人费解的奇谈怪论。上文提到罗密欧与朱丽叶的失败，那是方向一致的失败，他们双双殉情而死。然而海伦的成败，在荷马那里却极其暧昧和自相矛盾。以海伦自愿与帕里斯私奔来看，海伦应该无条件站在帕里斯一边，但在《伊利亚特》中，海伦却对赫克托耳说：

> 我是条母狗，亲爱的兄弟，可憎可恨，心术邪毒。
> 我真恨之不得，在我母亲生我的那天，
> 一股凶邪的强风把我卷入
> 深山峡谷，或投入奔腾呼啸的大海，让峰波吞噬
> 我的身躯，从而使这一切的一切，都不致在我们眼前发生。

在《奥德修纪》中，因希腊人的凯旋而回到丈夫曼涅劳斯身边的海伦，又一再当着丈夫的面自诋其丑：

> 阿凯（即希腊）子弟为了我这个不要脸的女人远征特罗，掀起激烈战争。

> 我悔恨阿芙洛狄蒂使我盲目，把我带走，离开亲爱的祖国，丢下我的女儿，我的闺房，我的丈夫；我的丈夫在智慧和相貌方面都是十

全十美的。

但奇怪的是，紧接着上述话语，曼涅劳斯谈起使希腊人最终获胜的木马计时，又这样描述海伦：

> 当时你走到木马旁边，大概是天神授意的，要帮助特罗人得胜……你曾三次巡查内藏的伏兵，用手敲打木马，而且装出阿凯战士的妻子的口音，一个个叫着他们的名字。……直到帕拉雅典娜让你离开的时候，这样才救了全体阿凯战士。

很明显，直到战争最后关头，海伦都没有悔恨爱上帕里斯，她始终站在特洛伊人方面，希望特洛伊人获胜。这符合爱情的逻辑，但不符荷马的立场，于是荷马让海伦变得不可理解。

二

明明是海伦"要帮助特洛伊人得胜"，荷马却解释为"天神授意"，明明是海伦最终没有识破木马计而离开，荷马却解释为雅典娜为了救希腊战士而让海伦离开。而荷马笔下即希腊人心目中的天神，也像凡人一样矛盾而奇怪，一会儿要帮助特洛伊人，一会儿要救助希腊人。这涉及到众神在荷马史诗中的作用，以及荷马乃至全体希腊人对命运之偶然性的基本理解。

由于金苹果的裁判，帕里斯赢得了爱神阿芙洛狄蒂的支持。由于战神阿瑞斯是阿芙洛狄蒂的情人，特洛伊又得到了战神阿瑞斯的支持。而被帕里斯大大开罪了的赫拉与雅典娜，自然无条件支持希腊人。于是人间的战火烧到了众神的天庭，人间的战争也成了众神之间的战争。唯恐天下不乱的宙斯，又在暗中唆使分成两派的诸神参战。宙斯是一个高明的统治者，荷马的洞察则极为深刻。

《伊利亚特》这样描写宙斯：

……广袤的大地回声浩荡，

无垠的长空轰然作响，像吹奏的长号。宙斯端坐在

俄林波斯山上，耳闻天宇间的轰响，观望

众神的格斗，高兴，心花怒放。

宙斯还直言不讳地坦白：

但愿这一结局能让各位满意，给每一位神祇带来愉悦。

……我关心这些凡人，虽然他们正在死去。

尽管如此，我仍将待在俄林波斯的山脊，

静坐观赏，愉悦我的心怀。你等众神

可即时下山，前往特洛伊人和阿开亚人的群队，

任凭你们的喜好，帮助各自愿帮的一边。

宙斯之弟海神波塞冬也表达了同样的观点：

这样吧，让我们离开此地，避离战场，端坐高处，

极目观赏；让凡人自己对付他们的战杀。

特洛伊主帅赫克托耳临死之前，似乎恍然大悟：

完了，全完了！神们终于把我召上了死的归途。

……看来，很久以前，今日的结局便是他们喜闻乐见的趣事。

对于人的愚行以及由愚行带来的苦难，众神只是超然物外的看客，甚至是推波助澜的幸灾乐祸者。

这是智者荷马对愚不可及的人类的最大忠告：人类的灾难成了众神的

狂欢，正如人类也以动物的灾难作为自己的狂欢。莎士比亚说："我们之于神祇，就如同飞虫之于顽皮的男孩，他们以杀死我们当消遣。"然而，把人类的灾难视为狂欢的众神固然疯狂，放任自己的愚蠢为自己带来灾难的人类则更加疯狂。众神的疯狂，正是人类疯狂的折射。一切战争都是人类的内战，无论是爱情战争还是婚姻战争，无论是正义战争还是非正义战争。把人类的不幸命运归咎于众神的挑拨离间和胡乱干预，并不能使人类的灵魂找到安顿之所。没有信仰的人，怀着投机心态，抱着侥幸心理，把自己抛掷于偶然的播弄，再把偶然的结果解释为不可捉摸的命运。有信仰的人，又把自身的愚蠢和贪婪招致的苦乐，归咎于高于人类的众神，于是偶然的命运变成了必然。后者误以为找到了必然，其实仅是把偶然升级，把人类的咎由自取、自作自受，解释为天神的必然安排，为自我的虚弱、自弃、愚蠢、疯狂，寻找最方便的借口。把事实上的偶然升级为假想中的必然，这种自作聪明、自欺欺人的伎俩，在人类认识史上从未断绝。

在荷马笔下，任何改变事件之直线进展的意外转折，都被归于众神喜怒无常的干预。比如当特洛伊人溃退时，特洛伊长老裴里法斯鼓励特洛伊将领埃内阿斯恢复勇气坚决抵抗，于是败局被遏制。但是荷马决不会如此直截了当地叙述，而是这样描写：

> ……要不是阿波罗亲自
> 催励起埃内阿斯的战力，以信使裴里法斯的形象。

其实阿波罗根本没有出现，但是荷马和希腊人认为，如果没有阿波罗附体，裴里法斯就不可能鼓励埃内阿斯抵抗。整个两大史诗，除非直接描写众神的活动（那就完全是神话，尽管神话正是人事的折射），只要众神的活动与人事相关，就一定用于解释某一事件为何从正常的直线进程发生了意外转折。也就是说，一切人间事变，无不缘于众神的干预。由于人类无法抗拒众神的力量，因此一切偶然事变都被视为必然。然而众神是人类的虚构，因此一切事变仍然属于偶然。这样的荷马笔法，在两大史诗中多到不胜其烦的程度。然而直到现在，大部分人，包括许多知识分子，对必然性与偶然性的认识，仍然没有超出荷马的思想水平。

再举《奥德修纪》的一个例子，由于奥德修用计，弄瞎了独眼巨人的眼睛，脱离了危险，于是：

> 独目巨人向着繁星灿烂的天空伸着手，对大神波塞顿祷告道："环绕大地的青发神波塞顿，请听我祈求；要是你说你是我的父亲，我真是你的儿子，就请你不要让那个住在伊大嘉的拉埃提的儿子，攻城夺寨的奥德修，回到他的家乡；要是他命中注定可以回到他的故乡和家室，可以看到他的亲人，至少让他遇到重重障碍，失去全部伙伴，乘旁人的船，狼狈回家，而且让他在家里再次遇到灾难。"

就这样，荷马把奥德修流浪二十年的偶然性，虚假地加以必然化了，因为独眼巨人的老爹、海神波塞顿（通译"波塞冬"）的干预。由于神的干预无所不在，人的一切命运都是注定的。殊不知奥德修弄瞎独眼巨人本身，就是一个偶然事件，否则奥德修就不必用计。尽管偶然性升了一级，但是偶然性仍是不折不扣的偶然性，与必然性没有一点干系。宿命论者或许会强辩说，奥德修的用计，正是命运或天意的一部分。于是他等于什么也没说，宿命论正是这种买空卖空的空洞货色。

三

荷马的语言极富特色，诸如"苍白的恐惧"，"尖锐的痛苦"等等，几乎就是语不惊人死不休的现代派诗人。但是荷马史诗同样具有一切口诵史诗的共同特点，就是采用一整套相对固定的修饰词和惯用短语，比如"长了翅膀的话语"（《伊利亚特》），"当那初生的有红指甲的曙光"之类（《奥德修纪》）。

荷马最为突出的语言才能是比喻，亚里士多德说"比喻是天才的标志"时，我相信他首先想到的就是荷马。荷马把太阳神的出现，比喻为"像黑夜降临一般"；形容奥德修的口才，则是他的"词句像冬天的雪片一样纷纷扬扬地飘来"；形容朝霞是"初生的有红指甲的曙光"，形容大海是"葡萄紫的大海"，如此等等。有一个无理而妙的有趣比喻，给我印象很深：

> 就像一头牛在草地上吃草的时候哞哞鸣叫，那华美的库房门，在钥匙的一击之下，立刻被打开。

以低沉的牛哞，形容门臼发出的声音，使库房门的笨重与结实，逼真得如在眼前。

当奥德修踏上腓尼基的土地，遇见腓尼基国王的女儿劳西嘉雅时，奥德修讲述了自己见过一棵美好的树：

> 我当时也是这样感到十分惊奇，因为土地上从来没有生长过那样美好的树；现在我看到你，姑娘，也感到同样惊奇。

奥德修恭维少女的委婉优雅，令人叹为观止。顺便一提，中国人习惯于把美女比喻为花，而把美少年比喻为树，荷马却把少女比喻为树，不能不使我感到惊奇。造成这一差别的原因或许是，古代中国人对女性的审美局限于面部，而希腊人对女性的审美还包括身材，甚至认为身材更为重要，这是希腊雕刻的审美基础。

描写得不可信的地方也有，比如在读荷马之前很久我就知道，希腊头号英雄阿基琉斯为了追杀特洛伊头号英雄赫克托耳，绕着特洛伊城墙飞跑了三圈；我也早就知道阿基琉斯以"捷足"著称，芝诺的著名反论"阿基琉斯追不上乌龟"，正是与阿基琉斯的捷足构成了强烈的反讽。但我很长时间不明白，"捷足的阿基琉斯"为什么竟要绕城三圈才追上赫克托耳？现在我终于有机会阅读《伊利亚特》，本以为会找到答案，谁知我比原来更糊涂了。因为阿基琉斯为了不让赫克托耳逃进特洛伊城，把赫克托耳逼在外圈：

……自己则总是飞跑在靠近城堡的一边。

就像梦里的场景；两个人，一追一跑，总难捕获，

前者拉不开距离，后者亦缩短不了追程；所以，尽管

追者跑得很快，却总是赶不上逃者，而逃者也总难躲开追者的逼迫。

　　绕城跑了三圈，阿基琉斯居然没能追上赫克托耳，最后是赫克托耳耻于逃跑，突然停下与阿基琉斯决一死战，才结束了这场令人费解的赛跑。这简直让人笑掉大牙，飞毛腿阿基琉斯跑在内圈，竟追不上跑在外圈并且不以捷足著称的赫克托耳！既然如此，芝诺的著名反论何不就叫"阿基琉斯追不上赫克托耳"？荷马自己也明白说不过去，于是不得不说"就像梦里的场景"，真是应了一句中国老话：痴人说梦。

四

　　或许不少中国读者像我一样，其希腊神话知识主要来自楚图南翻译的《希腊的神话与传说》，而希腊神谱的中文定译，与该书基本一致。然而我手头这两本荷马史诗中译本的人名、神名却极不统一，译名的不统一对完整理解这两部情节人物前后相关的史诗造成了不必要的麻烦。陈中梅翻译的《伊利亚特》（诗体，花城出版社），基本参照了通行已久的定译。而杨宪益翻译的《奥德修纪》（散文体，中国工人出版社），几乎没有一个译名与定译完全一致，比如太阳神阿波罗成了"阿波龙"，海神波塞冬成了"波塞顿"，文艺女神缪斯成了"缪剎"，神使赫尔墨斯成了"赫尔墨"，神后赫拉成了"希累"，狩猎女神阿耳忒弥斯成了"阿特密"，匠神赫淮斯托斯成了"赫费斯特"，战神阿瑞斯成了"阿瑞"，英雄赫拉克利斯成了"赫拉克雷"，腓尼基人成了"腓依基人"。以上这些，熟悉希腊神话的读者大致还能对得上号。然而引发特洛伊远征的海伦，却被译成"赫连妮"，则不容易转过弯来。这大概是杨译《奥德修纪》这一绝妙译本的白璧微瑕吧。

　　不过杨译《奥德修纪》的排印错误极少，而陈译《伊利亚特》的排印

错误之多之奇，在我的读书史中是罕见的。虽然读书界对排印错误早已怨声载道，但我的日常读物主要是声誉卓著的出版社出版的经典著作，排印质量大都较好。略举数例，括弧内为可能的正字："静侯（候）"，"胸用"（甲），"堆（谁）也不亏谁"，"帖（砧）块"。另外，书中把神祇的"祇"都误印成了"祗"，似乎不是偶然的误植。如此排印质量和校对质量，与荷马史诗这样的不朽经典很不相称。听说有些出版社甚至已经取消了校对，不知道花城出版社是否也取消了校对。但我翻遍全书，竟连责任编辑的名字也没找到。无论如何，出版荷马史诗这样的经典，如果希望一印再印，还是应该一校再校，正如值得一读再读。

1996年9月3日
（本文收入张远山文集《永远的风花雪月，永远的附庸风雅》。）

西洋寓言家论：有尾巴和没尾巴的寓言

　　读惯先秦寓言的中国人，初次读到伊索寓言会非常惊讶，因为那是两种截然不同的思维方式。先秦寓言冷峻而酷刻，伊索寓言热烈而宽厚。先秦寓言老于世故，伊索寓言极富童趣。伊索寓言全面而深刻地影响了后世的欧洲童话及其表现形式，而先秦寓言却没有催生反而抑制了中国童话的萌芽。中国没有童话。

一

　　就其表现形式而言，先秦寓言是理胜于事。它追求最大限度地浓缩叙事成分，一旦有限的叙事足够负载作者的寓意，叙事立刻戛然而止。它只有梗概，没有细节，也没有说教的尾巴，一如中国人对叙事文学的天然轻视或缺乏创造的天才。同一历史时期各民族都有的史诗，汉族没有。严格说来，先秦寓言只是一种放大的比喻，而且不是一种独立的文学样式。所有的先秦寓言，都不是独立创作的，而是被包容在思想家的著述之中。比如《庄子》中的"邯郸学步"：

　　　　子独不闻夫寿陵余子之学行于邯郸欤？未得国能，又失其故行矣，直匍匐而归耳。

　　整个寓言的情节，是在简陋至极的评价性语言"失其故行矣，直匍匐而归耳"中让读者知道的，根本无意于讲一个故事。又如孟子的"五十步笑百步"：

　　　　孟子曰："王好战，请以战喻。填然鼓之，兵刃既接，弃甲曳兵而走。或百步而后止，或五十步而后止。以五十步笑百步，则何如？"

这明显是一个放大了的比喻，孟子不仅无意于讲故事，连自己也称之为比喻。再如韩非的"守株待兔"：

> 宋人有耕者，田中有株，兔走触株，折颈而死，因释其耒而守株，冀复得兔，兔不可复得，而身为宋国笑。

另外还有东施效颦、滥竽充数、自相矛盾、杞人忧天、惊弓之鸟、狐假虎威、鹬蚌相争、刻舟求剑、掩耳盗铃、塞翁失马、螳臂当车、叶公好龙、螳螂捕蝉、夜郎自大等等，正如以上引述极其方便，无须复述故事，四字成语已足以把寓言的故事与寓意两项内容全部概括，而且这些成语已完全进入了日常语言，其故事性几乎被完全剥离。按照"得意忘言"（庄子）和"得意忘象"（王弼）原则，到岸便舍筏，过河须拆桥，再有趣的叙事都是为说理服务的。这就是中国寓言的基本特点：理彰则事废，意达则喻亡。即便文体独立的后世寓言，比如刘伯温的《郁离子》，其寓言形式也完全受制于作为先秦说理文附庸的寓言范型，从未超越其思维方式的内在限定。

伊索寓言则是事胜于理，它在一个短小的叙事中，尽可能地丰富叙事的多样性和丰富性，由于每个丰满的故事都具有多角度理解的可能性，这使伊索在讲完故事之后，不得不把寓意直接点出来，拖一条说教的尾巴。比如《断了尾巴的狐狸》：

> 一只狐狸被捕兽器夹断了尾巴，觉得很不体面。他希望其他狐狸也断了尾巴，这样自己就不会显得太丑了。他郑重其事地把狐狸们召集起来，反复说明尾巴是一件不雅观的东西，是身体多余的负担："我不愿看着你们受苦，虽然这本来与我无关……"一只狐狸打断了他的发言："我的朋友，如果此事与你无关，你就不会然费苦心来劝我们弄掉尾巴了。"
> ——掉进河里的人总喜欢拖人落水。

伊索的断尾故事，照例不肯斩断那条点题的尾巴，因为作者担心这个故事被复述者移作他用，甚至反其意而用之。没有尾巴的中国寓言，就常遭此厄。如果不点出寓意，伊索就认为没有完成任务，就像只说了歇后语的前半句，而他的重点正是后半句。就寓言的情节未与寓意直接相等而言，伊索寓言的讲述者似乎是失败的，但从长远的传播角度来看，正因为事胜于理，随着时代变迁，寓言作者当时所寓之理或许已经失去教育意义，但是故事本身的生动，将使这一寓言在脱离原初寓意之后，继续拥有艺术生命。这是一切说教永远无法代替艺术的根本原因，也是小说家即便没有哲学家深刻，但哲学家永远无法取代小说家的原因。

由于先秦寓言说理大于叙事，其极为有限的叙事不大可能被引申到作者的寓意之外，因而先秦寓言乃至所有的中国寓言，几乎都不必点出寓意，即无须拖一条说教的尾巴。这被人误打误撞地用传统解说法称之为符合中国思维的基本特色：含蓄隽永。同样，由于伊索寓言叙事大于说理，其相对充分的叙事有可能被联想到寓言作者主观设定的寓意之外，因而伊索寓言以及其后的大部分欧洲寓言，几乎都会直接点出寓意。这种最后直接点出寓意的方法，就是"说教的尾巴"。除了中国的先秦寓言，其他民族的寓言几乎都是有尾巴的寓言。

在佛教《百喻经》中，每个故事讲完，也会直接说明这一故事比附的佛学说教。《百喻经》其实也是寓言，传统译法说明中国人对寓言的理解与对比喻的理解相近。《百喻经》与伊索寓言一样，故事具有某种独立性，这是鲁迅能够抽去其附属的佛学说教而单独印行分赠亲友（作为给他母亲的寿礼）的内在依据。让我们看一看《百喻经》中的《诈言马死喻》：

> 昔有一人骑一黑马入阵击贼，以其怖故，不能战斗，便以血污涂其面目，诈现死相，卧死人中，其所乘马为他所夺。军众既去，便欲还家，即截他人白马尾来。既到舍已，有人问言："汝所乘马今为所在？何以不乘？"答言："我马已死，遂持尾来。"旁人语言："汝马本黑，尾何以白？"默然无对，为人所笑。

——世间之人，亦复如是。自言善好，修行慈心，不食酒肉，然杀害众生，加诸楚毒，妄自称善，无恶不作。如彼愚人诈言马死。

不难发现，故事情节与佛学说教之不妥帖，牵强到了可笑地步。它的说教不仅是一条累赘的尾巴，简直就是画蛇添足，或至少是为马脚添上了一具蛇的身体。

从以上例子来看，理胜于事的诸子寓言，故事是扁的；事胜于理的伊索寓言，故事是圆的。但是诸子寓言的事与理几乎完全重合，道理也极为深刻；伊索寓言的事与理仅有部分重合，也有部分乖离，道理则相对浅显。而佛教寓言，故事丰满接近于伊索寓言，道理深刻接近于先秦寓言，可惜两者不能协调，因主题先行而常常理悖于事。

诸子寓言没有白马的故事，也没有白马的说教尾巴，因此弄得白马非马，不像寓言。伊索寓言和印度寓言有黑马的故事，却添上了白马的说教尾巴，弄得非驴非马，前后脱节。可见鲁迅的"买椟还珠"（这也是一个诸子寓言）是对的：取其故事，弃其说教。因为他们的故事确实比中国的高明，但是他们的道理却是老生常谈。

二

先秦寓言的作者，都是见解独特而深刻的思想家，有些寓言常常没有通常的寓言形态，比如韩非的扁鹊见蔡桓公（文长不引，长期入选中学教科书，可谓尽人皆知），但除非读者知道扁鹊和蔡桓公在历史上并不同时，否则读者就不易明白这是寓言而非史实。又如庄子说的许多关于孔子师徒的对话，除非读者了解庄子的"寓言十九"即寓言占全书十分之九，否则读者不易明白它们是寓言而非史实。还有先秦诸子笔下众多的羲黄尧舜逸事，除非读者明白那是思想家为了推行自己的社会理想而托古改制，否则读者仍然不易明白它们是寓言而非史实。然而大部分中国寓言大多采用信史的叙述法，所以大部分读者也不视为寓言，而是视为野史。

伊索寓言的作者和转述者是极为民间的，它具有某种程度的普泛性，因而像希腊神话一样"具有永恒的魅力"。代达罗斯神话和西绪福斯神话（均出自《奥德修纪》），不仅与伊索寓言在形态上极为相似，具有一个事胜于理的完整优美的小型叙事，而且被后世文人当作寓言广泛引用，它的最初寓意是什么已经不再重要，因为它的故事原型激发了人们的无穷联想。比如法国现代作家加缪以"西绪福斯"为题，写了一本小册子，引申发挥了他的荒诞哲学。

　　先秦寓言的主角，常常是真实存在的历史人物。但是每个思想家的思想侧重点不仅不同，而且常常针锋相对，因此他们的寓言主角是不可通用的。即便所有人都在编造尧舜禹汤或孔子师徒的寓言，但不同思想家笔下的尧舜禹汤和孔子师徒太不相同了。

　　伊索寓言的主角，绝大多数是动物、诸神，偶尔出现的少量人物，也是类型化的农夫、渔夫等，决不可能混同于历史，他们没有先秦诸子把神话传说加以历史化的癖好，因此不同的寓言作者使用的是公用的同一套主角。在欧洲寓言的系统中，逐渐出现一些类型化的动物，比如狡猾的狐狸、愚蠢的驴子。欧洲的寓言家们，无论是法国的拉封丹，俄国的克雷洛夫，还是德国的莱辛，创作寓言时都遵守这一传统。这使不同国别、不同时代的不同寓言家的不同作品，具有相当一致的特点，构成了一个完整系统。它们不仅成为欧洲各民族的共同财富，现在也已经成为各非欧民族的共同财富。

　　这是极为发人深省的文化现象：莱辛笔下的驴子，完全没必要与伊索笔下的驴子一致，因为伊索的驴子与莱辛的驴子并非同一头驴子。而孟子笔下的孔子，完全有必要与庄子笔下的孔子不太矛盾，因为这个孔子与那个孔子毕竟是同一个孔子。然而世事的变化常常出人意料，应然决非必然，不同的文化理念打破了我们的想当然。

　　更为反讽的是，各国寓言家笔下的驴子虽然没什么个性，但欧洲人却非常有个性；而先秦寓言家笔下的孔子尽管各有特点，但中国人却较少个人特点，因为他们都被要求以孔子为师，奉孔子为"大成至圣先师"。

　　正是过度的历史癖（不仅儒家对神话加以历史化，诸子百家大都具有浓厚的历史化倾向），反而使中国的历史不可信了。因为并非历史的文学想象，也被中国人当成历史事实来写来读了。实际上先秦诸子的寓言主角基本上是伪托的历史人物，甚至一本自著的书都要伪托一个或真或假的历史人物或传说人物。这方面庄子是唯一的例外，庄子寓言中有大量的动物，但庄子是整个中国文化的一个例外，这是庄子在现当代各种西方思潮涌入中国后能不断得到重新开发和重新阐释（诸如异化问题、存在主义倾向、后现代思想等等）的基本原因。这同样是庄子的寓言成就在先秦乃至后世的中国始终无人超越的重要原因。但大部分诸子寓言的主角不采用动物和类型人物，这样不仅中国读者容易把寓言当历史看，因而减弱了诸子寓言的教育功能，并且由于这些寓言的主角没有普泛化和抽象化，亦即没有世界化，因而进一步影响了先秦诸子寓言的走向世界，阻碍了它成为全人类的共同精神财富。因为文学是没有国界的，而历史包括伪历史是有国界的，正如普通中国人熟悉伊索寓言而不熟悉希腊历史一样，普通外国人也没有理由把中国的"历史"（尽管实际上是寓言）整天挂在嘴边，当成故事来消遣。这不能不说是一种巨大的遗憾。平心而论，先秦寓言的思想深刻性远远超过了欧洲寓言和印度寓言。如果我在这篇小文里对先秦诸子寓言的缺憾做出了某种苛评，正是因为"爱之深而责之切"。

与欧洲寓言的系统化相对具有某种可比性的，是中国的民间笑话系统。这是中华民族的文化特性体现得最充分的一种民间思维样式，正如伊索式寓言是欧洲文化特性体现得最充分的一种民间思维样式。不妨举一个中国民间笑话作为例子，为了好玩，我选取了一个与上述伊索和《百喻经》的断尾故事相似的寓言《有尾者斩》（选自《艾子杂说》，传为苏轼作，似不可信）：

> 艾子浮于海，夜泊岛峙。中夜闻水下有人哭声，复若人言，遂听之。其言曰："昨日龙王有令：'一应水族有尾者斩。'吾鼍（音驼，扬子鳄）也，故惧诛而哭；汝蛤蟆无尾，何哭？"复闻有言曰："吾今幸无尾，但恐更理会蝌蚪时事也。"

尽管这一寓言已比大部分先秦寓言的简陋情节完整得多，故事性也强得多，但它与意寓于言、旨寓于事的先秦寓言传统仍然一脉相承。作者同样不点题，而寓意却一目了然，可谓不著一字，尽得风流。

　　民间笑话多为无聊的扯淡，且有荤腥杂陈的低级趣味。读一读《启颜录》，《广笑府》，《笑林广记》，就能明白古代中国人的性观念多么"健康"多么"现代"。但性笑话是成人的，像先秦寓言一样缺乏伊索式的童趣。

三

　　中西寓言的差别，导致了在传播上截然不同的遭遇：先秦寓言完全不能充当中国长辈对儿孙的故事素材，而伊索寓言却让每一代欧洲孩子百听不厌。中国长辈在黄昏时对儿孙们讲的是民间笑话。如果对小孩讲一个"揠苗助长"或"削足适履"的寓言，刚刚开了个头，故事就已讲完，睁大眼睛的孩子既不会满足，也无法哄睡。只有伊索寓言那种相对完整的微型故事，孩子才会在满足中进入梦乡。伊索寓言正是两千多年来欧洲父母们哄小孩睡觉的故事宝库，现在也成为非欧民族包括中国父母哄小孩睡觉的最佳选择。现在的中国小孩，也许没听过"叶公好龙"，"守株待兔"等诸子寓言，却一定知道"狼来了"，"农夫与蛇"等伊索故事。

　　本文最后，我再转述一个精彩的伊索寓言：

　　　　一个老汉有两个女儿，大女儿嫁给了菜农，小女儿嫁给了陶匠。老汉去看望大女儿，问她过得可好。大女儿说："我们什么也不缺，只求老天爷多多下雨，种菜能有个好收成。"老汉又去看望小女儿，问她过得可好。小女儿说："我们什么也不缺，只求老天爷多出太阳，好让陶器早晾干。"老汉抬头望天，不知求什么才好。

　　　　——你没法讨好所有的人。

　　撇开伊索的原初寓意，可用上述分析歪解这一寓言：大多数发愁都是庸人自扰，因为不可能天天下雨，也不可能天天出太阳；正如不可能要求诸子讲出伊索那样的优美故事，也不可能要求伊索讲出诸子那样的深刻道理。幸而两大寓言系统都给后人带来了美妙的享受，生逢"东边日出西边雨"的现代，能够同时拜读诸子和伊索的现代人有福了。而这个让老汉发愁的美妙故事，会让世世代代的小孩开怀大笑。

1996年9月22日—10月11日

（本文刊于《书屋》1997年第5期。收入张远山文集《永远的风花雪月，永远的附庸风雅》。）

西洋宗教家论：树洞和针眼

谁都熟知伊索寓言中那个狐狸吃不到葡萄说葡萄酸的著名寓言。

这里要讲的，是不太著名的一个伊索寓言：狐狸凭着自己的聪明，钻进树洞把牧羊人藏在树洞里的面包和肉吃了个精光，等它钻出树洞的时候，由于肚子胀得太大，却再也钻不出那个狭小的树洞了。结果成了自投罗网的猎物。

希腊人的道德讽谕故事，到了犹太人的经典《塔木德》里，变成了宗教训谕故事：狐狸为了钻过一个小洞进入葡萄园，不得不斋戒三天直到瘦得能够钻进去。它进入葡萄园后大吃大喝，变得大腹便便，结果怎么也出不来了。为了安然离去，它不得不再次斋戒三天，饿到与进来时一样瘦。离开时它悻悻地说："美妙的葡萄园，你的葡萄是如此硕大，又如此甘甜，但是你却给了我什么？怎么进来怎么离去！"

不难发现，犹太智者把上述两个伊索寓言结合了起来，用于阐明一个比伊索远为深刻的真理：尘世是一座美妙的葡萄园，但是无论自作聪明的人怎样积攒财富（包括物质和精神两方面），最终都将"怎么进来怎么离去"。用中国人的说法，就是"生不带来死不带去"。

犹太智者认为，吃到葡萄的狐狸，并不比想吃却没吃到葡萄的狐狸幸运，甚至可能更不幸，如果斋戒仅是为了吃到葡萄的话。如果认识停留在这一层次，比说葡萄酸的狐狸就高明不到哪里去，甚至让人怀疑创作此寓言的动机仍是没吃到葡萄。我相信事实并非如此，这一寓言远为深刻得多。这一寓言涉及精神修炼与尘世享乐的关系，一个与人的整个生命相关的根本性问题。

这一寓言告诉我们，如果"斋戒三天"仅是为了获得进入"葡萄园"的资格，那么信仰和斋戒就是虚伪的冒充虔诚，而冒充虔诚正是为了掩盖贪婪和掠夺的本性。但历史是公正的，一切虚伪的虔诚者，最终必须被迫甚至被强迫"斋戒三天"才能获得解脱。"进出葡萄园"在此意味着生死。

进入前的斋戒是为了饿瘦，因为所有人必须赤条条而来；离开前的斋戒也是为了饿瘦，因为所有人必须赤条条而去。

尤其是从离去和解脱的立场来看，精神上的斋戒和肉体上的饿瘦更是必需的，然而仅仅饿瘦到钻出树洞还远远不够。因为离开尘世葡萄园之后，人还有两个可能的去处：天堂和地狱。正如耶稣所说："富人进入天堂，比骆驼穿过针眼还要难。"能够钻出树洞的瘦，远远不足以穿过针眼，因为"天堂之门是一扇窄门"。必须斋戒和饿瘦到身心两方面都近于无，亦即"无身"和"无我"，才有可能进入天堂。所以老子认为："吾所以有大患者，为吾有身。及吾无身，吾有何患？"庄子则认为，人必须通过"心斋"，抵达"至人无己"和"吾丧我"。但丁《神曲》告诉我们，一切在尘世中不愿主动饿瘦的人，将会在地狱里被动饿瘦。一切在尘世中假装斋戒、觊觎不朽的人，比如拔出九牛之一毛捐助慈善事业的富人，将会在炼狱里进一步饿瘦，才能进入天堂，获得灵魂的安宁。不妨说，能够钻出树洞，仅仅意味着不受人间法律的制裁，但只有能够穿过针眼的人，才能不受历史审判。基督教正是以针眼的标准，而非树洞的标准，宣判了所有人都有罪。从某种意义上说，即便有可能穿过针眼的人，也是有罪的。因为能否穿过针眼，必须盖棺才能论定，甚至还不能。每一个活着的人，都没有绝对把握宣称自己必能穿过针眼。按照加尔文一派的教义，每个人都有权坚信自己可以穿过针眼，但这一预设命题必须用整整一生的全部行为加以证明。在证明尚未完成亦即生命尚未终止之前，任何人都不能自负。我无意于宣扬宗教式的最后审判，但是任何人的行为，只要偏离了永恒正义，无论生前死后都将受到历史的无情审判。

诚然，每一时代的树洞和针眼，尺寸略有不同。树洞是每一时代的物质享受的相对限度，针眼却是所有时代的人类精神乃至宇宙精神的绝对限度。随着科学进步和文化发展，物质树洞必然越来越大，但是精神针眼永远不会放大。马丁·路德早就断言，任何人都没资格发放廉价的"赎罪券"。不同时代的物质树洞是相对的，但精神针眼是绝对的，就像永恒正义是绝对的。精神针眼永远那么小，小到近乎无，只有每时每刻意识到自我之渺小和卑微的人，才有可能艰难穿过它。对于每一时代的所有人来说，树洞规定的一定量的"面包与肉"是合理的，正如牧人们要在树洞里留着午饭。但以树洞衡量的合理，以针眼衡量未必合理。不妨说，"面包"意味着某种程度的温饱，"肉"意味着某种程度的舒适。然而社会的不公正却往往使勤奋劳动的牧人们失去理应得到的"面包与肉"，它们被投机取巧、道德败坏的狐狸们偷走了。狐狸们当然不会承认自己是窃贼，相反，狐狸们理直气壮地认为他们占有整个葡萄园并享用大部分葡萄是天经地义，因为他们已经通过"斋戒"证明了自己在智力上甚至精神上的优越，他们决不肯承认智力优越并不等同于精神优越。狐狸们甚至认为，"优越"一词还不足以自我陶醉，他们喜欢用"高贵"来夸张这种自恋。因为"优越"强调的只是量的优势，而"高贵"强调的是质的优势。

我并不赞成物质上的禁欲主义，也不赞成颂扬"淳朴的无知"。相反，我认为"饱暖思淫欲"是人之天性，不仅适度的温饱是人之天性，而且适度的淫欲也是人之天性。但是我反对肉体上的纵欲，更反对精神上的纵欲。人们习惯于谴责物质富翁造成了人类肉体上的不平等，却几乎从不谴责精神富翁造成的人类精神上的不平等，更很少意识到精神富翁的危险性。在科学大跃进和知识大爆炸的今天，我认为有必要强调精神针眼的限度，主要是针对统治者、管理者和知识分子而言，因为他们认为自己具有进入历史、进入不朽、进入天国的优先权。人类也已习惯于谴责物质纵欲，却很少谴责精神纵欲，而无论是个体、民族还是国家的优越感，都是精神纵欲。事实上，如果没有精神纵欲，个人与个人、民族与民族、国家与国家就不会有那么多的物质掠夺和物质争战，而当全体人类向大自然全面宣战时，正是"把大自然当作专供人类索取的资源仓库"这一精神纵欲的思想，导致了全体人类对自然发起了无休止的破坏性掠夺和灾难性攫取。个人与个人之间的大部分精神战争，往往以双方各自在宣称"我，而且唯有我掌握了最高真理"之类精神纵欲的盲目信念为起点。而全体人类向大自然的索取，也几乎被所有的人类个体盲目认可。人们的争端，不是起于"向自然无休止索取"这一毋庸置疑的大前提，而是起于此后的利益分配。似乎向自然无休止索取对每个人都有利，所以任何人对此不该有异议，除非他在分配上吃了亏，他得到的远远少于树洞的定量。但是大自然本身对这一毋庸置疑的大前提已经提出了日益严峻的抗议，如果抗议一再遭到蔑视，大自然的报复将越来越无情。老子说："圣人不仁，以百姓为刍狗。"指的正是少数人的精神纵欲。另一方面，被少数"圣人"麻木不仁地当成刍狗的全体"百姓"，又把大自然当作供奉自己的"刍狗"（草扎的狗，用于祭祀）。如此纵欲必然导致的大自然报复，老子也早就预言过了："天地不仁，以万物为刍狗。"掠夺正在愈演愈烈，因此末日正在日益逼近。

没有人有权在物质上剥夺他人（乃至地球上的所有物种）的生存权利，也没有人有权在精神上凌驾于任何人之上。但是几乎所有人都认为，自己应该比别人享受得多，也就是认为自己的物质树洞应该比别人大。与此同时，几乎所有人又都认为，自己有权比别人优先进入天国，也就是认为自己的精神针眼应该比别人大。无论精神和肉体，大部分人都要求别人对自己特别宽容。之所以对物质纵欲的抨击史不绝书，对精神纵欲的抨击却十分罕见，是因为物质纵欲的抨击者往往正是精神纵欲者。精神纵欲者掌握着话语权，而物质纵欲者却没有什么话语权。然而在我看来，精神纵欲不仅丝毫不比物质纵欲更高贵更道德，而且物质不平等正是源于精神不平等。看一看尼采自传《瞧，这个人》前三章的标题："我为什么这样智慧"，"我为什么这样聪明"，"我为什么写出了这样的好书"，就能明白尼采的个体精神纵欲与纳粹的民族精神纵欲之间的内在联系。这几乎就是论证"我为什么有资格进入历史"，"我为什么有资格进入不朽"，"我为什么有资格进入天国"。尼采的可贵在于坦率，更多的精神纵欲者尽管心里这么想，却卑怯地不肯这么说，不敢这么写。

从个人的精神纵欲，到民族的精神纵欲，再到全体人类的精神纵欲，是一个不可阻挡的多米诺过程，其结果总是必然导致把从自然中掠夺来本该珍惜的物质加以毁灭，即取之无道，用之也无道。当一场战争结束，两败俱伤的双方就"重建家园"，于是对自然的新一轮更加疯狂的掠夺就开始了，而它又是下一场战争的备战。人类的内战，总是把战争的成本转嫁到大自然头上，让大自然承担最终的战争"赔款"。重建了各自小家园又互相敌对的人类，却在齐心协力破坏着唯一的大家园——地球。重建小家园，恰恰就是破坏大家园。当唯一的大家园即将变成一片废墟之时，纵欲的人类正在准备不负责任地亡命天涯，逃向月球、金星、火星或外太空。这种异想天开且耗资巨大的逃亡计划（即便成功也只是极少数人的胜利大逃亡），进一步加速了整个地球的废墟化。在文明史发轫一万年之后，人类如同一个丧尽天良的逆子，用文明积累起来的全部"价值中立"的知识技能，把自己装备成一个全副武装的匪徒，正在自己的亲生母亲家里最后大掠三天，像一个流窜过境的抢劫犯一样准备逃之夭夭，不惜留下自己的所有同胞陷于灭顶之灾。精神上僭妄、傲慢、我执之尤的人类个体和人类集团，就是一头或一群丑陋而自私的、注定进不了天堂的骆驼。甚至不难想象，逃向金星、火星的少数"上帝的选民"，会自以为踏上了光荣与梦想的朝圣之旅。地球已经不堪重负，即便仅仅为了全体人类的自私目的，也已经到了立刻停止集体性的物质纵欲和精神纵欲的时刻了。到了记起古代中国智者那个"割股自啖"的伟大寓言的时刻了：不必等到饕餮的人类把自己双腿上的肉全部吃光，大自然就将流尽最后一滴血，自视为泰坦巨人的渺小人类就已经不能站在大地之上了，遑论"诗意地栖居"。

或许形式上的贵族时代已经结束，但少数精神贵族们依然陶醉在精神优越亦即精神纵欲之中。所谓"诗意地栖居"，正是睁着眼睛说瞎话的精神贵族炮制出来的，海德格尔一点也不令我吃惊地加入了日耳曼人集体精神纵欲的疯狂舞蹈。许多骨子里与他别无二致的精神贵族被他的"深刻诗意"陶醉了，他们为海氏辩解，认为"诗意"与纳粹无关。殊不知"诗意"是个体的精神纵欲，纳粹是集体的精神纵欲，"深刻"不过是精神纵欲之时欲仙欲死的"高峰体验"而已。谁的深刻能够达到苏格拉底、老子、佛陀、耶稣的程度？他们是人类精神节制的不可超越的绝对限度，他们就是人类进入天国的针眼。以有限深刻之名，行精神纵欲之实，这样的深刻可以休矣！据说这些天国的针眼宣扬的教义是奴隶的教义，据说这些天国的针眼宣扬的道德是奴隶的道德，然而物质纵欲者是肉体的奴隶，精神纵欲者是自我的奴隶。超人梦、贵族梦、优选民族梦、强国强种梦可以休矣！迄今为止的全部文明史，都是人与人、人与生物、人与自然的不平等掠夺史，掠夺中产生的大部分"诗意"，仅是少数人（超人、超民族、超级大国）的"诗意"，是吃饱葡萄而微有醉意的狐狸无视牧人利益而幻想出来的。只要少数人继续陶醉在精神纵欲的"诗意"之中，这一精神纵欲的梅毒必将不可阻挡地经由精神做爱传遍全体人类。全人类的精神纵欲除了疯狂，没有任何其他出路。全人类的疯狂除了毁灭，也没有任何其他出路。

基督教乃至许多宗教都强调淳朴的无知者可以轻易进入天堂，把神学还原为人学，天堂就是尘世的精神解放，因为"针眼"再小，"无"是容易通过的，然而达到"无"却极不容易。每一个自诩无所不能的精神自负者，理应攻克这一最后难题，否则就请收起你的自负和傲慢。正是在这一意义上，"傲慢"被称为万恶之首，被视为魔鬼的特征。其实"无"恰恰远离"无知"。佛学把"无知"称为"无明"，无明，即无以明道。因此无知与道德不仅没有正比关系，相反，无知必然意味着道德水准的低下。无知导致的无力，仅是作恶的无力和技穷。只有全面而丰富的知识才能抵达高度的善，但对知识的滥用必然导致大规模的社会性的恶。知识作为一种权力工具，如果没有道的遏制，必然会被滥用。知识的所谓"价值中立"，使它成为一把善恶的双刃剑，在善恶两方面都更加强有力。正因如此，以知识上巨大的"有"，穿越仅能容纳近乎于"无"的针眼，才是永远的道德难题。因此老子的教诲永远有效："为学日益，为道日损。"追求知识的永恒热情，正是为了无限度地考验傲慢。学之增益，正是道之减损的唯一方法。只有当知有助于道时，知才会转化为智。诚实的知识分子必须认识到，日益膨胀的知属于人类全体，而个体不可须臾离的最高之智，就是老子所言"知不知，尚矣"，就是庄子所言"至知无知"，就是苏格拉底所言"我只知道自己一无所知"。把耶稣的教诲转换成现代语言，那就是：知识上的富人如果狂妄自负到没有"无"的智慧，那么要想获得精神解放就比骆驼穿过针眼还难。只有当知识上巨大的"有"，转化为智慧上的"无"，骆驼才能奇迹般穿过针眼。

一个真正的义人，必须用针眼的标准要求自己，用树洞的标准宽容别人。但是宽容不可能是无限度的，每一时代的宽容度，就是每一时代的树洞的大小。文明的发展会不断放大树洞，但不可能无限放大，因为人类的唯一家园地球不会放大。所以无论文明导致物质树洞放大到何种程度，精神针眼永远不会放大，天国之门永远那么小，小到近乎无。因为天国是永恒的，天国之门也是永恒的，没有一丝一毫的讨价还价余地。每一个渴望进入历史、渴望进入不朽、渴望进入天国的人，都必须缩小自己，使自己趋近于无，才能在上帝的阳光中，像尘芥一样翩翩起舞。

1998年4月3日

（本文刊于《书屋》2002年第1期。收入张远山文集《告别五千年》。入选吴剑文编张远山文选《思想真的有用吗》，北京出版社2021年版。）

西洋戏剧家论：伟大的提问

王蔚：

你好！来信收到。

你问我"为什么说'伟大的戏剧是伟大的提问'"[1]，是这样的，小说往往写的是缺乏普遍性的个人遭际，尽管其中有普遍性的人生困境，但故事一般是个别化的，而且故事可信与否，往往取决于时代性和地域性。而戏剧一般把这种超越时空的普遍困境放大，个人成为被这个困境折磨的人，而这种折磨使剧中人获得了灵魂，正如魔鬼的折磨使耶稣获得了灵魂。亚里士多德认为悲剧的作用是通过恐惧和怜悯来净化人的心灵，我觉得没说到点子上。困境为造化之大炉，个体为炉中被煎熬的生命，生命就在这种大化流行的必然困境中陶冶而获得提升。这就是三一律可以在戏剧中贯彻却不能在小说中贯彻的原因，三一律只是强调必须使超越个体力量的巨大困境更突出、更集中而已，如果像很多小说那样散漫成日常流水账，戏剧就不会长期成为文学的最高门类了。尽管后来三一律被打破另有时代合理性，因为僵化的形式束缚了新时代的创造，但强调困境、强调不可回避的尖锐提问，即所谓戏剧冲突和戏剧高潮，却永远是戏剧的根本要素。戏剧有相当严酷的必然性，让观众觉得，我在其中也难以幸免。这种必然性使观众不敢自作聪明，意识到一己之得失、苦乐、成败的偶然性，这就导向宗教精神了，也直接引起哲学性的思考。

我认为戏剧是古希腊哲学思考的大众形式，甚至是原初形式，所以苏格拉底在雅典街头与人辩难时，被饶有兴味的旁观者视为比半圆形剧场中的虚拟戏剧更有趣的实景戏剧。阿里斯托芬在剧场里讽刺苏格拉底，我想部分原因是被这个可爱的老头抢了风头。这个老头就坐在梯形看台上，乐

---

[1]　语见张远山《故事的事故》序言《故事家与道理家》，上海文化出版社2001年版。

呵呵地欣赏讽刺自己的喜剧。因此，柏拉图用雅典公民习惯并且喜爱的戏剧对话体来写他的哲学著作（其后还有伽利略、贝克莱、马勒伯朗士等人），在当时算不得特别的独创，而是最为自然的。对话体之适合于哲学思考，早已得到公认：用对话进行思考的苏格拉底，成了西方哲学之父。用对话体写作的柏拉图，则成了西方最伟大的哲学著作家。或许可以说，戏剧是与希腊民主对应的最佳文学形式，因此到了罗马帝国，戏剧就无可避免地衰落了。罗马的主要文体，是一个人的演说，而非两个人的对话。罗马元老院的演说，尚有某种辩论的遗迹，因为你演说完别人也可以演说，但毕竟已经以军事实力为根本了。枪杆子下面的辩论，不可能是真正自由的。而且苏格拉底式的对话，是不下最终结论的，但是罗马元老院的辩论，必须有个结论。另一方面，罗马是属于喜剧的，而且他们的圆形剧场主要用于角斗，而不是上演戏剧。戏剧比任何文学形式都更必然地引向思考，而帝国专制不需要罗马公民思考。雅典是动口的，而罗马是动手的。

所以差不多可以说，没有古希腊的戏剧，就没有古希腊的哲学。而古希腊的哲学家大抵是西方最伟大的哲学家，此后再未被真正超越，直到传统哲学被二十世纪的哲学取消主义"取消"，也没能超越，正如中国哲学也从未真正超越先秦诸子。然而文艺复兴之后的笛卡尔、洛克、休谟、康德等一大批哲学家，达到了与雅典同等的哲学高度，中国人却在先秦以后再未达到过先秦的高度，而是一落千丈。但是最伟大的希腊哲学家，也不能圆满回答希腊戏剧家提出的伟大提问。我说的伟大戏剧，主要指悲剧。喜剧基本上只是用非本质的方法来消解提问或回避提问，没有真正回答提问。伟大的悲剧几乎没有多少娱乐性，而小说是市民的消遣，以娱乐为主，拷问存在的困境几乎不是小说的功能，主要是为市民的病态生活提供麻醉和抚慰。最伟大的小说都具有戏剧要素（但那不是小说中的主流，而且普通市民很不愿意读那些悲剧性质的伟大小说），一般都对时空有所超越。这是现实主义小说尤其是歌功颂德的革命现实主义小说不可能具有的。批判现实主义的所谓"批判"，就是提问。批判现实主义是批判现实的，而革命现实主义是歌颂现实的。尽管两者都叫现实主义，尽管两者都使用写实手法，但是思想功能完全相反。

被称为哲学最后结晶的辩证法，也起源于戏剧以及苏格拉底式对话。对话与辩证法是一样的意思，苏格拉底称之为"真理助产术"。辩证法的根本要义是：你坚持你的逻辑完整性，我坚持我的逻辑完整性，谁都有权发言，最后达到的合力一定比任何人代替上帝代表最高真理成为绝对权威更接近真理，但这种合力与暂时的结论不由对话双方的任何一方来充当，而由第三方（即黑格尔所谓合题，也是新的正题）来充当。第三方必然又有对立面，即新的反题。而且反题决不止一个，居于圆心的一个正题，可以从任何角度即圆周上的任何一点对它进行诘难。因此人生的基本问题永在，却永远没有最后答案，永远没有绝对的最后最高真理。另外，不能认为正题比反题更高，正反是相对的。我觉得，戏剧与哲学有天然的亲缘关系，而且戏剧具有哲学缺乏的某些优点，比如戏剧人物的真实性、具体性、可感性，可以避免哲学的形而上学化，某些伪哲学家常常对现实毫无心得而冒充深刻，进行不知所云的凭空抽象和术语杂耍；戏剧人物的自身完整性和统一性，可以避免哲学体系难以避免的内部逻辑矛盾。人物虽然可能也有矛盾，比如心物矛盾、灵肉矛盾、男女矛盾、人我矛盾、知行矛盾等等（这些本就是戏剧提问的主要对象），但这些矛盾不是凭空虚构的，而是由世间万物的相对性决定的。

　　正是世间万物的相对性，决定了人类思想的发展永远是没有终结的。不可能有最高最后的绝对真理，所以苏格拉底从来不下结论，伟大戏剧也同样如此。也就是说，真正的辩证法不可能由单个人、单个学派、单个党派最终完成，辩证法一定是在多元的对话基础上才可能达到，而且永远在过程中。我曾以牛顿和爱因斯坦为例说明，牛顿有牛顿的自身完整性，爱因斯坦有爱因斯坦的自身完整性，两者不可能综合出一种辩证的最高最后的物理学。任何思想都必须坚持自身的逻辑完整性而不能自我辩证，即不能今天这么说，明天那么说，同时自称如此矛盾就是辩证发展；否则就是诡辩。因此任何思想都不能自封绝对真理，不能剥夺其他思想的存在权利。这样，许多并非绝对真理的相对真理的互相对立和共存，最终有助于文化发展和接近真理，这种作用才是辩证的。所以任何一种自称辩证的思想，都是思想垃圾。辩证法只是两种以上力量形成的作用或曰暂时结果，而不是一种力量自身就可以达到最高辩证境界的。因此黑格尔以及其后的辩证法，本质上都是反哲学的。所以黑格尔之后西方哲学就终结了，因为他自封自己的哲学是人类绝对精神，成了普鲁士的官方哲学，而他表面的博学使后继者望而却步。把黑格尔唯心主义辩证法倒置过来，成为唯物主义辩证法，也不过如此。在我看来，把辩证法加以形而上学化，就没有真正的哲学价值。叔本华认为黑格尔是有史以来最差的哲学家，反哲学家，不属于哲学家们共有的"天才共和国"，我完全同意。

黑格尔只是哲学教授，他以后的西方哲学，基本上成为哲学史研究，他以后的哲学家，也基本上只是哲学史家。活跃的哲学思考，被一大堆繁琐术语束缚住了。任何人想被"哲学界"（其实世上根本没有哲学界，只有哲学教授界）接纳，就必须学会那套纯技术性的术语杂要。然而等你熟练掌握了这种术语杂要，你就不可能再进行真正的哲学思考了。尼采是最后一个不会术语杂要的大哲学家。他死于1900年，明年是他逝世一百周年。这一百年，是哲学的真空。在刚刚过去的那个世纪中，哲学竟然成了科学的附庸，哲学家竟降格为科学的辩护士。二十世纪成为技术大进步而文化大劫难的世纪，与真正的哲学被科学和强权扼杀有关。把哲学教授海德格尔奉为最大的哲学家，是刚刚过去的二十世纪的哲学耻辱。哲学只可能在街头，不可能在教室。由于街头没有哲学，所以结构主义上街了，尽管罗兰·巴特说"结构不上街"。教室里只有旧哲学的遗体，哲学教授就是旧哲学的遗体解剖者，但哲学教授首先是哲学精神的谋杀者。达·芬奇解剖人体，是去盗已死的尸体。哲学教授解剖哲学尸体，则是亲手把哲学精神谋杀后再加以解剖。哲学教授以为，把某种哲学思想制成木乃伊，是让这种哲学思想万寿无疆的唯一方法。殊不知伟大的新文学与伟大的旧文学是并立的，伟大的新科学与伟大的旧科学是累进的，然而伟大的新哲学永远必须否定伟大的旧哲学。哲学只有一种不变的精神，就是永远批判。如果不批判而信仰，那是宗教。由于没有哲学，所以文学批评是二十世纪最活跃的理论形态，甚至比文学创作还要活跃。伟大的文学作品可以传之久远，但伟大的哲学思想不是为了传之久远，而是为了改变现实。这一点马克思是有感觉的，但他没想到的是，他的哲学竟然会被用于拒绝改变现实。而这是因为，他的反哲学竟成了最终的哲学。他的哲学竟然会被用于拒绝对话、封杀对话。他的辩证法，居然成了他终生反对的形而上学，而且是最僵化的形而上学。

苏格拉底说辩证即对话是真理助产术，并不是说辩证即对话可以产生最后真理，而是强调不对话不辩证根本产生不了任何相对正确的结论，因为正是对立面的存在迫使你追求自身的逻辑完整性，如果没有对手，你想怎么胡说都行。所以雅典民主非常强大，苏格拉底就要反对民主制，目的是为了完善它。我相信，如果当时雅典不是民主制度而是专制制度，那么苏格拉底一定反对专制制度。也就是说，民主相当于一个对话过程，但对民主也必须批判，否则民主没有对立面，那么民主也会僵化并走向反动。而雅典确有民主的暴民专制的倾向，一方面是制度上的，它是一群奴隶主内部的民主，这种民主是为了奴隶主群体对广大奴隶进行有效统治；另一方面也是事实上的，雅典民主制不许苏格拉底批评它，判处苏格拉底死刑，恰好证明苏格拉底的批评有道理，因此雅典民主制也同时判了自己死刑，很快就灭亡了。

扯得比较远，再回过来。具体来说，每一部伟大悲剧都有一个根本性的提问，比如索福克勒斯的《俄狄浦斯王》提出了命运与个人抗争之间的困境，莎士比亚的《哈姆雷特》提出了思考与行动之间的矛盾，易卜生的《人民公敌》提出了正确的个人意见与盲目的公众意见的对抗，梅特林克的《青鸟》提出了成熟的堕落与童真的失去的困境，其他还有许多，我就不一一列举了。我正打算写一本书，专门回答伟大戏剧的提问，但我说过最伟大的哲学家也回答不了最伟大的戏剧家的提问，因为提问所指出的困境是永恒的，而一切回答都是一种参考答案。正如生命有何意义是上帝对每个人的提问，而每个人无论赋予自身何种意义，都是他人可以存疑的一种参考答案，但本人不妨坚持。所以我的回答像任何回答一样，只是"渺小的回答"，不可能是终结性回答。我想写那本书，不是因为我的回答特别重要，而是希望重新把伟大的戏剧提问亮出来引起重视，引起思考。现代人正越来越成为一种非人的存在，生命中不能承受之轻由此而来，必须重新面对这些会引起痛苦的伟大提问，才能重获生命的厚度与深度，才能从只知浅薄享乐的行尸走肉变成有灵魂有尊严的高贵存在。现代人已经越来越不看戏剧演出了，更少有人爱看剧本，这是对先人智慧的巨大浪费。电影、电视剧只是娱乐乃至麻醉，而不是生命的充电和灵魂的提升。

顺便一提，我对布莱希特的所谓间离效果持反对意见，间离使提问失去厚度，使观众不能全身心投入剧中的永恒困境，仅仅停留于对暂时困难的质疑。而且间离效果使观众过于超然，以为提问仅仅针对剧中人，而与自己无关。布莱希特式戏剧家也过于自大，以为他足以回答自己的提问（如果是，只说明提问很渺小），指明前进的方向。所以急功近利的问题戏剧（更不必说问题小说）基本上都没有什么伟大的提问。萧伯纳之所以远不及易卜生，就是他喜欢训诫和说教（比如《人与超人》），他不明白戏剧应该提问而不是答疑，提问者不该做布道师。所有的布道师都是自作聪明的，反哲学的。任何哲学都不可能是最终的答案。真正的哲学精神，是伟大的存疑，包括对自己的回答存疑，否则就是独断论者。独断论者没有任何智慧。智慧始于自我质疑，终结于自我神圣。当代中国最缺乏智慧的作家张承志和余秋雨，正是最自我神圣的两个人，这是不会有例外的。而荒诞派戏剧（如《等待戈多》）仅剩一个提问的空洞姿态和脱水的躯壳，成了伟大戏剧的木乃伊，由于对困境缺乏真实感人的展示，其提问即便深刻，也因丰满性不够而失去了伟大性。但荒诞派可以说还是抓住了提问这一戏剧乃至辩证法的根本精髓。

差不多可以说，一切能轻易回答的提问，都是渺小的提问，渺小到甚至不配用戏剧这种伟大的文学形式来提出这一问题，至少不配把这个也许仅仅困扰剧作家或一部分无灵魂者的生存小疑问和尘世小烦恼向人类智慧郑重提出，不配加以严肃思考和回答，比如《寻找男子汉》。这一题目就决定了剧作家毫无思想，虽然这位剧作家自称"善作剧"，我觉得只是恶作剧。但中国人由于长期的专制（民主是提问的前提，正如只有雅典才最先产生伟大戏剧和伟大提问），一切时代性的现实苦难都被歌功颂德所遮蔽，更不必说对普遍性困境的永恒提问（也许先秦还有一些，尤以庄子问得最为深刻）。西方文化继承了民主雅典的提问和质疑传统，于是始终在发展，虽然曾长期落后于中国，但勇于提问的民族追上并超过剥夺提问权的民族只是时间问题。中国人被专制所压抑而内心尚残留的最后一点疑问，也最终被禅宗彻底消解，于是从唐代禅宗开始，中国人进入彻底的思想黑夜，文化发展走下坡路是必然的。因为没有提问就没有思想动力。元代之所以产生了中国式的戏剧，原因应该是第一次被异族征服，第一次失去民族优越感，现实苦难已不可能回避，于是有了中国最伟大的窦娥之问，但随着明朝成功地"驱除鞑虏"，一切提问权都再次被剥夺，而代之以朱熹的标准答案。其他民族被征服总有所得（只要不被消灭），但中国人付出代价总是毫无所得，代价永远白白付出。一旦暂时能够苟延残喘，歌功颂德和自我陶醉立刻再次遮蔽一切。这与对语言高度不信任有关，老子式的所谓朴素辩证法，以终结性的伪智慧面目出现，最终也是反辩证法的。因为辩证即对话双方必须真诚而且相信语言、相信讨论的价值，但中国人从不讨论，或争论也不懂讨论规则，所以没有发展出希腊式的讨论语法（即逻辑，语言和思想的法律），只有各说各的清谈（清谈是浪费智慧的智力麻将和以文学修辞为主的诡辩游戏），而用专制与权威的裁决来终结一切疑问，并由权威自封辩证法的最后结晶。西方人相信知识就是权力，中国人相信权力就是知识。谁有权力，谁就说了算。谁提问，当权者就认为你在向他挑战，而中国的一切当权者都不允许任何挑战，否则就是造反。这就是中国的两千年政治。没有宗教的超越性思想空间的中国人（于是不仅人身没有避难权，思想也没有避难权），根本不知道伟大的提问超越了暂时的现实政治与权力斗争，包括超越了当权者，真正的思想者根本没把当权者当作值得挑战的对象。堂吉诃德也许误把风车当成了挑战对象，但中国的当权者却误把自己当成了思想者要攻击的风车。其实在伟大提问的普遍性与超越性面前，当权者不过是被命运之巨手拨弄的小丑，是风水轮流转的历史巨轮上的小跳蚤，是权力轮盘赌中侥幸中了大奖的蠢货，真正的思想家根本没把他放在眼里。西方最伟大的政治家都对思想家极为尊重，比如亚历山大不敢小觑木桶中的第欧根尼，拿破仑不敢小觑数学家拉普拉斯和诗人歌德。拿破仑甚至承认思想的威力比剑的威力更大。这是中国的当权者根本不会想到的。西方人用民主表决毒死一个苏格拉底，用上帝的名义烧死一个布鲁诺，至今被无情声讨。而另一个被杀的思想家耶稣则成了上帝。中国思想家被杀了两千年（邓析、韩非、嵇康、李贽、金圣叹、谭嗣同），从来没有过任何自由的声讨，或有声讨也不许发表，对声讨者也杀无赦。

所以中国连真正的喜剧都没有，只有阿Q式的自我麻醉和俗世闹剧。没有提出问题的戏剧，当然也就没有回答提问的哲学，更没有对官方颁布的标准答案进行质疑的权利，只有腐儒们为帝王帮闲的所谓内圣外王。

伟大提问都是基础性的提问，是人人都不可能回避的，否认这些问题与自己有关的人都是逃避者。鲁迅曾问"娜拉走后怎样"，其实这正是易卜生已经提出的问题，鲁迅等于是看懂了这个戏，并作为思想家试图来回答。顾准借用鲁迅的说法再引申到政治领域。人类思想从伟大戏剧的伟大提问中真是获益匪浅，比如佛洛伊德对索福克勒斯关于俄狄浦斯的提问，做出了恋母情结的回答，但这只是一个渺小的参考答案，而非绝对真理。提问永恒，而回答只是过眼烟云。困境永在，而探索没有止境。

从美学角度来说，我最喜欢的文学门类是诗。但从哲学角度来说，我最偏爱的文学门类是戏剧。我很遗憾当代社会已经是一个戏剧不受重视的时代。也许一代有一代之文体，所以我的提问也只好借用小说形式，我的第一部长篇小说《通天塔》，就只提出问题，不给出答案。而且这部小说有相当多的戏剧因素。其中最难以回答的一个提问就是：人为什么要问为什么？对这个提问，我无法做出圆满的回答。

最后要谢谢你的提问，你的提问也使我获益匪浅。

1999年4月17日

（本文是致深圳儿童文学作家王蔚的书信。收入张远山文集《告别五千年》。）

苏格拉底论：苏格拉底是否该死

美国自由报人I. F. 斯东晚年穷十年之功所著《苏格拉底的审判》一书（生活·读书·新知三联书店1998年版，董乐山译），是一本趣味盎然的佳作。但或许是作者并非哲学家的缘故，虽然在史料的爬梳整理上用力甚勤，由此引出的重大问题，却未得到正面解答。

民主制度有一个根本性前提，就是言论自由。而对自由言论中反对民主或不利于民主的言论的制衡方法，则是自由辩论。自由辩论当然也属于言论自由的组成部分，但认为"自由辩论足以战胜一切反对民主或不利于民主的言论"，却是"言论自由"这一民主大前提中，未经深入批判的一个想当然假设。这一假设或许只是一个无法证实的信念：自由辩论足以对一切缺乏真理性的言论予以消毒，使之无法威胁民主制度本身。

然而有史以来一切像苏格拉底这样的杰出者，大多具有贵族倾向，是精英主义者，他们先天地具有自我优越感，认为人是先天不平等的：有的人是用金子做的，有的人是用银子做的，有的人是用铜和铁做的（参见柏拉图《理想国》）。因此，让用金银做的高贵者做统治者，而让用铜铁做的卑贱者做被统治者，就成了理所当然的结论。这种言论必然会威胁到民主本身的存在基础。如果所有的思想都无罪，而按某些思想去行动却有罪，就会导致思想与行动的背离。民主雅典允许苏格拉底有反民主的言论，但民主雅典是否应该允许苏格拉底的学生和信奉者把苏格拉底的反民主言论当成"行动纲领"，把反民主思想付诸社会实践呢？

让具有民主倾向的非杰出者与具有贵族倾向的杰出者进行自由辩论，后者的杰出口才几乎必然使前者不堪一击。哪怕民主思想具有更多的真理性，但民主的平庸辩护士很可能由于才情的有限而把一个具有极大真理性的论点辩护得漏洞百出，而反民主的杰出斗士却更可能把真理性不足的反论点阐述得天衣无缝。庄子可以说后者"能胜人之口，不能服人之心"，荀子可以说后者虽然"持之有故，言之成理"，但是"虽辩，君子不听"。极少数深究哲学者固然知道，真理是朴素的，未必是雄辩的，但是自由辩论面对的是远未精通哲学的普通听众，因此大多数人会在口服之后立刻心服，甚至谁雄辩就听谁，结果就很可能变成孔子痛恨的"利口覆邦家"。对此，民主派想得出什么解决办法呢？雅典民主派想不出解决办法，所以当他们在自由辩论中无法战胜苏格拉底的时候，就放弃了"君子动口"的承诺，采取了"小人动手"的下策，判处苏格拉底死刑。

看一看两次投票表决的戏剧性结果，就能知道不完善的雅典民主制度多么无奈。第一次投票定性：280票对220票判处苏格拉底有罪。经过自由辩论后第二次投票量刑：360票对140票判处苏格拉底死刑。也就是说（按斯东的算法），在原本判苏格拉底无罪的雅典公民中，竟有80人转而判了苏格拉底死刑。

其实还有另一种可能：一部分雅典公民原本判苏格拉底有罪，但被苏格拉底的自辩说服，因为口服之后应该心服，谁雄辩就应该听谁，于是量刑之时转而赦免了苏格拉底。另有超过80人的雅典公民原本判苏格拉底无罪，却被苏格拉底的自辩激怒，因为他说得"太有道理"了，具有"利口覆邦家"的巨大危险，于是量刑之时转而判了苏格拉底死刑。

无论实际情形是哪种情况，都说明雅典民主派失去了理智，他们恼羞成怒了，因为自信真理在握的他们，居然在自由辩论中一败涂地。

由于缺乏哲学头脑，缺乏对苏格拉底的哲学精神的真正理解，斯东花了十年时间写出这部专著，仅仅是为了证明一个非常奇怪的结论：苏格拉底是故意求死，他故意激怒并诱使雅典人判处他死刑，并且不肯减刑或赎身而坚持服毒而死，以便用自己的生命证明雅典民主制度有罪，而雅典人没能识破苏格拉底的诡计，上了他的大当，如他所愿判了他的死刑。也就是说，斯东把雅典民主派的政治矛盾性与苏格拉底的哲学彻底性之间不可调和的必然冲突，理解为雅典民主制度的一个偶然技术失误。这是非常可笑而难以服人的。

斯东认为雅典人不该判苏格拉底死刑，但斯东却丝毫不喜欢苏格拉底。他认为苏格拉底只是一个疯子，一个小丑。斯东对苏格拉底完全不理解，对哲学更是毫无会心。我认为判处苏格拉底死刑的雅典人倒没有真正蔑视苏格拉底，认为不该判处苏格拉底死刑的斯东却严重侮辱了苏格拉底，也大大地侮辱了哲学的尊严。这是我认为民主派人士大多无知浅薄的理由之一，彻底民主派常常没有任何哲学头脑。

同样由于不理解哲学，斯东像古今许多弱智者一样非常反感苏格拉底的"装傻"，认定"苏格拉底在装傻之下极端地自大"，这是一种极大的误解。苏格拉底的"装傻"，乃是为了让你自己认识到你的思想缺乏哲学彻底性：你的第一步推导是对的，第二步也对，第三步也没错，但最后的"合理"推论，却与你最初坚持的偏见相反。但你又拒绝承认推论的"合理性"，因为你一旦承认推论的"合理性"，你就必须放弃你最初坚持的偏见。这怎么是苏格拉底在装傻或设下陷阱让你钻呢？如果你的信念是认真思考过的，为何如此前后矛盾？

有人会说，既然你苏格拉底不同意人家的意见，那你为什么不拿点正确意见出来呢？既然你拿不出正确意见，那就免开尊口。这是非常错误的观点。正如在费马大定理尚未得到证明之前，旁人即使无法给出证明，也有权要求给出证明的人保持证明的逻辑完整性。给出证明的人，不能因为旁人无法给出证明，剥夺旁人对他给出的证明的质疑。苏格拉底自认无知，决非装傻，更非自大，而是对完善的一种敬意。他反感任何人自以为真理在握。而且事实上，所谓的理想国，是柏拉图给出的，不是苏格拉底给出的。苏格拉底是哲学之父，柏拉图仅是观念论之父，两者不可同日而语。观念论仅是哲学的一个分支，一旦僵化甚至是反哲学的，所以苏格拉底反对一切僵化。

有人认为苏格拉底这个小丑，借助柏拉图的生花妙笔才得以不朽，我认为恰恰是柏拉图扼杀了苏格拉底的哲学精神。所以无论是柏拉图还是亚里士多德，都可以被基督教神学利用，苏格拉底却不会被任何僵化的思想体系利用。苏格拉底是哲学精神的不朽化身，是哲学批判精神的永恒象征。有无数反对柏拉图的哲学家，也有无数反对亚里士多德的哲学家，但真正的哲学家都永远不会反对苏格拉底。因为苏格拉底从来没有要求你不反对他，也从来没有要求你赞成他的任何观点。他只要求你认识自己，他只要求你认识你的矛盾，如果你的思想没有矛盾，那么他鼓励你坚持自己的彻底性。他从来不鼓励盲从，包括不盲从"民主"等等一切好听的名词。

反对审判更反对审判结果的后世彻底民主派（比如斯东）认为，应该允许任何人说话，包括允许反民主派说话，因为言论无罪。但斯东没有说明，恐怕也无法说明，如何消除反民主思想对民主制度的威胁。他也没有意识到反民主派往往比民主派在才智上更杰出，尤其当反民主派既非事实上的统治者又不想向统治者献媚时，更是如此。统治者不必因为才智上的优越，仅仅出于自身利益就会反民主。而思想家仅仅因为才智上的优越，就往往拒绝与才智平庸的普通人平起平坐。因此才智平庸的民主派往往不是才智杰出的反民主派的辩论对手，民主派在哲学论坛上简直就不堪一击。结果就会变成：言论自由允许反民主言论，自由辩论使民主派一败涂地。民主制度的根本前提和基础假设，却为民主制度掘好了坟墓。

雅典的反民主派人士（比如苏格拉底）的声望日益高涨，除了其杰出才智以外，还有一个更为根本的制度上的支持：雅典的民主制度是建立在另一个非民主的制度之上的，那就是奴隶制。这一复合而且矛盾的制度本身，已经肯定了人与人或至少是族与族的不平等。反民主的苏格拉底、柏拉图不反对奴隶制度毫不奇怪，因为这与他们的"人与人天生就不平等"的思想完全一致。但雅典民主派（包括亚里士多德）不反对奴隶制度，却与其民主思想根本矛盾，这一矛盾决定了雅典民主派的不彻底性。因此赞成奴隶制度的苏格拉底和柏拉图的反民主是前后一贯的，民主派的审判苏格拉底也是前后一贯的。但这是两种相反的前后一贯：苏格拉底的一贯是哲学彻底性的一贯，是不矛盾的一贯；雅典民主派的一贯是现实不彻底性的一贯，是矛盾的一贯。

撇开哲学彻底性是否有可能在全人类的每个人中普遍实现（我认为决无可能），我起码可以断定，具有哲学彻底性的人，一定比不具有哲学彻底性的人，更有智慧。也就是说，既然雅典民主制是建立在不平等的奴隶制之上的，那么，生活于这一制度中的苏格拉底，为了保持哲学彻底性，也为了追求真正的智慧，就必然会反对民主。而且在反对民主的过程中，他的思想内部必然更少矛盾，思维更流畅，言辞更雄辩。而同样生活于奴隶制度中的雅典民主派，由于无法在现实利益和哲学思辨之间保持统一，那么其思想内部必然更多矛盾，思维更枯涩，言辞更不雄辩。所以雅典民主派无法在自由辩论中战胜苏格拉底师徒，就是必然的。也就是说，只要完美不降临尘世（而完美必然永远不会降临尘世），那么追求哲学彻底性的人间智者，就一定会成为其哲学彻底性的殉道者，不管殉道者所殉之道，用世俗道德来看，是好的还是坏的。比如在民主成为主流的当代，许多人（包括没有哲学头脑的斯东）会认为苏格拉底的反民主是可恶的。然而我决不这样看。只要世界不完美（而世界一定永不完美），就一定需要坚持哲学彻底性的人对现实世界加以批判。哪怕民主的基本价值是善的，但如果没有"反民主"的批判，那么民主的善也必然会走向恶。苏格拉底的"反民主"，最根本的一点是反对民主制度的不彻底性，也就是反对当时的雅典民主制度的不完善。如果哲学家所反对的东西，本质上是恶的，那么这种反对的价值无须讨论。如果哲学家反对的东西，本质上是善的（然而并非至善和完善），那么哲学家的反对就是这种本质上虽善但还不够完善的东西的防腐剂，是防止这种本质上虽善但还不够完善的价值中的消极因素发展成极端、走向反面、转化为邪恶的重要保证。因此，无论多么完善的制度（哪怕是迄今为止最完善的制度）都不能剥夺哲学家的批判权力。所以没有哲学头脑的福山认为民主已经在全世界获得了全面胜利，因而"历史已经终结"（参见弗兰西斯·福山《历史的终结》），是纯粹的痴人说梦。福山的立场，正是认为哲学家已经可以退场了。然而这种以为美国式的民主制度已经完善到无须批判，已经完善到不可能再有真正挑战者的思想，本身就是美国民主制度有可能走向反面的危险信号。

当然，当年的雅典大众正如任何时代的大众一样，并不想追求不矛盾的一贯性，并不想追求哲学的彻底性。"哲学彻底性"是不朽的苏格拉底发明出来并得到后世所有真正的哲学家赞同的，但后世的普通大众未必赞同，即便口头上赞同，也决不会付诸实践。当年的雅典人则是闻所未闻，遑论赞同。当年的雅典大众毋宁认为，苏格拉底是个得了好处还卖乖的疯子：你既已得到了奴隶制的物质好处，比如可以不事生产，又得到了民主制度的精神好处，比如可以自由言论，却居然"丧心病狂"地反对民主，非疯子而何！

当年支持审判苏格拉底的雅典人是为了保卫民主制度，后世反对审判苏格拉底的彻底民主派同样是为了保卫民主制度，后者认为保卫民主制度首先必须保卫其前提——言论自由。然而在我看来，苏格拉底又何尝不是为了发展更好的民主制度？即便这并非他的主观意愿，然而客观效果不以主观愿望为转移。区别仅仅在于，保卫者认为现有的制度已足够好，而批判者认为现有制度还不够好，还可以更好，至于更好的制度是否民主制度，则可以再讨论。或者，既然你们认为现有的民主制度已经是最好的民主制度，那么被逼无奈的哲学家苏格拉底也许就不得不认为，更好的制度不该叫"民主制度"，因为许多人眼中"最好的民主制度"，在他看来不够好，所以更好的制度也许不妨叫"代议制"，不妨叫"君主立宪制"，或其他名称。由此可见，苏格拉底即便主观上反民主，也是无罪的。因为他的真正愿望，是完善雅典的政治制度，不管这种政治制度叫什么名称。而雅典人认为要保卫民主制度，就不能允许苏格拉底肆无忌惮地反对民主制度，煽动对民主的敌视态度。后世的彻底民主派则认为，不允许苏格拉底或任何人自由发表意见，就不是真正的民主。在苏格拉底是否该死这一点上，雅典民主派与后世的彻底民主派有了重大分歧。这一分歧不仅仅有关一个哲学家的生死，而是决定人类文明发展方向的生死攸关的大是大非。

后世的彻底民主派（比如斯东）认为，审判苏格拉底是雅典民主制度的污点。但后世的彻底民主派不肯承认：不审判苏格拉底这个影响最大的反民主派，当年的雅典民主制度就危在旦夕，因为已经发生过由苏格拉底的学生领导的三十僭主事变。雅典人究竟应该何去何从？是宁要一个污点，也必须永远保住民主制度；还是宁要清白，而丧失民主制度？如果宁要清白，那么取代民主制度的任何制度都必然犯下更多更大的罪恶，那些罪恶将使这一污点显得微不足道。雅典人选择了前者，审判并杀死苏格拉底。我认为雅典人在历史的阶段意义上做得很对，我相信任何一个赞成民主制度的现实主义者都会站在法庭一边。甚至反对民主制度的人大概也不得不承认，雅典人的选择颇为明智，决非失去理智的疯狂，更不是斯东等人认为的那样"一失足成千古恨"。

然而雅典人确实也无法回避一个反诘：批评民主制度的人，不会因为苏格拉底之死就绝迹，比如还有柏拉图。雅典人是否要对批评民主制度的所有人大开杀戒？如果这样，那么民主的大前提"全体公民都有言论自由"就将不复存在，言论自由就仅仅意味着对现存制度的"自由"的歌功颂德，那样民主制度就会变成大多数平庸者对少数杰出者的暴民专制。如果审判苏格拉底而放任柏拉图，那么两者的分寸如何掌握，民主制度才能有别于专制制度？当然，赞成民主制度的人也有不少反对审判苏格拉底，且不说当时就有投反对票的，但研究此案的后人都不重视他们的意见，因为他们是普通人。这种不重视普通人意见的态度是根深蒂固的，普通人自己也不重视自己的意见，这就是反民主的精妙言论常常赢得公众喝彩的社会心理基础。引起我注意的是后世的彻底民主派，他们认为雅典人审判苏格拉底是个错误。但后世的彻底民主派却在用苏格拉底发明的哲学彻底性来反对雅典民主派，这首先是个厚诬古人的年代错误。其次，后世的彻底民主派没有意识到，哲学的彻底性与政治的现实性几乎完全不能相容。也就是说，反对审判的后世彻底民主派，要求雅典民主派追求当年朝不保夕的民主制度不可能追求的哲学彻底性。

事实上，不论当年雅典的现实还是现代社会的现实，都不可能把任何理论的彻底性付诸普遍的社会实践。因为任何把先进理论的彻底性付诸实践的社会运动，都会毁掉现实，毁掉一切哪怕原本先进的制度设计。即便是民主制度，也不能保证其彻底性，而这正是哲学有权批判任何制度的根本理由，而且这种批判尽管永远不识时务，却在长远的历史意义上价值重大。彻底性是哲学追求的目标，而不是现实政治追求的目标。所以民主制度也必须允许哲学家对之进行批判，因为民主制度即便是迄今为止最好的社会制度，也决不可能是永远最好的制度，更不是最好的可能制度，因此民主制度也不能拒绝哲学批判。谁也无法断言，现有民主制度是最好的民主制度。也许可以说，现有民主制度是有史以来的最好制度，但中外历史上的许多制度，都曾经是当时"有史以来的最好制度"，然而没有对以前的"有史以来最好制度"的哲学批判，就不可能有现在的"有史以来最好民主制度"。因此作为哲学家，苏格拉底有批判的权力。但是作为哲学家，苏格拉底也应该理解政治的现实性，不能把不食人间烟火的哲学彻底性强加于现实政治。现实政治不可能彻底，现实政治就是妥协，因为只有妥协，才能容纳丰富，容纳多样，容纳矛盾。彻底性一旦实现，就扼杀了丰富性和多样性，就会像恐龙一样走上特化的不归路，当环境不适合这种特化时，任何特化的恐龙都会灭绝，这就是比专制制度优越的雅典民主制失败的真正原因。

然而我是否已经陷入了双重标准了呢？既坚持哲学批判的绝对权力，又理解甚至支持某种程度的现实政治的相对妥协，甚至主张有时必须为了现实而牺牲哲学家，那么哲学家岂不是自讨苦吃吗？是的，做哲学家，就是自讨苦吃的。做哲学家，就必须随时准备殉道。在现实政治中，有时明知哲学家是对的，也必须拿他祭刀。比如说，苏格拉底的殉道就有双重价值，对雅典民主派来说，他们消除了一个对民主制度的最大威胁。从历史意义来说，后起的近代民主制度，由于苏格拉底的殉道，终于使近代民主制度比雅典民主制度更完善了。也就是说，哲学彻底性也许不是当时的现实可能性能够容忍的，也就是太超前了，但真正有价值的哲学彻底性，必定会有长久的未来，必定会从可能性转化为现实性。一个不超前的思想家，根本就不配被称为哲学家。既然超前了，付出代价就是合理的，而且代价决不会白付，长远来说，得益的是全体人类。

然而我们同样面临第二个更难应对的反诘：如果连民主制度都可以对反民主派开杀戒，那么不民主制度是否更有理由对民主派人士开杀戒？答案显然只能如此。要求专制制度宽容民主派无疑是与虎谋皮，因为连主张言论自由的民主制度都无法宽容仅用言论反对民主的人士。而且令人啼笑皆非的是，如果以"哲学彻底性"来衡量，专制制度的不宽容反而比民主制度的不宽容更合理，更不矛盾。因为专制制度从一开始就没有承诺过宽容，只宣布了"格杀勿论"，承诺宽容的雅典民主制度却不得不祭起戒刀。这应该引起一切赞成民主制度的有识之士的深刻反省。这更进一步证明，即便是民主制度，也不能拒绝哲学批判，哲学批判是防止社会腐败和制度恶化的重要武器，哲学批判是文化的消毒剂和防腐剂。

可以进一步追问的第三个问题是：现代民主制度已经不同于建立在奴隶制之上的不彻底的雅典民主制度，现代民主制度在理论上已经取消了任何奴隶制度的合法性。但是不同国家与不同民族之间的不平等依然广泛存在，当某些强国的自由繁荣建立在对弱小异国的自由繁荣的压制之上，那么现代民主制度是否真正比雅典民主制度更加合理呢？即便现代民主制度比雅典民主制度更加合理，是否有权拒绝批判呢？我认为没有。

可以追问的第四个问题是：现代民主制度的言论自由，仅仅保证了少数知识精英的表达自由，无法充分满足大多数普通民众的表达自由，那么这种言论自由是否真正平等地给予了所有人呢？如果大部分知识分子由于占据了话语优势而骨子里依然瞧不起普通民众，甚至毫不掩饰地在言词之间对民众竭尽侮辱嘲讽之能事，那么民主制度在其形式躯壳之下又如何在实质上真正实现？《世界人权宣言》所许诺的"人人在尊严上一律平等"又如何保证？在希腊城邦小国寡民式的直接民主制度下，普通人的言论权利尚且遭到知识精英们的蔑视（尽管这些普通人判处了苏格拉底死刑，但后世知识精英们的愤慨程度远远超过了判处任何一个普通人死刑），那么广土众民的现代国家中陷入失语状态的大多数普通民众的民主权利，又怎能得到真正的保证？

可以追问的第五个问题是：身体的奴隶制度尽管已经大致绝迹，但是精神的奴隶制度如何消灭？在现代传媒制度和消费主义商业时尚的双重夹击下，一切独特趣味和独创思想一经问世就立即变成了廉价的精神预制板，现代大众除了陷入思想的真空（如果无学问）和思想的极度混乱（如果有学问），大概唯有一条出路：把自己的灵魂模铸成标准的六边形蜂巢状。绝对言论自由的结果可能是：现代人变得完全六神无主。于是为了逃避绝对自由的灵魂失重状态，他们甚至宁愿接受一个相对的权威，一种温和的专制，也就是苏格拉底和柏拉图倡导的开明专制。苏格拉底虽然死了两千多年，然而他的反民主幽灵，或许还将长时间阴魂不散，并不时地在民主的面纱下露出狰狞的微笑。

1998年4月28日

（本文刊于《社会科学论坛》2001年第2期，《人大复印资料》转载。收入张远山文集《告别五千年》。入选吴剑文编张远山文选《思想真的有用吗》，北京出版社2021年版。）

尼采论：跟随你自己

尼采最著名的两句话是"上帝死了"和"重估一切价值"（均见《快乐的科学》），但这两句话的重要性与知名度很不相称。"上帝死了"其实有相当的哗众取宠成分，不过未必是尼采想哗众取宠，真正的哗众取宠者是众多的转述者。从语言哲学角度来看，"上帝"是一个不真实的虚概念，因此判断"上帝"之生死，没有哲学意义。但是"上帝"这个虚概念一旦从人脑中产生，它就不会"死"了。所以尼采宣布"上帝死了"以后，即使无数人赞成、同意、转述这句名言，"上帝"以及各种各样的上帝替代物，依然大受崇拜。"重估一切价值"远比"上帝死了"更加重要，可惜诗人气质的尼采本人没有全面展开"重估"，而且说过此话的思想家，古今中外不知凡几。

我认为尼采对现代文明真正有贡献的思想，是另一句不太著名的话："不要跟随我，跟随你自己。"（《查拉图斯特拉如是说》）这句话与耶稣对门徒说的"跟我来"（福音书）针锋相对，不仅与西方哲学传统"认识你自己"（古希腊阿波罗神谕）接上了源头，而且大大推进了一步：认识自己，是为了跟随自己。跟随自己，是为了实现自己。

西方哲学这一步，花了两千多年。

一切传统的思想家，无论宗教家或哲学家，在教导别人时都坚信，唯有自己真理在握。因此他们教导别人"认识你自己"，其实是"认识你自己的无价值"。你一旦认识到了自己的"无价值"，你就会无条件放弃自己，成了一个精神上的奴隶——"跟随我"。

尼采的伟大在于，他教导别人"认识你自己"，是"认识你自己的价值"。你一旦认识到了自己的"价值"，你就学会了独立思考，成了一个精神上的自由人——"跟随你自己"。

从"认识你自己"到"跟随你自己"，标志着人类从蒙昧的古代跨入了文明的现代，标志着人类从宗法时代的盲从，走向了科学时代的自主。当所有人都跟随自己的时候，上帝就真的寿终正寝了。每一个跟随自己的人，必然会对任何貌似神圣的"绝对价值"提出质疑，做出自己的重新评估。可见"上帝死了"和"重估一切价值"，必须以"跟随自己"为根本前提。上述两句名言的价值，与这句金言不可同日而语。因此我认为，仅仅因为这一句话，尼采成了现代文明乃至未来文明的奠基者。

当然问题并非表面看来那么容易。从前现代的"跟随我"即跟随权威价值，到现代的"跟随自己"即跟随自主价值，虽然是一种进步，但"我"是什么，"自主价值"从何而来，还是一个根本难题。众多的"我"完全是异化的"空无"，太多的人没有"自己"，没有"自我"。"我"是一切人生价值和哲学审视的死角，没有人能一劳永逸地解答"我"之大惑。因此前现代那种否定自我式的宗教训诫、准宗教信条，往往有众多的追随者。要现代人反对传统的宗教式训诫并不难，真正的难题是，"我"就像奥古斯丁追问的"时间"一样：你不说我倒明白，一说反倒糊涂了。放弃"我"而跟随他者时，不一定要弄清"我"是什么；跟随"我"时就必须弄明白："我"是什么？由于人类思想尚不能真正解决这一生命大惑，因此后现代思潮走向了尼采代表的现代思潮的反面：怎么都行。以致后现代的"我"，成了比前现代的"我"更虚幻的空无。因为前现代的"我"尽管空无，但是空无的"我"还有所追随的绝对价值可以依傍，还有"上帝"的神权做精神支柱，还有"皇帝"的王权做生命拐杖。后现代的"我"以空无的"自己"为追逐对象，结果"自己"也成了"他者"。"跟随我"原地转了一个圈，依然可悲地沦为跟随他者。

尼采教导所有人都成为"超人"，结果德国人都去追随"超人"希特勒，意大利人都去追随"超人"墨索里尼，西班牙人都去追随"超人"佛朗哥，日本人都去追随"超人"东条英机，如是等等。事实上，只要被追随的"超人"依然像尼采批判的耶稣一样命令同类"跟随我"，那么"超人"同样没有"自己"。没有"自己"的"超人"，并非尼采召唤的超人，恰恰是尼采批判的"奴隶道德"的信奉者，是没有自主价值的他者，是追随"他者的他者"的他者。"他者"追随"他者的他者"，"他者的他者"又追随"他者的他者的他者"……这一无限追随，组成了一个倾倒中的多米诺骨牌。每一个不加批判地、自愿或被迫加入多米诺骨牌的现代人，最终都将"不以个人意志为转移"地被击倒。然而用"不以个人意志为转移"来为自己被击倒辩护的人，恰恰没有个人的自由意志。所以主张"超人"学说，相信"铁的必然性"的尼采，同时又是唯意志论者。尼采主张的权力意志，是教导前现代的基督教精神奴隶们，要以顽强的自由意志维护每个人自己的天赋权力，而不是要前现代的精神奴隶们放弃自由意志，把不可转让的天赋权力拱手交给唯一的"超人"。当人们把尼采的伟大学说与法西斯主义视为一路货色时，当希特勒的追随者海德格尔被公认为二十世纪最伟大的哲学家时，当伟大学说被其追随者改造成登峰造极的"奴隶道德"时，除了"物质文明"的辉煌成就之外，二十世纪还有什么"精神文明"可言呢？继尼采死了之后，哲学也死了。继上帝死了之后，人也死了。

后冷战时代，人们追随的他者，不是前现代的人格化权威价值，而是后现代的非人格化流行，是瞬息万变的时尚，是由物组成的"无物之阵"。在这日益非人化的物质世界中，电脑的类人"智慧"乘虚而入，成了人类的引导者。非我的、非人格的、电脑化的、极度理性化的疯狂，将把每个人乃至全体人类引向何处？人类将跟随流行、跟随时尚、跟随电脑、跟随疯狂走向何处？生在尼采以后的每个人，尤其是每一个欣赏晋代殷浩"我与我周旋久，宁作我"的中国人，都将不得不面对这一考问。

1995年1月9日

（本文刊于《中国青年研究》1999年第2期，《书摘》2022年第1期，《易读》2023年第1期。收入张远山文集《告别五千年》。入选吴剑文编张远山文选《思想真的有用吗》，北京出版社2021年版。）

叶芝论:《幻象》中的幻象

当我如获至宝地得到友人赠送的叶芝名著，久闻大名的《幻象》中译本时（西蒙译，樊心旻校，国际文化出版公司1990年版），不禁大喜过望。副标题"生命的阐释"，更是令我肃然起敬。看见扉页上印着"根据伦敦1925年版译"，越发庆幸译者没有采用1937年的修订版，这样更原汁原味。于是我毕恭毕敬读起来，没想到竟读不懂！本该知难而退，但是想到这将成为我读书史上一个抹不去的污点，我还是硬着头皮把它读完，并且自以为懂了。读完之后，本想一扔了事，但是想到以叶芝的盛名，很可能会使很多读者浪费时间猜破脑袋，甚至因为猜不破其中的哑谜而"失去自信力"，于是我按捺不住想说两句。由于我很可能是不懂装懂，或许会引起真正读懂此书的高人见笑，因此不得不声明在先：我并非叶芝专家，对叶芝素无研究。若非参考了《丽达与天鹅》（裘小龙译，漓江出版社1987年版）所附叶芝小传，我不可能猜破这个哑谜。

一

叶芝1865年生于爱尔兰的都柏林，1887年移居伦敦，1889年与后来成为爱尔兰民族自治运动领袖的女演员茅德·冈相识，并对她一见钟情，从此开始了对她长达三十年（请记住这个时间）的毕生追求。叶芝为了她而从事戏剧创作并投身政治活动，但茅德·冈拒绝了叶芝的求婚，于1903年嫁给了麦克布莱德少校，然而叶芝的热情并未稍减。当麦克布莱德少校在1916年都柏林的复活节起义中牺牲之后，等待已久、独身多年、年过半百的叶芝专程前往已经移居法国的茅德·冈的寓所，再次求婚并再次遭到拒绝。因绝望而变态的叶芝，竟于1917年（请记住这个年份），令人难以置信地向茅德·冈的养女伊莎贝尔·冈求婚，同样遭到拒绝。毫无补偿的对

"母亲"的失节，鬼迷心窍的对"女儿"的失态，以及母女俩带给他的双重羞辱，使叶芝陷入濒疯状态。这年叶芝五十二岁，已经过了孔子所言"知天命"之年。

叶芝从此偏执狂地认为，根本没有人认识到他的天才和他的诗歌的真正价值，一切善意的赞扬，在他眼里都变成了无意的误解，有意的嘲笑，甚至恶意的讽刺，包括在他撰写《幻象》期间（1917—1925）获得的诺贝尔文学奖（1922）。于是他决定亲自出马解释他的"象征主义"杰作，同时又认定可恨的世人不配得到他的帮助，所以他又蓄意把解释写得谁也看不懂。为了达到难以兼顾的以上两种目的，同时又不暴露被他视为奇耻大辱的隐私，叶芝煞费苦心地，远远超过限度地，在《幻象》一书中玩弄了一系列自作聪明的花招，使这本书充满了可笑的隐语、谜语、鬼话和胡话，成为人类著述史上骇人听闻的、空前绝后的一个恶作剧。

二

叶芝在他杜撰的友人"阿赫恩"撰写的《导言》中谎称，"他们共同的朋友罗巴茨"偶然得到一本阿拉伯人"吉拉德斯"写的名为《神圣人类星相图》的书，因为看不懂而前往阿拉伯朝圣并寻求解释，阿拉伯朱得瓦利部落的人"指着书上的月相和神话符号，说看见了他们部落的教义"，却又认定这本书"是欧洲的"，不是阿拉伯的；因为朱得瓦利部落另有一本"深奥的、名为《太阳与月亮之间的灵魂之路》的书"，是曾经供职于哈里发宫廷的一个基督教哲学家"卢加"写的；然而"卢加"写的书又"在几代前的沙漠战争中丢失或毁掉了"，幸而"大量的信义却记了下来，老信徒经常在沙上画出示图，解释给他们的孩子们。这些示图通常与《星相图》里的完全相同"。然而"罗巴茨"却又认定，"这些教义不是卢加所创，因为有些术语和表达形式看来源于远古的叙利亚"，"罗巴茨"又"把这种想法告诉一位老朱得瓦利人。老人说：'卢加肯定受过沙漠神灵的教育'"。以上胡言乱语互相取消，没有肯定任何东西。于是"1917年"（这是《导言》以及全书确切交待的唯一年份），朝圣者"罗巴茨"从阿拉伯（实际上是叶芝从法国）回到伦敦，偶遇"十九世纪八十年代末"（即1889年叶芝初识茅德·冈）相识的友人"阿赫恩"。"罗巴茨"就请"阿赫恩"为《星相图》写评注，但"罗巴茨"又不满意"阿赫恩"的解释，并且与之发生了第一次争吵。这时两人经过"叶芝先生的寓所"，一致认为叶芝是最合适的解释者，因为"他爱上帝胜过爱女人"，但"罗巴茨""对叶芝先生的敌意又恢复了"，而"阿赫恩"虽然认为"叶芝先生有理性的信仰，但他根本不具备道德信念。"于是"罗巴茨"和"阿赫恩"又"重演了三十年前的一场争论"。最后两人和解，一致同意"把全部材料送给叶芝先生，让叶芝按自己的意愿处理"，叶芝当然"很乐意写评注，不过要我（阿赫恩）写个导言"。

叶芝自以为故事编得十分高明，即便无法证实也难以证伪，然而他可能没想到，任何人的想象都不是完全自由的，这一故事恰恰暴露了他的人格分裂和内心冲突，可做精神分析的最佳材料。

第一次争吵前的"阿赫恩"是茅德·冈的化身，"罗巴茨"则是叶芝的化身，前者（茅德·冈）对后者（叶芝）作品的理解，使后者（叶芝）生气。争吵后的"阿赫恩"和"罗巴茨"，则是叶芝人格分裂的清晰表征。诗人叶芝化身为"罗巴茨"即朝圣者，他自以为找到并且表达了真理，可是没有人理解他，证据是没有人"爱"他；于是叶芝不得不摇身一变，化身为解释者"阿赫恩"。但是自尊心受伤而心理变态的叶芝认为，自拉自唱是可耻且屈辱的，需要解释的真理或诗歌似乎意味着表达的拙劣，于是叶芝的双重人格，即朝圣者和解释者再次发生了象征性的争吵。就这样，成功的诗人的自尊与失败的情人的自卑，以及由此引起的内心冲突的复杂合力，就产生了这本偏执狂加妄想狂、比被解释的东西更需要解释的邪恶之书——《幻象》。

也许叶芝的崇拜者会认为我是深文周纳，那么请看他在《献辞》中对自己的另一化身的描述："直到大概是他五十岁那年——当时他体力还充沛——他认为'我只需要上帝，不需要女人'。后来他与一位年轻漂亮的女友（即茅德·冈的养女伊莎贝尔·冈）产生了爱情。虽然只有通过最痛苦的斗争才能抑制住情欲，他还是与女友纯精神地生活在一起。"这真是此地无银三百两！事实是叶芝在1917年先向茅德·冈求婚失败，又向茅德·冈的养女伊莎贝尔·冈求婚再次失败，以致连与她们母女中的任何一人"纯精神地生活在一起"都不可能之后，根本没能"抑制住情欲"，而是用实际行动证明了他需要女人超过需要上帝，很快于次年即1918年，就与一个女崇拜者结了婚。

婚后的叶芝，在其名诗《粗野而邪恶的老人》中，不知羞耻地对一切供认不讳：

> 但我是一个粗野的老人，
>
> 我选了第二件最好的事情：
>
> 当我摸着一个女人的胸脯，
>
> 就把一切忘个干净。

于是真与幻发生了戏剧性的双向逆转：叶芝把《献辞》中的自我幻象当成了真实写照，读者把叶芝诗中赤裸裸的写实当成了艺术的幻美之花——象征主义。我不知道是读者还是叶芝更加不幸。

当然，《幻象》并不是献给"年轻漂亮的女友"即伊莎贝尔·冈的，而是献给"维斯蒂基亚"即茅德·冈的："我已三十年没见到你了，不知你的下落，很显然我必须将此书题献给你。"（《献辞》）如果不了解叶芝与茅德·冈的关系，这个"很显然"一点也不显然；一旦明白叶芝与茅德·冈的关系，那么神秘的"维斯蒂基亚"就非茅德·冈莫属。书中见缝插针地无数次提到的"三十年"也有确指，尽管叶芝从1889年初识茅德·冈到1917年求婚失败，仅有二十八年，对应《幻象》中的二十八月相图；但是《幻象》动笔于1917年求婚失败之后，完成于1919年，距离初识茅德·冈的1889年正是"三十年"。

另一个重要旁证，是叶芝名诗《当你老了》：

> 多少人会爱你欢乐美好的时光，
>
> 爱你的美貌，用或真或假的爱情，

但有一个人爱你那朝圣者的灵魂，

也爱你那衰老了的脸上的哀伤。

在这首献给茅德·冈的"象征主义"名诗中，叶芝明确提到了"你那朝圣者的灵魂"，正是进入《幻象》迷宫、解密一切花招的金钥匙。

在《献辞》最后，叶芝又一次使出了障眼法："我还没有全面论述我的课题，甚至没涉及到最主要的部分，关于'至福幻象'什么也没写，性爱也只写了一点"，可谓欲盖弥彰。

《幻象》根本不是一部"描述了历史的数学规律"和"沙漠几何学"的严肃的、高深的、玄妙的哲学著作，它的全部目的只有一个：让茅德·冈的"朝圣者的灵魂"维斯蒂基亚，在来世或阴间，"性爱"地、而非"纯精神"地爱上叶芝的"朝圣者"鬼魂——罗巴茨。这就是叶芝的"至福幻象"，也是《幻象》一书的命意所在，于是叶芝把我们从人间带到了鬼域。

三

《献辞》之后的《幻象》四卷，叶芝避而不谈他与茅德·冈发生"性爱"的"至福幻象"，反而煞有介事地全力"论证"一个他自己也不相信的虚假命题："鬼魂存在的真实性"，并以愚弄读者为乐，这使叶芝失去了一个知识分子对真理最低限度的真诚和对读者最起码的尊重。我敢说再也没有比《幻象》更邪恶的书了。

卷一《哈里发所学的》开头，叶芝在"罗巴茨"与"阿赫恩"的对话体诗剧中，再次虚拟了"两人"的象征性争吵，但他这一次的真正目的，是借阿赫恩之口表达他自作聪明的得意："他（表面上是阿赫恩指叶芝，实际上是叶芝指本书读者）会绞尽脑汁／日复一日，却永远不会理解其中（表面上指《星相图》，实际上指《幻象》）的含义。"

叶芝甚至故意把作为全书基石的二十八月相图（《幻象》28页）画错。他反复强调"第一相是满日，第十五相是满月"，"太阳是根本的人类，而月亮是对应的人类"（27页），那么读者应该有理由期望在月相图中看到"根本"（即本能）与"太阳"在一起，"对应"（即文明）与"月亮"在一起吧？然而叶芝偏让它们鸳鸯错配，以使月相图与全书的"评注"永远对不上号，故意让读者百思不得其解。仅仅如此戏弄还嫌不够，他又突然卖个破绽："根本的可以称为太阳的，对应的可以称为月亮的。反过来就不一定正确了。"什么叫"反过来就不一定正确"？这是哪门子哲学著作的春秋笔法？

再请看第十九相："意志——武断的人。面具（来自第五相）。创造性心灵（来自第十一相）。命运的躯体（来自第二十五相）。例子：某位女演员。"（87页）用不定代词"某位"做例证，真是外星人逻辑！这位"女演员"不正是茅德·冈吗？叶芝把"意志"（X），"面具"（A），"创造性心灵"（B），"命运的躯体"（C），称为生命的"四种机能"。一个人天生是哪个相位，"意志"就在哪个相位。另外三项则来自其他相位，而另外三项的定数式变化规则，就是叶芝所谓"历史的数学规律"，但他又不肯直言相告"历史的数学规律"究竟是什么。因为说穿了一钱不值：所谓"历史的数学规律"，就是两个初中程度的代数公式。

设四种机能依次为X、A、B、C，则有——

公式1：$|X-A|=|B-C|=14$

公式2：$X+B=A+C=30$（当且仅当X=1时，X=B=1，A=C=15）

依次使公式中的X（意志）从1递增到28，就能得出二十八月相的A（面具）、B（创造性心灵）、C（命运的躯体）的相位值。用这两个公式，可以检验出这一译本的许多错误。由于我没英文原著，无法判断这些错误究竟是叶芝故意制造的，还是译者无意造成的，我更倾向于叶芝是故意捣乱。

卷二《哈里发所拒绝学的》和卷三《鸽子与天鹅》，有众多令人眼花缭乱的图例，都是二十八月相图的几何变形，即叶芝所谓"沙漠几何学"。这些图例的"游戏规则"，叶芝当然也要故示神秘。有兴趣破解其变化规则的读者，或许能从"在基督诞生时，意志离开北，而命运的躯体离开南；当意志到达南，而命运的躯体到达北时，她们换边并回归"（159页）等"谶语"中识破"玄机"，但我不认为它们比七巧板更有益身心。

卷四亦即最后一卷《普路托之门》，据说"描述了灵魂在死亡之后的历程"，以及"活人和死人之间的相互影响"。奉劝不想进疯人院的读者不必读，因为这一卷不仅没有有趣的拼图，而且充满了高烧不退的胡话，诸如"鬼魂的自我"，"幽灵的苏醒"，"未出生者想象力控制的老鼠，也许真的存在"，"一个人若在扮演哈姆雷特时死去，他将来的生命中就会成为哈姆雷特"，"罗巴茨学狗叫，孩子害怕极了，但罗巴茨还几乎没怎么学狗叫"，"他们彼此给出三重的爱，即对死者的爱，对活人的爱，对从未活过的人的爱"，等等，谁要是读得津津有味，就会被叶芝暗笑为"路边的愚人"，这是此卷卷首诗的标题。

最后，叶芝在自称于"狂喜"状态中写就的卷尾诗《众魂之夜》里，如此结束《幻象》全书（237页）：

> 我要讲几句木乃伊的真话
> 活人也许会嘲笑；
> 我不是讲给清醒的耳朵听的，
> 因为或许所有听到的人
> 都会恸哭、大笑一个钟点。

四

读完《幻象》，我没有恸哭，也没有大笑，只感到极度沮丧和悲哀。假如叶芝歌唱"爱女人胜过爱上帝"，那么无可厚非，人类已经唱了几千年情歌。假如叶芝鼓吹一个误以为是真理的学说，仍然可以原谅，人类至今还在谬误的丛林中摸索。但是仅仅因为一己之失恋，就仇视整个世界，甚至不惜用阐述真理的理性形式哲学和数学，来论证一个连自己也不相信的邪说，蓄意愚弄世人和亵渎神圣以泄私愤，则是令人发指的，因为这是魔鬼的事业。《幻象》一书固然不乏天才手笔，然而邪恶不能凭借天才得到原谅。撒旦原本还是天使长呢！

康德曾说，对人而言，两件事物是神圣的，那就是天上的星辰和心中的道德律。叶芝却用神圣的前者践踏了神圣的后者，再反过来用神圣的后者亵渎了神圣的前者，并使自己堕入魔道，成为真理的敌人。这足以说明，人一旦被毒化的激情劫持，会一意孤行到何等地步。这是生活在非理性激情泛滥时代的每一个人，不能不思考的问题。

《幻象》怵目惊心地告诉我们：人一旦失去理性，就会走向非人。而一切非理性，必将走入幻象。

1991年4月2日—6日初稿，8月22日定稿

（本文刊于《书屋》1997年第5期。收入张远山文集《永远的风花雪月，永远的附庸风雅》。入选祝勇编《重读大师：一种谎言的真诚说法》，人民文学出版社1999年版。入选祝勇编《重读大师：外国卷》，山东画报出版社2010年版。）

卡尔维诺论：文学的未来千禧年

　　1997年国内读书界的一大事件（我认为这一事件没有受到足够重视），是辽宁教育出版社接过了二十世纪三十年代商务印书馆的平装本丛书《万有文库》的旗号，开始出版《新世纪万有文库》，首批书目即有数十种之多。在这批中外书籍中，我最喜欢的是意大利小说家卡尔维诺不足百页的小书《未来千年文学备忘录》(杨德友译，辽宁教育出版社1997年版）。

　　卡尔维诺的妻子埃斯特在该书《前言》中说，本书是1984年卡尔维诺应美国哈佛大学诺顿讲座之邀而准备的讲稿，讲演计划为八次，卡氏于1985年9月之前写完前五篇讲稿后，不幸于9月19日逝世。美国之行未果，留下了弥足珍贵的五篇讲稿。

　　卡尔维诺说："我在每一讲中都为自己提出一个任务，要向未来一千年推荐我倍感亲切的一种特殊的价值观。"已写五讲的题目，分别是：轻逸，迅速，确切，易见，繁复。卡氏之妻告诉我们，计划中将要写的第六讲，题目是"连贯"。这已足够为我们展示卡氏文学观及其小说美学的基本概貌。总体而言，这本小书充满真知灼见，有卡氏极具个性的洗练文风中一贯具有的轻松与深刻的完美结合，堪称卡氏晚年炉火纯青的杰作，一曲真正的天鹅之歌。每个渴望飞翔和沉醉的读者，尤其是中国作家，不可不读此书。

　　卡尔维诺在首讲中，标举了"轻逸"这一观念。众所周知，从十九世纪的批判现实主义（乃至俄国式革命现实主义和拉美式魔幻现实主义）替代了此前的浪漫主义传统之后，文学想象的翅膀变得日益沉重。卡尔维诺认为，自己毕生的写作就是与这种使人日益下沉和绝望的、现实和文学的双重沉重感作斗争，包括与写作上的各种沉重僵化的清规戒律作斗争。文学想象的慰藉，是对严酷而沉重的生活现实的减压和解放。由于轻逸的想象世界的存在，人类避免了因绝望而疯狂。随着世界的日益物质化，文学不是更加无足轻重，而是越来越成为不可或缺的灵魂大餐："文学是一种存在的功能，追求轻松是对生活沉重感的反应。"

卡尔维诺推崇的"轻逸"，不是逃避现实的浪漫主义式梦幻，用他的话来说，不是"轻举妄动那种轻"，而是"深思熟虑的轻"。不是否认世界的物质属性的旧式唯心主义者的绝对主观，而是构成唯物主义先驱卢克莱修的沉重的物理世界中那"毫无重量的原子"的轻，借用法国象征派诗人保罗·瓦莱里的话来说："应该像一只鸟儿那样轻，而不是像一根羽毛。"他认为，使文学变得沉重还是轻逸，是几个世纪以来两大相互对立的倾向。他认为"轻逸"的最佳通途是幽默："幽默是失去了实体重量感（即构成薄伽丘和拉伯雷伟大之处的人类俗念的那一维）的喜剧。"然而幽默决不是肥皂剧中的东西，而是一种超越性的思维方式，它"对本身、对世界、对有关的整个关系网提出了疑问"。卡尔维诺甚至不惜把"轻逸"的世界观比拟为巫术："面对着部落生活的苦难困境——干旱、疾病、各种邪恶势力——萨满的反应是脱离躯体的沉重，飞入另一个世界，另一层次的感受，从而可以找到改变现实面貌的力量。"卡尔维诺认为，人类只有骑上卡夫卡式的"木桶"（见卡夫卡寓言《木桶骑士》），才有可能面对日益沉重的未来一千年。

在第二讲中，卡尔维诺提出了与"轻逸"相关的"迅速"这一观念。但这决不是意大利未来主义者对速度的狂热，而是对沉重现实的一种抵抗。科学技术已使人类的肉体移动日益迅速，想象的世界如果不能在精神速度上与现实世界抗衡，那么文学就会失去读者。"在我们面临的更为繁忙匆促的时代，文学应该力争达到诗歌和思维的最大限度的凝练。"因此卡尔维诺对"缓慢"而沉重的旧文学提出了警告。他引用西西里谚语"故事里的时间不需要时间"，证明"删去无关紧要的细节"的文学合法性和现实必要性。他反对繁琐的旁征博引和推理论证，因为"没有过渡的瞬时推断是上帝心智的推断；上帝的心智比人的心智高超得无限"。他认为博尔赫斯是驾驭思维骏马的真正大师，因为博氏的小说极为简短，他把别人用来写一部长篇小说甚至三部曲的材料，写在短短几页或几十页内："博尔赫斯创造了一种被提升到二次方的文学，又像是得出本身平方根的文学。"卡尔维诺还举出危地马拉作家奥古斯托·蒙泰罗索的一句话小说："我醒来的时候，恐龙依然在那里。"认为它是"迅速"品质的不可企及的范例。把这句话与卡尔维诺自己的小说杰作《恐龙》的首句"恐龙全部死了，但我除外"加以比较，可以发现某种对称。当然也不难发现，酷爱卡尔维诺的中国小说家王小波在《白银时代》中自称"蛇颈龙"，正是受到了卡尔维诺的影响。不过这是题外话了。

"迅速"之后的第三个要素是"确切"，因为假如"迅速"仅仅导致文学停留在浮光掠影的皮相层面，就会"欲速则不达"，因此"确切"是对"迅速"的必要补充。卡尔维诺把现代畅销书作家和业余作者的乱用词汇，称为文学的"瘟疫"。他认为确切地使用词汇，是文学写作的最大难题。为此他引用了大画家达·芬奇的感慨："啊，作家，你用什么文字才能够像素描这样完美地表现出这整个的图形呢？"然而今日世界的困境，已经颠倒过来：图像（影视、电脑网络及游戏）的泛滥，正在威胁人类几千年来用精确的语言进行严密思考的习惯，越来越多的人开始用变幻不定而且缺乏形式的模糊图像来感觉（而非思考）和接受（而非批判）世界。卡尔维诺说："我们生活在没完没了的倾盆大雨的形象之中。最强有力的传播媒介把世界转化成为形象，并且通过魔境的奇异而杂乱的变化大大地增加这个世界的形象。然而，这些形象被剥去了内在的必要性，不能够使每一种形象成为一种形式，一种内容，不能受到注意，不能成为某种意义的来源。这种如烟如雾的视觉形象的大部分一出现便消退，像梦一样不会在记忆中留下痕迹。"我认为，所谓"文明"，首先就是用文字来表述和界定的世界，语言文字是过去四千多年里唯一的思想工具；音乐和绘画仅仅用于辅助性地表达情感，而非表达思想。然而现代文明已经发展到了开始颠覆语言文字这一绝对权威的阶段。在符号学的名义下，音乐、图像开始与文字平起平坐了，因为它们都属于"符号"；它们不仅取得了互相翻译互相转述的对等地位，而且音乐与图像正在逐渐取得对文字的优势地位。当年达·芬奇以处于弱势的绘画对处于强势的文字的挑剔性质疑，今天已日益成为胜利者对失败者的嘲笑。当年莱辛的《拉奥孔》为造型艺术争取独立于语言艺术的自身辖域的良苦用心，今天也成了一种近乎苦涩的讽刺。这一趋势正在难以逆转地继续下去：现代人可以不看书报，但不能不听音乐，不能不看电视。不同艺术各辖其域、互不干涉的格局正在打破，凡是传统上属于语言艺术的辖域，在后现代的今天没有一处不被影视入侵，并且正被影视逐渐接管，而音乐与图像的传统辖域却不容文学染指。很快，所有的文学名著，无论是莎士比亚还是巴尔扎克，罗贯中还是曹雪芹，都将被改编或"翻译"成影视剧。哲学家和教授，科学家和总统候选人，都开始争取"上镜率"。越来越多的作家、学者，开始为银幕和荧屏写作，这从最后一位古典文学大师海明威就开始了。而图像"翻译"文学并接管文学的基本结果，就是"确切"的弱化。当语言文字是唯一的或占绝对主导地位的思维工具时，人类面对"缺乏形式"的浑朴大自然和现象界，存在一个寻求如何表达的问题。这一寻求过程，直接孕育了人类文明。然而到了图像时代，占人口半数的城市居民（乡村居民则唯城市文化马首是瞻）离原生态的自然界和真实的现象界已越来越远，人们从传媒中见到的自然景观与社会表象，是被摄像机加工、剥离和扭曲过的次生性"符号"，而由于图像已被册封为与语言文字平等的"符号"，所以受众不再要求思想家用语言符号对图像进行再思考和再批判，他们正在逐渐摆脱语言的超拔与提升，而日益臣服于图像的统治，甚至成为图像帝国主义的奴隶。人类正在从插图是文学之卑微附庸的旧时代，进入解说词是图像之微弱回声的新时代。现代化曾经以减少文盲为某种标志，然而进入图像统治的后现代，识字的"文盲"却在日益增加。这大概就是卡尔维诺以及许多坚持语言的传统地位的知识分子的共同忧虑吧。

然而仅有用词的确切，很容易导致枯燥艰涩的逻辑抽象，它将无法抗衡图像时代的非语言符号，因此"确切"的必要补充，就是卡尔维诺在第四讲中论述的形象之"易见"。在图像时代，文学描述的可见性和可想象性正在日渐萎缩。一方面来自文学家自身，因为他们同样是图像时代的市民，与文学前辈相比，他们已越来越远离现象界，启动其想象力的同样是大量的图像、音乐等"二级符号"和"次生符号"，想象力和创作力的日益萎缩势所难免。另一方面来自外部图像世界无孔不入的替代趋势，比如小说家如果描写一个美女，图像时代以前的读者可以追随作家的生花妙笔自由畅想，而图像时代的读者却会立刻在头脑中替换为某个现成的美女：安娜替换为嘉宝，郝思嘉替换为费雯丽，娜塔莎替换为赫本，性感女郎则替换为梦露、麦当娜、莎朗·斯通……如是等等。卡尔维诺把这些限定文学想象的现实图像称为"预制形象"，他认为我们的时代正"日益受到预制形象大洪水的淹没"。"今天，我们受大量形象的疲劳轰炸，我们已经不再能够把我们的直接经验和我们哪怕在几秒钟之内看到的电视内容区分开来。记忆中被塞满了乱七八糟、鸡零狗碎的形象片断，像一大堆垃圾一样，在如此众多的形体中间越来越不可能有哪一个形体能够实现出来。"他进而追问："在二十一世纪预制形象不断涌现的情况下，描述幻景的文学依然是可能存在的吗？"无疑，文学想象的"易见"性，将是把未来的读者从预制形象的疲劳轰炸中解救出来的可能途径之一。

　　卡尔维诺在第五讲中，进一步论述了挣脱图像统治的另一要素"繁复"。众所周知，图像只有二维平面或三维空间，而人类想象的多维性是图像的有限维度无法比拟的，因此多维性思维正是文学超越图像统治的最大利器。这种多维性的合一，用理论术语来说是综合性的象征（一如卡尔维诺自己作品的特点），撇开理论就其特征与肌理来说，正是"繁复"。卡尔维诺认为："过分宏伟的设想在许多领域中都可能令人厌倦，但在文学中则不然。……因为科学已经开始不信任不能切分、不专门的一般性解释和解决办法，所以文学所面临的重大挑战就是必须能够把知识各部门、各种'密码'总汇起来，织造出一种多层次、多面性的世界景观来。"繁复的象征作品是全息的，读者几乎可以从任何一个角度来理解。合格的现代作家从不充当训诫者，从不提供确定的思想教条、道德规范和行为准则，而是展示一个让读者得到身心解放、可以自由选择的想象空间和智性舞台。卡尔维诺把现代作品的这一特征，与中世纪的作品做了扼要比较："中世纪文学倾向于产生的作品，以具有稳定严谨性的次序和形式来表现人类知识的总体。……与此形成对照的是，我们最喜爱的现代著作则是各种解释方法、思维模式和表现风格的繁复性汇合和碰撞的结果。即使总体设想有细致周到的安排，但是，重要的不是把作品包容在一个和谐的形体之中，而是这个形体产生的离心力：语言的多元性是不仅仅部分地呈现的真实的保证。"然而令人遗憾的是，这种全息性的现代作品尽管在钟爱者眼中较之古典作品具有无可比拟的优越性，但对于习惯了轻松懒惰地被动接受图像信息的大部分现代人来说，理解乃至破译其全息性密码，因过于艰辛而被视为畏途。因此出现了一个两难困境：越是伟大的现代作品，读者越少；越是低劣的文字垃圾，越会成为畅销书。无论是博尔赫斯还是卡尔维诺本人的作品，都是极少数人（这些人都在不同程度地抵抗"图像帝国主义"无孔不入的入侵）研读的"专业作品"，而非大众读物。

由于现代知识体系日益繁复，因此文学的繁复也是一种必要的"现代化"。卡尔维诺说："知识作为一种繁复的现象是一条把所谓的现代主义和被定名为后现代主义的主要作品连贯起来的一条线索；这条线索高超于给它贴上的一切标签。"在我看来，现代主义与后现代主义的共同特征是：都是象征的或寓言的，也就是多元的、多义的，每一元、每一义都是互相消解的，因此是自我解构的。卡尔维诺以"被称之为本世纪文化最完备引论"的托马斯·曼的长篇小说《魔山》为例："阿尔卑斯山中疗养院那狭小而封闭的世界是二十世纪思想家必定遵循的全部线索的出发点；今天被讨论的全部主题都已经在那里预告过、评论过了。"我不太同意卡尔维诺对这部书的过高评价，且不说它是否有这么高的"思想价值"，我认为它的最大缺点就是篇幅过巨。且不说理解"巨作"的全息性象征寓意对大多数读者过于"艰巨"，仅仅其篇幅的"巨大"就足以吓退过于匆忙的大部分现代读者，他们顶多被媒体炒作炸晕之后把书买回家束之高阁。况且象征之所以在某种意义上胜过写实，就因为它是高度浓缩的，不仅寓意是浓缩的，篇幅也理应有相应的浓缩，正如卡尔维诺自己的以及他推崇的博尔赫斯的"小"作品。正因篇幅必须浓缩，结构的繁复性和寓意的象征性才成为未来文学的必然；象征性和繁复性，已经取消了巨作的必要性，否则就是不相称的自我矛盾。因此我想提出一个并非无关紧要的质疑：是否每一个杰出的现代作家都有必要写一部以上的"百科全书式"巨作？这些巨作的潜在读者是大众吗？回答恐怕是否定的。也就是说，既然这些作品的潜在读者就是极少数学究，那么质问大众为何不读就无法理直气壮。我认为对图像帝国主义的批判是必需的，但文学家们同样必须进行自我批判和自我反省，不能仅仅抱残守缺地固守传统偏见，哀叹人类的堕落和文明的衰退，因为任何哀叹都于事无补。卡尔维诺对巨作的倾心，或许与他本人缺乏经营巨作的能力有关。我不禁庆幸，幸亏如此。

最后，卡尔维诺对繁复性（我认为就是象征性）作品下了这样一个定义，即"有一种统一的本文，表达的是一个单一的声音，但是又表现出可以得到几个层次的解释"。我认为这是对现代象征性作品的一个很好概括，博尔赫斯以及卡尔维诺本人的作品都是这类作品的范例。尤其值得一提的是，他们的作品都没有艰涩与冗长的弊病。顺便一说，除了鲁迅、张爱玲的小说，二十世纪的中国文学中基本上没有博尔赫斯与卡尔维诺这样的象征性短篇小说大师。不得不承认，虚假繁荣的当代中国泡沫文学，离世界水准还相当遥远。

在并非最后一讲的第五讲"繁复"的结尾，卡尔维诺似乎预感到自己无法最终完成全部讲稿，于是提前对自己的观点做了概括性总结："在我想要移交给未来千年的价值观当中，首要的是：吸收了思维条理化和准确性的趣味，诗歌智慧，但同时还有科学和哲学智慧的文学。"这是一个相当高的标准，我不知道有哪一位中国当代作家能够毫无愧色地面对这一标准。

卡尔维诺在这一讲的最后告诉读者："每个人的生活都是一部百科全书，一个图书馆，一份器物清单，一系列的风格；一切都可以不断地混合起来，并且以一切可能的方式记录下来。"我认为这一忠告对中国当代作家特别对症下药。王小波在《有与无》一文中颇有说服力地讨论了这一对中国作家有特殊意义的命题。他以惯有的戏谑认为，"体验生活"从字面上看近于死人诈尸。因为每个活人必有生活，无须体验。如须体验，一定是别人的生活。放弃自己的生活去体验别人的生活，并没有理论上的合法性。王小波进一步认为，一个人在规范之内的生活并非个人意义上的真正生活。因此规范之内的生活对于个人来说倒是近于"无"，做自己爱做之事即便平淡，倒是真正的"有"。众所周知，王小波放弃了规范之内的生活成了自由作家，他有大部分中国人和中国作家没有的真正生活。由于我本人选择了与王小波相同的生活方式，我也同样遭到许多人"你没有生活如何写作"的可笑疑问。我认为卡尔维诺和王小波的话可以很好地回答他们。我不怀疑提问者是善意的，但是作为现代人，仅有空洞的善意是不够的。正如大部分当代作家都有足够的善意，但是仅有善意不能保证他们写出博尔赫斯或卡尔维诺那样的杰作。颇有意味的是，当代中国恰恰是摆脱了规范生活的王小波写出了最好作品。因此我认为，任何人只要在某种程度上能够达到卡尔维诺向未来千年推荐的这些素质，他就可以写出足以抗衡图像帝国主义的文学杰作，而无须特意另找沉重的现实去"体验生活"。

卡尔维诺之所以不把对文学的未来展望称为"新世纪备忘录"，而称之为"未来千年备忘录"，理由是："即将结束的这一千年是书籍的一千年，因为这一千年看到了我们称之为书籍的这一对象逐渐具备了我们如今所熟悉的形式。这一千年终结的表征也许就是：我们常常感到茫然，不知道在所谓的后工业化的技术时代文学和书籍会呈现什么面貌。我不想做太多的推测。我对于文学的前途是有信心的，因为我知道世界上存在着只有文学才能以其特殊手段给予我们的感受。"这一归纳相当具有说服力，自从唐代首印雕版《金刚经》、宋代毕昇和德国谷登堡分别发明活字印刷术之后，最近一千年的十个世纪，正是书籍的黄金时代。回首这一千年，如果没有书籍，现代文明是不可想象的。而无论文学在图像和传媒时代的今日已经多么无足轻重，一提到书籍，即便是科学家，首先想到的也必定是文学书籍：诗歌、小说、散文。如果没有过去千年的书籍，图像的统治连一天也维持不了。这是图像统治迅速崛起背后的真正秘密，文学和书籍是图像帝国主义唯一的力量源泉。图像巨人就像希腊神话中力大无比的泰坦巨神，文学书籍就像泰坦脚下的大地，泰坦一旦脱离地面，立刻就会失去力量。图像统治一旦脱离了文学想象的输液，就会严重贫血而迅速衰竭。

卡尔维诺的"文学千年"观念，也许受到了基督教"一千至福年"（一译"千禧年"）教条的启发。然而文学的未来，究竟还有没有这个一千至福年呢？作为本世纪作家向未来世纪的一种期待，卡尔维诺实际上是向即将进入下一世纪的作家们提出了一份沉甸甸的考卷。文学究竟有没有未来，就看世纪之交乃至之后的作家们如何答卷了。

1998年2月1日—2日

（本文收入张远山文集《永远的风花雪月，永远的附庸风雅》。）

相关附录

《数风流人物》备忘录

一、1995年夏离职前试笔：选4篇

1991年4月2日—6日初稿，8月22日定稿：叶芝论：《幻象》中的幻象（选自《永远的风花雪月，永远的附庸风雅》）

1992年11月9日—27日：钱锺书论：《围城》与吉卜赛情结（选自《永远的风花雪月，永远的附庸风雅》）

1995年1月9日：尼采论：跟随你自己（选自《告别五千年》）

1995年4月初稿，8月定稿：西洋美术家论：眼睛的狂欢节（选自《永远的风花雪月，永远的附庸风雅》）

二、第一个写作十年（1995年夏—2005年夏）：选16篇

1995年12月25日：顾准论：人类是否真正需要理想主义（选自《永远的风花雪月，永远的附庸风雅》）

1996年7月15日—8月26日：鲁迅论：被逼成思想家的艺术家（选自《永远的风花雪月，永远的附庸风雅》）

1996年9月3日：西洋神话家论：众神的狂欢（选自《永远的风花雪月，永远的附庸风雅》）

1996年9月22日—10月11日：西洋寓言家论：有尾巴和没尾巴的寓言（选自《永远的风花雪月，永远的附庸风雅》）

1997年8月26日—29日：王小波论：化腐朽为神奇的想入非非（选自《永远的风花雪月，永远的附庸风雅》）

1998年2月1日—2日：卡尔维诺论：文学的未来千禧年（选自《永远

的风花雪月，永远的附庸风雅》）

1998年4月3日：西洋宗教家论：树洞和针眼（选自《告别五千年》）

1998年4月28日：苏格拉底论：苏格拉底是否该死（选自《告别五千年》）

1999年4月17日：西洋戏剧家论：伟大的提问（选自《告别五千年》）

1999年10月17日—26日：李白论：生命的狂欢（选自《告别五千年》）

2000年3月10日：吴清源论：东方不败吴清源（集外文）

2001年4月28日—5月15日：刘小枫论：废铜烂铁如是说（选自《告别五千年》）

2003年10月21日—2004年1月13日：邱岳峰论：颠倒众生的外国坏蛋（选自《文化的迷宫》）

2004年1月28日—2月12日：胡兰成论：流氓才子，轻薄文章（集外文）

2004年10月20日—25日：姜文论："我"是谁（选自《文化的迷宫》）

2005年4月20日—5月2日：资耀华论：间世异人资耀华（选自《文化的迷宫》）

三、第三个写作十年（2015年夏—2025年夏）：选1篇

2016年1月10日：芈八子论：大秦帝国之母（集外文）

《数风流人物》所收21篇人物论，写于三个时段：4篇是1995年夏天离职开笔之前的试笔，16篇写于第一个写作十年，1篇写于第三个写作十年。

这些人物论，主要写于第一个写作十年，多为报刊专栏而写。2005年夏天，我停掉所有报刊专栏，此后专心著书。第二个、第三个写作十年，除了伏老庄人物，基本不写人物论。